Allitera Verlag

edition monacensia
Herausgeber: Monacensia
Literaturarchiv und Bibliothek
Dr. Elisabeth Tworek

Emma Haushofer-Merk

Alt-Münchener Erzählungen

Texte der Erstausgaben

Herausgegeben und mit einem Vor- und Nachwort versehen

von Ingvild Richardsen

Münchner Stadtbibliothek
Monacensia
Literaturarchiv und Bibliothek

Allitera Verlag

Weitere Informationen über den Verlag und sein Programm unter:
www.buchmedia.de

Für Renate Haushofer

In herzlicher Verbundenheit und mit großem Dank für die stets kompetente und überaus engagierte Hilfe bei den Recherchen im Familienarchiv. Unsere zahlreichen Gespräche über die Familie Haushofer waren eine große Inspiration.

Juni 2015
Allitera Verlag
Ein Verlag der Buch&media GmbH, München

Frontisspiz: Porträt Emma Haushofer-Merk, Fotoatelier Elvira, Von-der-Tann-Straße 15, o. J.
Printed in Germany · ISBN 978-3-86906-706-3

Inhalt

Vorwort Ingvild Richardsen

Ein urechtes Münchener Kind, mit unwandelbarer Liebe zu ihrer Vaterstadt, eine der besten Kennerinnen alter Gebräuche und Sitten wie der Stadtgeschichte, eine wandelnde Chronik des alten, fast vergessenen Münchens, in dem ihre Familie von jeher eingesessen war und ihr Tradition und Erinnerungen überliefert hatte. Niemand kann Alt-München besser beschreiben, als es ihr in ihren zahlreichen Romanen, vor allem in »Es wetterleuchtete« und in dem geradezu klassischen »Die Gewissensbisse des Ignatius Stupfer« gelungen ist.[1]

Gräfin Eva von Baudissin, in: »Die Insel der Toten«

Die Dichterin und Schriftstellerin des Alt-Münchener Lebens

Emma Haushofer-Merk (1854–1925) war berühmt für ihre Bescheidenheit. 1925 schrieb ihre Freundin, die Schriftstellerin Carry Brachvogel, in ihrem Nachruf in den »Münchner Neuesten Nachrichten«: »Nicht zuletzt haben Sie, die Kennerin und Versteherin Alt-Münchens, zwei kleine Meisterwerke geschrieben, den Roman ›Wetterleuchten‹ und die köstliche Geschichte ›Die Gewissensbisse des Ignatius Stupfer‹ – würd' ich Ihnen all dies sagen (o könnt ich es doch noch), so käme gewiß jene leise Befangenheit über sie, die sie jedesmal befiel, wenn man sie rühmen wollte und die so reizvoll von ihrem kernigen Wesen abstach. Und so, abwehrend würde sie entgegnen: ›Nun ja, ich bin halt ein Münchner Kind und kenne so Vieles was heute keiner mehr weiß!‹«[2]

Emma Haushofer-Merk war eine bekannte Schriftstellerin ihrer Zeit, zudem spielte sie auch eine führende Rolle in der bürgerlichen Frauenbewegung. Sie stammte aus der alteingesessenen Münchner Bürger- und Künstlerfamilie Merk. Ihr Großvater arbeitete in München als Hofju-

[1] Baudissin, Eva Gräfin von: Die Insel der Toten. Zeitungsartikel 1925 (Privatarchiv Haushofer), siehe Anhang, S. 238.

[2] Brachvogel, Carry: Emma Haushofer-Merk zum Andenken. In: Münchner Neueste Nachrichten, Nr. 198 vom 19. Juli 1925 (Stadtarchiv München/ZA-P 188-15), siehe Anhang, S. 238.

welier, ihr Vater, Eduard Merk, war seinerzeit bekannt als Genre- und Historienmaler. Jahrzehntelang führte sie einen beliebten Salon, der nicht nur ein Treffpunkt der »bewegten Frauen« war, sondern auch von namhaften Künstlern, Schriftstellern und Gelehrten besucht wurde. 1902 heiratete sie ihren langjährigen Freund, den Münchner Professor und Dichter Max Haushofer (1840–1907). 1913 gründete sie zusammen mit ihrer Freundin, der Schriftstellerin und Frauenrechtlerin Carry Brachvogel, den ersten Schriftstellerinnen-Verein Münchens. Ricarda Huch, Annette Kolb, Helene Böhlau, Isolde Kurz und viele andere traten ihm bei. 1914 und 1924, zu ihrem 60. und 70. Geburtstag, wurde die erfolgreiche Schriftstellerin gefeiert und gewürdigt. 1925 starb sie an den Folgen einer Operation. Wie viele andere Autorinnen ihrer Zeit wurde sie bis heute vergessen.

Porträt Emma Haushofer-Merk, o. J.

Emma Haushofer-Merk war eine sehr produktive Autorin, die zahlreiche Novellen, Erzählungen, Romane und Essays veröffentlicht hat. Seinerzeit war sie bekannt für ihre psychologische Darstellungs- und Charakterisierungskunst, für ihren flüssigen und humorvollen Erzählton, aber auch für die weltfreudige Lebensauffassung, die in ihren Werken zum Ausdruck kommt und zu der hin sich die Charaktere in ihren Werken oft entwickeln. Zu ihrer Zeit galt sie als eine der besten Kennerinnen Münchens, seiner Sitten, Gebräuche und seiner Stadtgeschichte. Vor allem aber war sie berühmt dafür, dass sie Alt-München und das Leben seiner Bewohner ausgezeichnet beschreiben konnte.

Die Schriftstellerin liebte München und ihre bayerische Heimat und war überdies eine begeisterte Alpinistin. So bilden denn auch das bayerische Alpenvorland und die Berglandschaft Südtirols die Hintergrundkulisse in zahlreichen ihrer Geschichten. Neben München liebte sie den Chiemsee über alles. Seit ihrer Kindheit hielt sie sich mit ihren Eltern immer wieder auf der Insel Frauenchiemsee auf, damals eine bekannte Münchner Künstlerkolonie, die der Vater ihres Mannes, der Landschaftsmaler Max Haushofer (1811–1866), für die Künstler entdeckt hatte. So verwundert es nicht, dass sie als eines ihrer frühesten Werke 1897 die »Chiemsee-Novellen« verfasste.[3] Doch auch später war die Insel lange Zeit Lieblingsaufenthalt Emma Haushofer-Merks und ihres Gatten Max Haushofer. Noch heute lässt sich beider Grabstätte auf dem idyllischen Kirchhof der Insel besichtigen.

Dass Emma Haushofer-Merk ihr Licht gern unter den Scheffel stellte, bezeugt auch ihre Selbstbeschreibung in Zils' 1913 erschienenem Buch »Geistiges und künstlerisches München in Selbstbiographien«. Mit 59 Jahren, sie war längst eine erfolgreiche und anerkannte Schriftstellerin und Frauenrechtlerin, skizzierte sie ihr Leben nur in aller Kürze und Bescheidenheit: »Ich bin in München geboren, 15. Juni 1854, auch meine Eltern waren Münchener, und ich habe immer in München gelebt. Unser Vater, der Maler war, hat uns schon früh Verständnis für die Schönheit der heimatlichen Natur gelehrt und uns durch seine vornehme, vorurteilsfreie Lebensauffassung vor Spießerbürgertum und Engherzigkeit bewahrt. Dem Frohsinn, dem geselligen Naturell unserer Mutter dankten wir eine heitere anregungsreiche Jugend. Erst in reifen Jahren verheiratete ich mich mit meinem langjährigen Freund und Berater Professor Max Haushofer, Dozent der National-Ökonomie und Statistik und namhafter Dichter. Sein Vater war Landschaftsmaler. Mein Bildungsgang war der im vorigen Jahrhundert gewöhnliche: bis zum 16. Jahre das Mädcheninstitut von Fräulein Ascher. (Eine Musterschülerin bin ich nie gewesen, obwohl ich immer gern und leicht lernte und schon als Kind große Freude an Büchern und am Lesen hatte.) Ich habe seit Jahren für die am meist gelesensten Zeitungen geschrieben, und wenn ich mich auch nicht zu den ›Großen‹ unter den weiblichen Autoren rechnen darf, ich bin zufrieden, daß so mancher in nah und fern meine Geschichten zur Hand nehmen und sich von ihnen eine Stunde kürzen lassen mag.«[4]

3 Vgl. Merk, Emma: Chiemsee-Novellen. Leipzig [1897].

4 Zils, Wilhelm (Hg.): Geistiges und künstlerisches München in Selbstbiographien. München 1913, S. 149.

Wie wurde die Autorin von ihren Zeitgenossen gesehen? Dr. Oskar Friedrich Damm beschreibt Emma Haushofer-Merk 1908 in einem Vorwort zu dem in Reclams Universalbibliothek erschienenen Novellenband »Seine Frage und andere Novellen«, als »Autorin von gemütvoller, anmutiger Darstellungsgabe«, als »eine Kraft, die namentlich auf dem Gebiet der psychologischen Novelle seit einigen Jahren schöne Erfolge erzielt hat. Auch ein liebenswürdiger neckischer Humor,

Emma und ihr Mann Max Haushofer, Gardasee, o.J.

der sich oft genug unwillkürlich aus den Charakteren der von ihr nach dem Leben gerichteten Figuren ergibt, steht dieser talentvollen Schriftstellerin zu Gebot und erhöht den Reiz ihrer feinsinnig durchgeführten Schilderungen und Seelenanalysen besonders aus dem ländlichen wie aus dem kleinstädtischen Milieu. […] Dem reichen Innenleben, ihrem ganz auf das Intuitive angelegten Naturell, dieser Fülle geistiger Verarbeitung von Beobachtungen aller Art entspricht der äußere Lebensgang der Autorin keineswegs. Vielfach nimmt die Verfasserin in ihren Novellen und Erzählungen, unbeschadet der künstlerischen Wirkung derselben, Gelegenheit, für die Ideen der Frauenbewegung einzutreten, doch vermeidet sie dabei alles Extreme. […].«

Auch ihre Bedeutung für die Frauenbewegung hebt Damm hier hervor: »Seit Gründung des ›Vereins für Frauen-Interessen‹ in München spielt Emma Haushofer-Merk überhaupt eine führende Rolle auf diesem Gebiet, soweit speziell Süddeutschland in Frage kommt.«[5]

In Würdigungen anlässlich ihrer Geburtstage und ihres Todes werden ihre thematischen Vorlieben auf den Punkt gebracht: Es sind das alte und das neue München, bayerische Städte, die landschaftliche Umgebung Münchens und der Chiemsee, die Beziehung zwischen Mann und Frau, aber auch die gesellschaftliche Stellung und Rolle der Frau im Wandel der Zeiten:

»Dem ›alten‹ München gilt auch schriftstellerisch ihr Hauptinteresse. Sie weiß es meisterlich in Wort und Ton zu treffen, gilt es nun der Schilderung der Münchner Bürgerkreise aus der Mitte des letzten Jahrhunderts, wie z. B. in dem Roman ›Es wetterleuchtete‹, dem noch älteren herzoglichen München in dem reizenden Buche ›Die Gewissensbisse des Ignatius Stupfer‹, oder moderneren Problemen, die z. B. in den Romanen ›Die Lotterie der Liebe‹, im ›Großen Glück‹ und in ›Drei Frauen‹ spannend erzählt werden. Das ›Haus mit den drei Engeln‹ läßt das alte Regensburg mit seinen engen Straßen und altväterischen Häusern, Gebräuchen und Leuten, denen aber ein junges Menschenkind in natürlicher Auflehnung widerstrebt, auferstehen. Die Eindrücke des alljährlichen Sommeraufenthalts sind in den wunderfeinen ›Chiemseenovellen‹ gesammelt. Der Konflikt zwischen dem Ueberkommenen und der neuen Zeit, die vor der Frau die Schranken niederbrach und ihr die Freiheit zu eigenem Leben und selbständigem Beruf gab, reizt die Schriftstellerin immer von neuem.«[6]

[5] Haushofer-Merk, Emma: Seine Frage und andere Novellen von Emma Haushofer-Merk. Mit einem Vorwort [von Dr. O.F. Damm] (Oskar Friedrich). Leipzig [1909], S. 3f.

[6] Baudissin, Eva Gräfin von: Emma Haushofer-Merk und Carry Brachvogel. In:

Doch immer wieder weisen Zeitgenossen vor allem darauf hin, wie zutreffend sie doch bayerische Städte und das alte München beschreiben kann: »Sie weiß das Lokalkolorit speziell bayerischer Städte so gut zu treffen, daß jeder Kenner sich angeheimelt fühlt. Ganz besonders das a-l-t-e München mit seinem ein wenig einseitigen, aber kraftvollen Bürgertum verdankt ihr eine liebe- und humorvolle Würdigung, wie die Romane: ›Drei Frauen‹, ›Die Gewissensbisse des Ignatius Stupfer‹, ›Es wetterleuchtete‹, beweisen.«[7]

Mit Vorliebe stellte Emma Haushofer-Merk in der Tat das »alte München« dar, ebenso aber auch das München, in dem sie selbst aufwuchs und lebte.

Doch – was ist das »alte München«? Ihre Freundin Carry Brachvogel – auch sie damals berühmt als große Kennerin Münchens und Bayerns – hat sich in ihrem Essay »Münchner Dreiklang«, zu finden in ihrem bekannten Buch »Im Weiß-Blauen Land« (1924), viele Gedanken darüber gemacht, »was eigentlich das alte München ist.«[8] Auf ihrer Spurensuche fragt sie, ob es die Frauentürme sind oder vielleicht die Johanneskirche, die malerische Quellengasse in der Au und die Schrannengasse oder doch vielmehr der frühere alte Marienplatz. Seine treffendste Verkörperung findet sie schließlich, ist das »Mädchen mit dem Riegelhäubchen«: »Da die Musik vom Chinesischen Turm solche Verstärkung erfahren hat, tut sich das Tor der Vergangenheit weiter auf und entläßt die holdseligste Verkörperung Alt-Münchens, sie, an die man wohl am liebsten denkt, wenn man ›Alt-München‹ sagt, und die all seinen Reiz und seine Erinnerungen zu verkörpern scheint. Das schöne Mädchen mit dem Riegelhäubchen ist's, dessen Bild vielleicht in der Schönheitsgalerie hängt«.[9] Das Riegelhäubchen wurde vor allem im späten 18. Jahrhundert und besonders bis zur

Münchner Neueste Nachrichten, Nr. 160, Frauenzeitung, München 1924, S. 27 (Stadtarchiv München/Vereine 2168).

[7] Graf-Lomtano, Josephine: Ein dreifaches Jubiläum im Münchner Schriftstellerinnenverein. In: Süddeutsche Frauenzeitung 5 (1924), Nr. 24 (Stadtarchiv München/Vereine 2168).

[8] Brachvogel, Carry: Im Weiß-Blauen Land. Bayerische Bilder von Carry Brachvogel. München 1924, S. 93–103. 2013 neu erschienen: Brachvogel, Carry: Im Weiß-Blauen Land. Bayerische Bilder. Hg. und mit einem Vor- und Nachwort versehen von Ingvild Richardsen. München 2013, S. 91–99.

[9] Ebd., S. 93.

Mitte des 19. Jahrhunderts in und um München getragen.[10] Der zu dem »Mädchen mit dem Riegelhäubchen« gehörige Mann ist Carry Brachvogel zufolge der »Spießbürger«, der, je nachdem, ihr Vater, Bruder oder Ehemann sein kann: »[B]reitspurig stapft er daher mit Vatermördern, Zylinder, geblümter Weste und dickem Stock, und er kommt einem gleich bekannt und auch gleich unsympathisch vor, dieweil seine Sippschaft über die ganze Welt verteilt ist – die Sippschaft der Spießbürger«.[11] Humor- und hingebungsvoll widmet sie seiner Beschreibung mehrere Seiten.

Doch kennzeichnend für das alte München – wie Carry Brachvogel kulturhistorisch ausführt – sind vor allem die Malerei und die Musik. Für die neuere Zeit als typisches Moment hinzugekommen: die Arbeit. Und so bilden denn Malerei, Musik und Arbeit den »Münchner Dreiklang« und sind charakteristisch für das München, in dem sie und Emma Haushofer-Merk lebten und wirkten.

Es ist das München in der Zeit Ludwig I. (1786–1868), Ludwig II. (1845–1886) und Ludwig III. (1845–1921), das in Haushofer-Merks Romanen, Erzählungen und Novellen wiederkehrt, vorzugsweise eben das »alte München«, das Carry Brachvogel auch in »Münchner Dreiklang« aufleben lässt: »Am liebsten aber läßt sie ihre Heimatstadt vor dem Auge ihrer Leser erstehen, nicht die Großstadt, sondern das gemütliche, spießbürgerliche München von einst, wie sie es als Kind teils selbst sah, teils aus Schilderungen ihrer Eltern kennenlernte. [...] Künstler spielen in ihren Münchner Geschichten häufig eine hervorragende Rolle, und von ihrem lustigen Tun und Treiben weiß sie viel Anheimelndes zu erzählen. Dabei kommt ihr ein glückliches Gestal-

[10] Im Laufe der ersten Hälfte des 19. Jahrhunderts verbreitet sich die Riegelhaube von München ausgehend über ganz Bayern, gefördert von den Bayernkönigen Max I. Joseph (Regierungszeit 1806–1825) und Ludwig I. (Regierungszeit 1825–1848). Im Raum München wird sie 1772 urkundlich erwähnt. Das Ausdehnungsgebiet der Riegelhaube erstreckte sich aber auch in die an Bayern grenzenden Gebiete Österreichs hinein. Die Riegelhaube ist eine aufwendig und mit kostbaren Materialien gearbeitete Kopfbedeckung, die von Frauen der wohlhabenden Bürgerschicht getragen wurde. Vgl. Szeibert-Sülzenfuhs, Rita: Die Münchnerinnern und ihre Tracht: Geschichte einer traditionellen Stadttracht als Spiegel der weiblichen Bürgerschicht. Dachau 1997; Laturell, Volker D.: Trachten in und um München. München 1998.

[11] Brachvogel, Carry: Im Weiß-Blauen Land (2013), S. 93f.

tungstalent zu statten, gepaart mit einer guten Beobachtungsgabe und einer unerschöpflichen Phantasie, die jedoch nie auf Irrwege geriet, ferner eine plastische Zeichnung ihrer Charaktere. Ihr ›Münchner Mädel‹ ist gottlob grundverschieden von jenen leichtfertigen Geschöpfen, wie sie manche ›Münchner Geschichte‹ ihren unkundigen Lesern vorspiegelt. Und über dem Ganzen webt ein gesunder Optimismus, ein ergötzlicher Humor, so in ihrem neuesten Buch ›Es wetterleuchtete‹, ferner in ihren jüngsten Romanen, die wohl demnächst in Buchform erscheinen werden: ›Die Lotterie der Liebe‹, ›Das große Glück‹. Ihre weltfreudige Lebensauffassung spricht die Heldin eines ihrer Romane aus: ›Wenn man nur überhaupt seinen Platz ausfüllt und einen Inhalt für sein Leben hat! Nur keine leeren Tage, nur kein leeres Haus!‹ Dem ›Münchner Lokalgeist‹ trägt sie in ihren Schöpfungen (nach einem Urteil Gottschalls) Rechnung bis in die Eigenart des Dialekts.«[12]

Im hier vorliegenden Band »Alt-Münchner Erzählungen« sind Erzählungen und Novellen Emma Haushofer-Merks mit München-Bezug aus verschiedenen Phasen ihres Lebens versammelt. Es wurden nicht nur Geschichten aufgenommen, deren Schauplatz und Hintergrundkulisse das »alte München« Emmas und ihrer Zeitgenossen bildet, sondern auch solche, deren Handlung im München ihrer eigenen Lebenszeit spielt und das für uns heutige Leser nun ebenfalls zu dem alten München zählt.

Emma Haushofer-Merk berichtet Dinge über das vergangene München und seine Bewohner, die man sonst nirgendwo erfährt. Typisch ist auch die psychologische Perspektive, aus der heraus sie erzählt, sowie die seelenforschende Haltung, die sie ihren Figuren gegenüber einnimmt. So finden sich denn auch viele humorvolle oder entlarvende Beschreibungen von Verhaltensweisen.

Der Band beginnt mit zwei Erzählungen aus Emmas »altem München«, die 1921 veröffentlicht wurden. Es sind »Die Gewissensbisse des Ignatius Stupfer« und »Das Lieserl«.[13] Beide Erzählungen lassen

[12] Dreyer, A. E.: Emma Haushofer-Merk. Ein Gedenkblatt zu ihrem 70. Geburtsfest (15. Juni) (Stadtarchiv München / ZA-P 188-15).

[13] Vgl. Haushofer-Merk, Emma: Die Gewissensbisse des Ignatius Stupfer. Das Lieserl. Zwei Erzählungen aus dem alten München von Emma Haushofer-Merk. Leipzig [1921] (E. Ungleich (= Kleine Bücherei Band 7)) und Emmishofen 1924 (Evangelische Buchhandlung).

das ganz alte München und seine Gebräuche aufleben und entlarven humorvoll damalige Gewohnheiten, Sitten und Verhaltensweisen. »Ignatius Stupfer« wurde schon von Zeitgenossen als »klassisch« bezeichnet und als »Meisterwerk« gerühmt. Für die alljährlich anstehende Prozession soll Ignatius reine Jungfrauen finden. Er ist guten Mutes, insbesondere für die Figur der »Himmelskönigin« einen Volltreffer gelandet zu haben, muss jedoch bald erkennen, dass der Schein trügt und sich die Dinge völlig anders verhalten, als er es sich in seinen kühnsten Träumen vorgestellt hat. In »Das Lieserl« verliebt sich ein junger Maler in ein Mädchen aus einer alteingesessenen Münchner Familie. Er bittet ihren Cousin, seinen besten Freund, die Bekanntschaft zu vermitteln. Kaum, dass sich beide verliebt haben, muss der junge Maler ein Jahr nach Italien in die Ausbildung und bittet das Lieserl, auf ihn zu warten, während sein Freund die heimlichen Briefe zwischen beiden übermittelt. Als die Nachrichten des Mädchens aussetzen, macht sich der Maler beunruhigt über die Alpen auf und erreicht München genau an dem Tag, an dem das Lieserl heiratet.

»Aus Mitleid« wurde 1923 erstmals veröffentlicht. [14] Die Erzählung ist eine anrührende Liebesgeschichte zwischen zwei Einsamen, die das Leben versäumt haben, einem 40-jährigen weltabgewandten Regierungsrat und einem ebenso weltfremden verwaisten 25-jährigen Mädchen mit der Ausstrahlung einer Klosterschwester. Die Handlung, die in den 1880er-Jahren spielt, überrascht mit vielen unerwarteten Wendungen, letztlich aber geht es in dieser Geschichte um die Zuwendung zum Leben, um die Freude am Dasein und den Genuss der Gegenwart.

Die Novelle »Unter der Asche«[15] erschien 1908 und wurde von Zeitgenossen zu Haushofer-Merks bekanntesten Werken gezählt. Die Handlung beginnt im München der 1890er-Jahre und kreist um eine Frau, die seit ihrer Jugend zwischen zwei Männern steht. Es geht um Betrug, um gegenseitiges Vertrauen und Misstrauen, aber auch um Authentizität und darum, die Gegenwart zu akzeptieren und im Hier und Jetzt zu leben.

Zusammen mit der Novelle »In enger Gasse« kam 1897 die Novelle

[14] Vgl. Haushofer-Merk, Emma: Aus Mitleid. Erzählung von Emma Haushofer-Merk. Leipzig/Bern [1923].

[15] Vgl. Haushofer-Merk, Emma: Unter der Asche. Novelle von Emma Haushofer-Merk. Berlin 1908.

»Die Trennung« heraus.[16] Hier präsentiert die Autorin ein Münchner Ehepaar ihrer Zeit mit einem dreijährigen Kind, das erstmals nach fünf Jahren Ehe getrennt voneinander einige Ferientage verbringt. Psychologisch sehr versiert und wiederum höchst humorvoll wird geschildert, was in solch einer Situation so alles passieren kann.

Der vorliegende Band »Alt-Münchner Erzählungen« lädt den Leser ein zu einer Reise ins vergangene München sowie einzutauchen in die Geschichten der Schriftstellerin Emma Haushofer-Merk und ganz nebenbei viel zu lernen über damalige Sitten, Gebräuche und die Mentalität. Beschließen soll dieses Vorwort ein Kommentar eines Zeitgenossen, der 1925 anlässlich des Todes der Schriftstellerin formuliert wurde und auch heute noch Geltung hat:

»Als geborene Münchnerin war Emma Haushofer-Merk namentlich in dem Milieu ihrer Vaterstadt gut zuhause, und hatte die besondere Gabe, dieses mit leuchtenden Farben zu schildern, aus ihm heraus zu erzählen. Das war wohl das Hauptverdienst ihrer geistigen, in sich harmonisch abgeschlossenen Persönlichkeit. Sie tat das mit großer Liebe, Eigenart und Herzenswärme. Nun ist Emma Haushofer-Merk von uns gegangen, aber das Andenken an dieses frohe sonnenspendende Menschenkind, an die feinfühlende Dichterin, der es weit mehr darum zu tun war zu erfreuen, als welterschütternde Probleme zu lösen, wird bei allen weiter leben, die mit ihr oder ihren Werken in Berührung gekommen sind.«[17]

[16] Vgl. Merk, Emma: In enger Gasse. Die Trennung. Zwei Novellen von Emma Merk. Leipzig [1897], S. 79–158.

[17] Emma Haushofer-Merk †. In: München-Augsburger Abendzeitung, Nr. 197 vom 19. Juli 1925 (Stadtarchiv München/ZA-P 188-15).

Emma Haushofer
Ex libris
Merk

Die Gewissensbisse des Ignatius Stupfer

Dem Lizentiaten Ignatius Stupfer war vom bayerischen Herzog Wilhelm ein gar ehrenvolles, aber schwieriges Amt übertragen worden: Er hatte, als eine Art Generaldirektor, die Vorbereitungen für die Fronleichnamsprozession in München zu treffen, die schon damals, im sechzehnten Jahrhundert, zur Ehre Gottes und zum Ergötzen des Volkes mit großem Prunk und ungeheurer Feierlichkeit abgehalten zu werden pflegte.

Vom Hofe war ein ganzer Band von Befehlen und Vorschriften erlassen worden, wie die im Zuge schreitenden Persönlichkeiten ausgesucht werden sollten, So mußte für die persona Dei Patris ein langer, gerader, starker Mann gefunden werden, mit einem langen, dicken grauen Bart der »nit gelb, kupferfarben oder pfinnig aussicht«, auch einen gravitätischen Gang hat. Noch strenger lautete die Wortschrift für den Darsteller der Person Christi, der von guter Mannslang, nit gar feist und braschet, nit ungestalte Knopfnasen haben, nit schieläugig, nit zahnlucket sein durfte, sondern »anmietige Fisiognomie«, gesunde Farb und einen kurzen kastanienbraunen oder noch etwas lichteren Bart ausweisen musste.

Dagegen waren z.B. für die Hohenpriester Leute mit dicken aufgeblasenen Gesichtern zu wählen, für den Pharao eine sauerausschende, gleichsam tyrannische Person, für den Jonas ein kleiner schlanker Mensch, damit er mit weniger Gefahr dem Walfisch in den Rachen geworfen werden konnte. Für Adam und Eva hatten die Schäffler ein paar feine Jünglinge zu stellen, denn jede Zunft besaß ihre besonderen Rechte und Pflichten. Die auserlesendste und strahlendste Erscheinung aber wurde für den Ritter Georg bestimmt, der als Retter der Königstochter Margarete den sie bedrohenden Lindwurm geschickt zu durchbohren harre, was bei der Prozession wirklich im Bilde dargestellt wurde und zwar mit dem besonderen Effekt, daß die in dem Ungeheuer enthaltene Blutwurst »das zuschauende Frauenzimmer und alles Volk umher unter allgemeinem Hin und Herflüchten und Gelächter mit dunklem Blut übergoß«.

Wenn derartige Scherze, wie auch das Schwefelspeien des Teufels, dem Humor Rechnung trugen, so tat das der Feierlichkeit des Umgangs keinen Eintrag und man kann wohl glauben, daß dem Lizentiaten keine geringe Arbeit oblag, bis er für alle die vielen Personen des alten und neuen Testaments die richtigen Darsteller gefunden hatte, die ja nicht erst durch Schminke und Maske verkleidet und verwandelt werden konnten, sondern im hellen Tageslicht ihrer Rolle entsprechend wirken mußten. Aber das Schwierigste war doch die Auswahl von zweihundert Jungfrauen, die zumeist Heilige darzustellen hatten, die aber nicht bloß gut anzusehen, sondern vor allem von tadellosem Rufe sein mußten, – eine Aufgabe, die sonst zum Glück kein Schauspieldirekror zu bewältigen hat.

Auch damals war es so wie heute, daß die Häßlichen leichter ihre Tugend wahren als die Reizvollen, auf die sich die Blicke und das Begehr der Männer richtet und so mag dem braven Ignatius gar oft der Schweiß auf der Stirne gestanden haben, wenn er die Ehrbaren und Züchtigen verwachsen und die Lieblichen nicht tugendhaft erfand. Natürlich drängten sich die Mädchen zu der Ehre, zu der Prozession auserwählt zu werden, was gewissermaßen als ein öffentliches Leumundszeugnis, ein testimonium lionestatis erachtet wurde, sodaß die Jungfrauen, die ein oder gar ein paar Male würdig befunden worden waren, leichter zu einer guten Heirat gelangten.

Unter den Jungfrauen waren dann mit besonderer Vorsicht und Überlegung die heiligen Marien, sechzehn an der Zahl, auszuwählen, die bei den verschiedenen Zünften mitschritten oder mitgetragen wurden. Da war eine Maria, die dem Josef vermählt wird, eine andere mit dem Kindlein in der Krippe, eine, vor der die heiligen drei Könige schritten, eine auf der Flucht nach Ägypten, eine weinende unter dem Kreuz, zuletzt aber die triumphierende, die Maria Immaculata, die mit dem Zepter in der Hand auf Gewölk thronte, die Füße auf den Mondschein setzte und vor den Bruderschaften auf einem Wagen mit Engeln einherfuhr.

Am Montag nach Trinitatis wurden die ausgewählten Jungfrauen in einen großen Saal bestellt, wo sie die Kleider probieren mußten und der Lizentitat, dem seine brave Hausfrau getreulich zur Seite stand, eine Ansprache an sie hielt. Er ermahnte, wohl nicht ohne Grund, die

Jungfrauen zur Andacht und verbot ihnen Eifersucht und Hoffart, denn natürlich hätte jede gerne eine glänzende Figur dargestellt, und beneideten die weniger vornehm ausgestatteten die anderen um ihre prächtigere Gewandung.

Ignatius Stupfer aber lächelte sehr zufrieden, als sein Blick über die jugendliche Frauenversammlung hinglitt. Er hatte in diesem Jahre Glück gehabt und gar liebliche Gesichtlein zusammengefunden. Vor allem die Jungfrau, welche die Himmelskönigin darstellen sollte, war von so auserlesener, strahlender Schönheit, daß der Herzog wohl seine Freude an diesem Hauptbilde haben würde. Lichtes goldenes Haar floß ihr wie ein leuchtender Mantel über den Rücken herab und ihr Angesicht war so holdselig, als hätte sich ein Engel auf die Erde verirrt. Ignatius hatte selbst die Auserlesene entdeckt, als er, nach dem Befehl des Herzogs, vor der Kirchentüre stand und sein Augenmerk auf die Andächtigen richtete, die am Sonntag, mit dem Gebetbuch in der Hand, aus der Messe kamen. Keine hielt so züchtig wie sie die Augen gesenkt, und so fein und vornehm war ihr Gang, solche Anmut und Würde umfloß die schlanke Gestalt, daß er gleich heimlich aufjubelte: Dieses blonde Kind ist wie dazu geschaffen, die Himmelskönigin zu verkörpern! Aber er hütete sich, vorschnell zu handeln und sich durch die süße Erscheinung blenden zu lassen. Es wurden genaue Erkundigungen eingeholt und erst, als er erfahren hatte, daß Maria – sie trug auch noch den heiligen Namen – die Tochter einer Witwe aus guter bürgerlicher Familie sei und daß man in der Nachbarschaft weder über die Wendelin noch über ihr Kind etwas Nachteiliges zu sagen wußte, erging an sie der Ruf.

Der erste Eindruck schien ihn auch nicht getäuscht zu haben. Unter den schwatzenden, kichernden, zuweilen recht keck sich geberdenden Frauenzimmern, deren Eitelkeiten und Zwistigkeiten er immerfort zu dämpfen hatte, war die schöne Maria eine der stillsten, die in sich gekehrt, in Andacht und Gottesfurcht ihre Rolle übernahm, und den blauen königlichen Mantel so anmutig zu tragen wußte, so bezaubernd, wie in seliger Versunkenheit vor sich hinlächelte, daß dem braven Ignatius selbst ganz seltsam warm ums Herz wurde.

So traf es ihn denn wirklich wie ein Schicksalsschlag, als, gerade zwei Tage vor dem Fest, mitten in allen Aufregungen und Ärgerlichkeiten, die sein verantwortungsvoller Posten mit sich brachte, auf dem Heimwege in seine Wohnung eine Frau an ihn herantrat und ihm mit höhnischem Gesicht zuflüsterte:

»Ihr habt bei der Maria Wendelin wohl mehr auf das schöne blonde Haar, als auf deren Ehrbarkeit geachtet, denn mit ihrer Sittsamkeit ist es nicht gerade weit her.«

Ignatius wußte, daß die Frau Amtsschreibersgattin Veronika Zöllin aus reiner Rachsucht und Bosheit ihm solches zuraunte. Ihre eigene Tochter, die im vergangenen Jahr als Rebecca im Umgang mitgewirkt hatte, war nämlich dieses Mal nicht beigezogen worden, weil man unter den Nachbarn in der Sendlingergasse Nachteiliges über ihren Lebenswandel zu erzählen wußte. So sehr Ignatius erschrak, er konnte sich doch mit dem Gedanken beruhigen, daß es sich nur um eine bissige und grundlose Verleumdung handelte.

»Eine solche üble Nachrede müßte man beweisen können, wenn sie nicht für ein böswilliges und sündhaftes Geschwätz gehalten werden soll,« erwiderte er abweisend.

»Gehn Sie nur mit mir, Herr Lizentiat und Sie sollen sich selbst, mit eigenen Augen, überzeugen, daß ich der Blondhaarigen nicht ohne Grund etwas anhänge.«

Seufzend und widerwillig, denn er war schon sehr müde, folgte Ignatius der Frau durch einige Gassen und Gäßlein bis zur Stadtmauer. Hier stand ein verfallenes altes Bauwerk, – Haus war es kaum mehr zu nennen, mehr eine Art Schupfen, – in dem altes Gerümpel herumstand und Wäsche auf der Leine hing. Sie stieg, ihm voran, im Dunkeln eine schmale, ausgetretene Treppe hinauf und öffnete einen winzigen Fensterladen. Durch die Lücke sah man in ein ganz verwildertes Gärtchen hinab, das wie ein heimliches Versteck dicht an der Mauer lag. Nur die Späheraugen einer neugierigen Frau konnten den kleinen Fleck in diesem Winkel ausfindig gemacht haben.

Verlassen und weltverloren, wie vergessen, wucherte da unten in üppiger Frühsommerpracht ein Fliederstrauch, ein Kastanienbaum wiegte seine roten Kerzen im leichten Windhauch.

Die Zöllin legte den Finger auf den Mund, damit ihr Begleiter sich nicht durch einen Aufschrei verrate, und diese Vorsicht war sehr am Platze. Was Ignatius da unten sah, mit eigenen Augen sah, war wahrlich dazu angetan, ihm einen heillosen Schrecken einzujagen.

Maria, seine blonde Maria, die übermorgen als triumphierende Himmelskönigin durch die Stadt fahren sollte, saß unter dem blühenden Kastanienbaum in enger Umschlingung mit einem jungen Mann und tauschte Küsse mit ihm in verliebter, höchst irdischer Zärtlichkeit.

Ach, wenn das Goldhaar sie nicht verraten hätte, er würde noch immer gezögert haben, an diese furchtbare Wahrheit zu glauben. Aber welches Mädchen in der Stadt hatte so leuchtende Pracht wie sie bei ihr aus der Haube hervorschimmerte!

So konnte er nur in tiefer Niedergeschlagenheit und Verstörung überlegen, was nun geschehen sollte. Wo fand er in aller Eile eine andere Maria? Jetzt, da alle Vorbereitungen abgeschlossen waren?

Das Paar, das sich in voller Einsamkeit glaubte, und nicht an fremde, beobachtende Augen dachte, stand auf und ging durch den Garten. Der Arm des jungen Mannes lag um die zarten Schultern des Mädchens und sie schaute zu ihm auf mit einem so bezaubernden Lächeln, daß es sogar dem biederen Lizentiaten ordentlich schwül zu Mute ward. Nun konnte er auch die Züge des Schlanken, Hochgewachsenen sehen, die ihm bekannt schienen, ohne daß er wußte, wo er sie schon erblickt hatte. Seiner Gewandung nach mußte er zum Dienste des Herzogs gehören, war ein Jäger aus dessen Gefolge, denn er trug über der linken Schulter an einem ledernen Riemen das Hifthorn.

»Recht sittsam, nicht wahr?« höhnte neben ihm leise die boshafte Stimme. »Glauben Sie es nun, daß ich keine Verleumdung geredet habe? Sonst ist man so streng; andere viel bravere Mädchen werden auf das Geschwätz einer Nachbarin hin von der Prozession ausgeschlossen. Und gerade die heilige Maria, auf die doch alle Augen am meisten gerichtet sind, hat allabendlich ein heimliches Stelldichein – es ist nicht das erste Mal, daß ich sie belauscht habe – und küßt in dem versteckten Garten ihren Liebsten! Ein liederliches Frauenzimmer ist sie.«

Ignatius konnte nur, stumm und betrübt, den Kopf schütteln.

Aber das Paar da unten, das zwischen dem hellen Grün, zwischen den Blüten dahinwandelte, war so ergreifend schön in seinem jungen Glück, daß es ihm die Seele rührte. Mit zornigem Entschluß zog er die Verräterin von der Lücke fort und im halbdunklen Speicherraum raunte er ihr vorwurfsvoll zu:

»Wißt ihr denn, ob es nicht ihr Verlobter ist, mit dem sie sich ergeht? Wenn zwei sich gern haben, habt Ihr deshalb ein Recht, sie liederlich zu nennen? Ihr habt eine böse Zunge und ich will kein hartes Wort mehr über die Maria hören, ehe ich mich nicht erkundigt habe, ob sie nicht in Bälde mit dem jungen Mann vor den Altar treten wird.«

Die Zöllin lachte spöttisch.

»Er ist ein Jäger im herzoglichen Dienst – – ich habe nie gehört, daß sie beweibt sein dürfen und sie einer Witwe Tochter! Es wird viel Wasser die Isar hinunterlaufen, bis die Zwei sich ehelichen können, wenn er sie bis dahin nicht längst vergessen hat, der junge Fant.«

Recht gebeugt stieg Ignatius über die schlechte Treppe herunter.

»Und jetzt habt ihr wohl nichts Eiligeres zu tun, als allen Stadtfraubasen zu erzählen, was Ihr wißt!« seufzte er und griff sich an den Kopf, der ihm vor Aufregung schmerzte.

»Warum darf meine Tochter nicht mit beim Umgang sein, wenn Ihr so nachsichtig für andere seid und hier die Augen zudrücken möchtet?«

Ach, der arme Ignatius wußte sich keinen Rat und keinen Ausweg, als ein diplomatisches Verhandeln und Einlenken.

In einem dämmerigen Winkel vor der Türe packte er die Frau am Arm und sagte hastig:

»Wenn ihr den Mund haltet und nichts über die Maria verlautbart, dann soll Eure Agathe in einem prächtigen Gewand mit im Zuge reiten, vorausgesetzt, daß sie sich auf ein Pferd zu setzen wagt.«

Es war ihm eingefallen, daß die Jüdin, die hoch zu Roß dem Moses zu folgen hatte, erkrankt war, und daß er für sie einen Ersatz brauchte.

»Ja, ja!« rief die Zöllin lebhaft. »Meine Agathe ist nicht zum ersten Mal auf einem Pferd gesessen.« Sie dachte in ihrer Freude gar nicht daran, daß sie mit dieser raschen Zustimmung die Behauptung der Nachbarn bestätigte, die wissen wollten, Agathe sei ein paar Mal nächtlicher Weile von einem Reitersmann, der sie auf sein Pferd nahm, abgeholt worden. Der Herr Lizentiat wollte nichts gehört haben. Im Stillen dachte er wohl, daß er für eine Gestalt aus dem alten Testament nicht gar so streng zu sein brauchte.

»Versteht mich wohl, Frau Amtsschreiber. Nur, wenn Ihr Euren Mund haltet, wenigstens bis nach dem Fest! Kommt etwas unter die Leute über die Maria, dann tue ich Eurer Tochter den Schimpf an, sie im letzten Moment zurückzuweisen und lasse statt ihrer einen Knaben in dem prächtigen Gewand mitreiten!«

»Von mir erfährt niemand ein Sterbenswörtlein. Auf Ehr und Seligkeit,« gelobte die Zöllin, freudestrahlend. »Und jetzt lauf ich gleich nach Haus und bring meiner Agathe die gute Botschaft! Tausend Mal Dank, Herr Licentiat!«

»Sie soll morgen in aller Frühe sich bei meiner Hansfrau melden!«

Recht kleinlaut ging Ignatius heim. Die ganze Freude an der Feier war ihm verdorben.

Als er dann am Fronleichnamstage in aller Frühe nach dem Morgensüpplein sich auf sein schöngeschmücktes Pferd aus dem fürstlichen Marstall setzte und mit fünf Dienern, die ihm mit brennenden Kerzen voranschritten und zahlreichem Gefolge durch die Neuhausergasse ritt, lag ihm ein Druck auf dem frommen Gewissen, den er nicht abzuschütteln vermochte. Aber ganz schwer ward es ihm erst ums Herz, sobald er die schöne blonde Maria auf ihrem Wagen erblickte und die bewundernden, gerührten Gesichter bemerkte, die andachtsvoll zu ihr aufschauten. Wieder lag das selige Lächeln um ihren Mund und als dann vor der Kirchentür von St. Peter von Herrn Orlando di Lasso der Gesang »Gustate et videte« angestimmt wurde, umfloß die Sonne ihr Goldhaar, daß es wie ein leuchtender Schein um das holdselige Gesicht lag und die liebliche Gestalt wie in einer Verklärung hoch über Allen dahinschwebte. Er aber wußte, daß diese Lippen heimlich einen Liebsten küßten und fragte sich in tiefer Reue, ob er nicht dennoch eine Sünde begangen hatte, daß er die Himmelskönigin von einem Mädchen darstellen ließ, das von irdischen Begehren umstrickt war.

Seine besorgte Gattin begriff nicht, warum ihr Ignatius nicht abends in froher Stimmung war, nachdem doch die Prozession ohne Unfall und besondere Störung vorübergegangen, obendrein vom schönsten Wetter begünstigt gewesen war. Sie brauchte nicht lange in ihn zu drängen; er berichtete ihr gerne, was ihn bedrückte. In ihr aber erwachte sofort die echt frauliche Lust am Ehestiften und sie wußte ihrem Eheherrn gar freundlich zuzureden: man müsse eben herausfinden, wer der junge Jäger wohl sei und diesem dann durch den Herzog eine Stelle zu verschaffen suchen, damit er sich einen Herd gründen könne; so daß Ignatius, getröstet, zur wohlverdienten Nachtruhe ging. Es traf sich aber, daß er schon am nächsten Tage zum Herzog befohlen und sogar zur Tafel eingeladen wurde, noch ehe er weitere Erkundigungen einzuziehen vermocht hatte. Es war natürlich von der Prozession, auch von der schönen blonden Maria die Rede und der Herzog belobte ihn und zeigte sich äußerst huldvoll, wollte auch, daß er sich zum Lohn für alle seine Mühe eine Gnade ausbitten sollte. Diese Gelegenheit, sein Gewissen von einem nagenden Vorwurfe zu befreien, durfte der brave Mann nicht vorübergehen lassen.

»Herr Herzog« sagte er, »ich hätte wohl ein Anliegen; aber nicht für mich! Ich weiß von einem jungen Paar, das sich lieb hat und wohl nichts heißer ersehnt, als sich vermählen zu dürfen. Wenn der Herr Herzog vielleicht eine Stelle als Jägermeister, als Jagdschloßverwalter für einen aus dem Gefolge übrig hätte.« –

»Ei, ei! der Licentiat möchte wohl für einen Eidam sorgen!« lachte der Herzog.

»Für einen Eidam? O nein! Ich habe gar keine Tochter, aber es scheint fast, als gehörte das Stiften einer christlichen Ehe auch noch zu meinen Obliegenheiten, – als eine Art Nachspiel.«

Um seinen Worten stärkeren Nachdruck zu geben, verhehlte Ignatius denn auch nicht, daß es sich um die schöne Maria handle, die, wie er erfahren, einen jungen Jäger liebe.

Aber er stockte mitten im Satz. Der an der Tafel fitzende Sohn des Herzogs hatte nämlich bei seinen Worten eine rasche, erschreckte Bewegung gemacht und dadurch die Aufmerksamkeit des Sprechenden auf sich gelenkt. Und von diesem Augenblicke an war es mit der Fassung des Licentiaten vorüber. Denn wenn der junge Herzog auch nun ein anderes, viel reicheres Gewand trug als damals in dem versteckten Gärtlein, so erkannte doch Ignatius das Gesicht wieder, zu dem die blonde Maria in so verliebter Zärtlichkeit emporgelächelt hatte. Nun merkte er wohl, daß er eine Dummheit gemacht hatte und seine fromme Absicht, eine Ehe zu stiften, wohl aufgeben müsse. Als der Herzog ihn nach dem Namen seines Schützlings fragte, stammelte er verlegen und zu allgemeiner Heiterkeit: er wisse ihn nicht und verneigte sich nur, verwirrt und kleinlaut, als der Gebieter meinte, der heiratslustige junge Mann sollte sich bei ihm melden: das Weitere würde sich finden.

Ach, das Gewissen des braven Ignatius blieb belastet. Kein Jäger, der freien wollte, meldete sich beim Herzog. Dagegen verlautete bald darauf, daß die Wendelin, die Mutter der schönen Maria, eine Stelle als Wirtschafterin auf einem einsamen Schlosse erhalten und mit ihrer Tochter die Stadt verlassen habe.

Als ein paar Jahre später der Herzog Wilhelm die Augen schloß und sein Sohn ihm auf dem bayerischen Throne nachfolgte, soll am Hofe eine wunderschöne blonde Frau eine große Rolle gespielt haben. Sie wurde in den Adelsstand erhoben und der gräfliche Titel hat sich in einem hoch angesehenen Geschlechte bis auf den heutigen Tag vererbt.

Ignatius Stupfer aber wollte das schwere Amt, die Vorbereitungen für die Fronleichnamsprozession zu treffen, nicht mehr übernehmen; er gab vor, daß er müde und krank sei. In Wahrheit graute ihm vor der Verantwortung, wieder heilige Jungfrauen auswählen zu müssen, die schön und anmutig anzusehen waren, langes reiches blondes Haar besaßen, zugleich aber auch höchst sittsam und von unerschütterlicher Tugend sein sollten.

Das Lieserl

In den engen Gassen der Münchener Altstadt duftete es nach Wald. Tannenguirlanden und Kränze hingen an den Häusern; von manchem Dachgiebel flatterte die weißblaue Fahne. An diesem 16. Februar 1824, dem Regierungsjubiläum des geliebten Königs Max Joseph, »des guten Vaters Max«, wurde der Grundstein zu dem Monument auf dem Residenzplatze gelegt; ein Fest für die ganze Einwohnerschaft, der wieder einmal schöne Gelegenheit geboten war, einen Feiertag einzuschalten und fröhlich zu bummeln, wofür die Münchener allezeit eine gewisse Vorliebe besaßen.

Die Luft war ungewöhnlich mild; sogar die Sonne schien ihre Freude an der geschmückten Stadt zu haben, denn sie spendete einen ganz frühlinghaften Glanz zu der allgemeinen Jubelfeier.

Ein hübscher Mensch mit einem großen, weichen Hut auf den Lokken, die ihm, reich und blond, bis zum Kragen herabfielen, kam mit flatterndem Mantel, mit flotten Schritten aus dem winkeligen engen Fingergäßchen in die schon festlich belebte Weinstraße. Seine jungen Augen waren so versunken in den Anblick des malerischen Bildes, das die grünbekränzten Häuser, die geputzten Menschen in dem hellen Lichte darboten, daß er fast an einem Bekannten angerannt wäre, der steif und gravitätisch, im enganliegenden Überrock mit der kurzen Taile, mit einem hohen grauen Zylinder auf dem Kopf, eben aus einem Laden trat. »Ja Pepi! Grüß dich Gott, Pepi!« rief er dem einstigen Schulkameraden mit seiner hellen Stimme zu. »Das ist aber nett, daß ich dich wieder einmal seh'! Wo steckst du denn immer, du Mustermensch? Immer im Geschäft? G'rad nur fleißig?«

Der Angeredete schien etwas verlegen über die laute Begrüßung.

»Ja no«, sagte er bedächtig. »Was halt sein muß! So gut hab ich's freilich nicht, wie so ein Maler wie du!«

Der Blonde, Fröhliche hing sich an seinen Arm.

»Komm! Jetzt bummeln wir miteinander! An einem solchen Tag, da mußt du doch auch aus deinem Kontorwinkel heraus, gelt! Du, ich sag dir, Pepi! Ich bin so lustig heut! Ich möcht' die ganze Welt umarmen!«

»No, no! Bist denn heut schon beim Frühschoppen g'wesen?« spottete der Freund mit seinem hausbackenen Gesicht über den hohen Vatermördern. Aber der andere jubelte, berauscht von Jugend, von Lebensfreude, von feuriger begeisterter Erwartung.

»Denk dir, ich habe es durchgesetzt bei meiner Mutter: In zwei Wochen reise ich fort nach Italien – nach Florenz, nach Rom, nach Neapel!«

Das Wort »Italien«, er sang es förmlich. In seiner Stimme war Feierlichkeit und Jauchzen zugleich, als dürfe er wallfahren zu einem Heiligtum, als öffnete sich ihm das Tor zu dem Herrlichsten der Erde.

»Ich hab' einen Empfehlungsbrief an den Meister Schnorr in Rom! Lernen werd ich; schauen, schauen! Ich kann's ja kaum mehr erwarten, bis ich in der Extrapost sitz und dahinfahr! Geh, Pepi, steck dich hinter deinen reichen Alten! Geh mit! Ein Kaufmann soll doch auch die Welt seh'n! Reiß' dich raus!«

Pepi schüttelte ablehnend den Kopf.

»Nei, mei Lieber! Ich möcht gar nicht nunter in des Italien, wo's solche Spizbuben sind, daß sie einem die seidenen Taschentücheln aus dem Sack herausstehl'n, wie neulich ein Herr verzählt hat.« Er zog das große rotseidene Schnupftuch hervor, mit einem gewissen Wohlbehagen, daß er es in der braven Heimatstadt ruhig entfalten dürfe, und schnaubte sich umständlich die lange breite Nase. »Ja, du! Nimm dich fein in acht, Raimund! Da kann dir eines Tags dein ganzes Geld g'stohl'n werden. Nachher sitzt da! Nei, keine ruhige Stund' hätt' ich unter dene Banditen!«

Raimund lachte nur. »O du alter Angstmeier! Meinen Kreditbrief sollen sie mir nicht stehlen und ich freu mich, einmal solch ein italienisches Banditengesicht zu seh'n! Malerischer und interessanter ist so ein Kerl gewiß, als diese Köpf da drin beim ›Schleibinger‹.« Er deutete auf die Kneipe, an der sie eben vorüberkamen, wo im Torbogen feiste rote Trinker eng zusammengedrängt bei den Maßkrügen saßen.

Er hatte seinen Arm wieder aus dem des Freundes gezogen. Pepi ging ihm zu langsam, zu phlegmatisch, Er war dem Bedächtigen immer um ein paar Schritte voraus in seiner Lebhaftigkeit, in seinem dreiundzwanzigjährigen Ungestüm.

Aber in der Kaufingerstraße blieb er plötzlich stehen, wie verzaubert, stumm und starr, und schaute staunend, mit einem glückseligen Lächeln, als sähe er eine Wundererscheinung, auf ein Mädchengesicht, das sich aus dem Fenster neigte. Die Anmutige stand wie in einem grünen Rahmen zwischen den Tannengewinden und sah um so lieblicher und reizvoller aus, weil ihr braunes Köpfchen aus einem so alten, wunderlichen und krummen Bauwerk herauslugte, förmlich ein Bild jungen, blühenden Lebens unter dem grauen, hohen, verwitterten

Dach, das wie eine zu mächtige Mütze über dem schmalen Hause hing.

Eine Weile hatte sie das Männergesicht nicht bemerkt, das wie anbetend zu ihr emporgerichtet war, nur vergnügt das ungewohnte Treiben betrachtet. Als sie dann dem Blick der schwärmerischen Augen begegnete, blieb sie einem Moment wie in ihrem Bann, und die beiden jungen Menschenkinder sahen sich ganz weltverloren an, als wären sie allein und vergäßen die wimmelnden Gestalten neben und unter sich.

Dann wurde sie plötzlich rot und trat vom Fenster weg. Raimund stand noch immer an derselben Stelle mitten in der Straße und achtete nicht darauf, daß er von den vorübergehenden gestoßen und geschoben wurde – schaute und wartete.

Sein Begleiter aber raunte ihm zu: »So geh' doch weiter! Was denken denn die Leut', wenn du so auffällig da hinaufschaust! Sei doch g'scheit! Das g'hört sich doch nicht!«

»Ich muß sie nochmal seh'n! Ich kann ja nicht fort, eh' sie nochmal ans Fenster kommt! Meiner Lebtag hab' ich noch kein so liebes G'sichterl g'sehn!« sprach Raimund, wie aus einem Traum gerissen, ganz verzückt vor sich hin und spähte hinter die Vorhänge, wendete den Blick nicht von dem Hans.

Pepi zog ihn fort, fast mit Gewalt.

»Überfahren wirst noch mit der Dummheit. Da vorn kommt ein Wagen! Und schau, der Herr Lebzelter Himmelstößer, der kommt schon aus dem Laden raus und schaut, warum du da immer naufgaffst! Geh', geh' weiter! Ich kenn' ja die Familie! Es ist ja ein Vetter von mir! Du bringst mich ja in die größte Verlegenheit!«

»Pepi! Du kennst sie!« schrie Raimund in toller Freude. »Kennst die Holdselige, die da oben gestanden ist in dem grünen Nahmen – wie der schönste Tizian; kennst das süße Lockenköpferl mit dem weichen Oval?«

»Natürlich! Wenn's doch mein Baserl ist! Das Himmelstößer Lieserl!

Ihr Vater, der Wachszieher und Lebzelter, ist doch ein G'schwisterkind von meiner Mutter selig!«

»Ja, Mensch! Und das sagst du so nüchtern! Ist sie denn nicht das schönste Mädchen in der ganzen Stadt: Und ich seh' sie heut' zum ersten Mal!«

»No ja, sie ist ganz sauber und brav und fleißig. Aber deswegen braucht man doch nicht ganz aus dem Häusel zu kommen. Bist du ein überspannter Kerl! Immer gleich obennaus! Geh', zerdruck mir doch mein Arm nicht ganz!«

Raimund hatte sich an ihn geklammert und drängte und flehte mit leidenschaftlichem Ungestüm:

»Du mußt mir helfen, daß ich sie kennen lern'! Pepi! Sei lieb! Schau, wir waren doch Schulkameraden. Mein ganzes Leben will ich dir's danken, wenn du mir's möglich magst, daß ich sie in der Näh seh'n darf, daß ich mit ihr reden kann! Heut' noch! Geh', sei kein Unmensch! Führ' mich hin! Du bist doch ihr Vetter!«

»Was du dir einbildst! Des weißt doch selber, daß man in eine Münchner Familie net so einfach hinlaufen kann! Das gibt's doch net! Die täten schöne Augen machen, wenn ich auf einmal mit einem fremden Maler daherkäm! Und überhaupts – was willst denn? Dem Lieserl den Kopf verdreh'n? Nei, des leid ich nicht! Sie ist kaum siebzehn Jahr alt! Und nachher reist du fort nach Italien! Und so ein jungs Ding bild sich weiß Gott was ein!«

»Ich schwör dir's, Pepi, daß ich kein unrechts Wort sag! Nur grad anschau'n möcht ich sie wie ein Heiligenbildel! Geh, besinn dich! Heut' ist doch so ein besonderer Tag! Heut' könntest mir auch was zu lieb tun!« So warm und dringend wußte er zu bitten, mit seiner frischen Stimme, mit seinem hübschen beredten Gesicht, daß Pepi immer mehr in die Enge getrieben wurde. Er hatte schon als Kind dem feurigen Willen des Lebhaften, Stürmischen nicht zu widerstehen vermocht und sich immer vom Weller Raimund beherrschen lassen. So wurde er auch jetzt wieder nachgiebig und überlegte:

»Ich müßt halt g'rad zum Herrn Vetter Himmelstößer in den Laden neingeh'n und für unsere alte Stasi einen neuen Wachsstock kaufen, und im Gespräch ein bissel herausfratscheln, ob sich die Madam Himmelstößer heut abend die Beleuchtung anschaut und ob ich vielleicht die Frau Bas begleiten dürft'? Nachher ließ' es sich vielleicht machen, daß wir dir unterwegs so ganz zufällig begegnen.«

»Ja, ja! Ein Dutzend Wachsstöck und Lebkuchen und Leckerln will ich kaufen! Komm nur! Komm!« rief Raimund begeistert und wollte den Freund zum Laden hinziehen.

»Nein, des geht nicht!« meinte dieser mit bedächtigem Kopfschütteln. »Du darfst nicht dabei sein! Des tät den Herrn Vetter gleich stutzig machen! Wart halt da an der Eck bei der Augustinerkirch und ich schau, was ich ausricht. Aber vernünftig mußt sein und dem Mädel keine Dummheiten vorreden; des bitt ich mir aus. Dann geh ich halt in Gottsnamen!«

Märchenhaft hell war es in dieser Februarnacht in dem sonst so dunklen München, denn jedes hatte dem König zu Ehren an seinem Fenster ein Lichtlein angesteckt. In hohen und niederen Leuchtern, in Blumenvasen und in Gläsern standen die Kerzen; da und dort brannten auch in gleichmäßiger Reihe die Talglämpchen; mancher hatte ein Transparent von buntem Papier aufgehängt, auf dem mau in heller Beleuchtung die Worte: Heil dem König! lesen konnte; es fehlte auch nicht an sinnigen Versen, die naive, treue Herzen verbrochen, um ihre Huldigung darzubringen.

Über den Schrannenplatz (den jetzigen Marienplatz) lustwandelte der Lebzelter Himmelstößer Arm in Arm mit seiner rundlichen Ehehälfte: hinter ihnen drein gingen die beiden Töchter, Rosine und Lieserl, mit dem Herrn Vetter, dem Weigenthaler Pepi. Die Mädchen trugen warme Schaltücher über den kurztailligen Kleidern mit den Bauschärmeln. Ihre Gesichter schauten unter den weit vorstehenden Krempen der Capothüte wie aus einem großen Futteral hervor, aber gar kleidsam fielen die Locken zu beiden Seiten in die Stirne. Dem Lieserl stand diese Frisur besonders gut, und der Maler Raimund Weller, der verabredetermaßen an der Ecke der Dienerstraße zu ihnen stieß und von Pepi vorgestellt wurde, schaute verwirrt, befangen, auf all die Lieblichkeit, die aus dem seidenen Hutungetüm hervorblühte, und vermochte seine Bewunderung für das weiche Gesicht mit dem schlanken Näschen und den kindlichen braunen Augen kaum zu verbergen, wenn er gleich wenig zu sagen wußte in seiner ersten Herzensfreude über die geglückte Begegnung.

Man hatte dem bescheiden auftretenden, höflichen Schulkameraden des Herrn Vetters gerne erlaubt, sich anzuschließen. Es machte sich ganz von selbst, daß er auf dem schmalen Bürgersteige, auf dem man sich nur paarweise vorwärts schieben konnte, an der der Seite des Lieserls blieb. Sie fühlte mit dem untrüglichen Instinkt der Frau, daß sie ihm gefiel, hatte auch den Blick nicht vergessen, den sie am Vormittag mit dem hübschen blonden Mann getauscht, der so bewundernd zu ihr hinaufschaute. Die Nähe des Verehrers schuf ihr eine lustige Stimmung; halb verlegen, halb lachend, warf sie manchmal einen nekkischen Seitenblick auf den Begleiter, so weit die breite Scheibe des Hutes das zuließ.

Im dichteren Gedränge taute Raimund auf. Er erzählte ihr, daß er nach Italien reifen wolle; er nannte die Namen der großer Maler, die in Rom eine deutsche Künstlerkolonie gegründet hatten, der auch er anzugehören hoffte. Aber in seinen Worten lag nicht mehr der volle, rückhaltlose Jubel, der ihn noch am Morgen erfüllt hatte; schon mischte sich leiser Abschiedsschmerz in die Reiseaufregung, in die begeisterten Erwartungen.

Auf dem Residenzplatze, wo die Menge sich staute, die den König am Fenster sehen wollte, wo er eine Weile, von den andern abgeschnitten, dicht neben dem anmutigen Lieserl stand, flüsterte er zärtlich: »Seit heut' vormittag ist mir alle Reisefreud' wie in einen tiefen Brunnen hinuntergefallen. Jetzt weiß ich erst, wie gern ich in München bin, wie ich wohl Zeitlang kriegen werd', da draußen in der Fremde! Seit dem Augenblick, wie Sie da heruntergeschaut haben an dem grünen Fenster, Mamsell Himmelstößer!«

Ihr war sein lebhaftes Wesen, seine Art zu sprechen etwas ganz Neues und Seltsames. Sie hatte auch nie die Namen der Maler gehört, die er mit solcher Begeisterung nannte; sie wußte nichts von Cornelius, von Overbeck, von Schnorr und Veit. Sie ahnte nichts von Künstlerenthusiasmus, von Sehnsucht nach Italien. Und seine rasche Annäherung, dieser offene feurige Ton verwirrten und erschreckten sie, schienen ihr gefährlich, unheimlich. Und doch hatte sie zugleich ein Gefühl frohen Staunens, daß dieser hübsche junge Mann einmal so ganz anders war als irgend ein Mensch in ihrer Umgebung; doch hörte sie mit einem süßen Grauen und einer bangen Neugier von der fremden Welt, in die er fort wollte, spürte mit leisem Schauder einen freieren Luftzug, als risse er sie heraus aus der dumpfen Enge, in der sie bisher gelebt hatte. Heut abend schien ja alles so ungewöhnlich. In diese Nacht, in der die wohlbekannten Häuser sich in eine Reihe von funkelnden Feenpalästen verwandelt hatten, in der Licht und Glanz von allen Fenstern rieselte und die festliche Freude in heißen Wellen über alle die so spät noch lustwandelten Menschen hinbrandete; in diese berauschende, nie gesehene Pracht paßte auch ihr merkwürdiges Erlebnis. So schauten denn die beiden jungen Leute wie trunken auf das strahlende M, das über dem Theatergebäude hing, hörten das laute Hoch, das den König grüßte, mit klopfenden Herzen und fühlten, daß die schimmernde Helligkeit Unvergeßliches für sie weckte, daß sie selber mitglühten in dem allgemeinen Jubelglanz.

Als sie dann, den Eltern folgend, wieder weiterschritten, gab Lieserl auch ganz lebhaft, mit heißem Gesicht, Bescheid auf die Fragen, die der Begleiter an sie richtete.

»Sie kam wenig fort von zu Haus,« erzählte sie ihm. »Nur in die Kirch und zur Tant Anna und zur Frau Ipfelkofer, ihrer Firmpatin. Im Sommer gingen sie auch am Sonntag manchmal spazieren. Sonst war sie immer daheim und mußte der Mutter helfen oder stricken, den ganzen Nachmittag stricken. Die Mutter litt es nicht, daß sie eine Freundin besuchten oder gar ein Buch lasen.«

Er schaute mit warmem, zärtlichem Mitleid zu ihr herab und sagte sich mit heimlichem Erzittern, wie goldig die Liebe dieses arme eintönige Mädchendasein überfluten müßte, wie froh erlöst sie dem Befreier zujauchzen würde, der sie aus ihrer Gefangenschaft befreite. Und er wußte schon in dieser Stunde, daß er das Zauberwort sprechen wollte, um die Holdselige fortzuholen von ihrem Strickstrumpf, aus der strengen Zucht der Eltern.

In der Kaufingerstraße waren schon die meisten Lichter herabgebrannt; nur ein matter, letzter Glanz der verschwundenen Herrlichkeit lag noch über der Stadt, als er sich von ihr und den Eltern verabschiedete und mit seinem Freund Pepi heimwärts schlenderte, verträumt und stumm, in dem feierlichen Bewußtsein, daß dieser Tag über das Schicksal seines Herzens entschied.

Raimund war nun plötzlich ein Kirchengänger, der genau wußte, wann es zur Vesper läutete, wann die Predigt aus war, und an welchem Altar in der Frauenkirche die Frühmesse gelesen wurde. An eine Säule gelehnt, stand er dann in dem kühlen, noch halb dämmerigen Seitengang des Doms und betrachtete in stiller Andacht die fromme Beterin, die in dem alten Kirchenstuhle kniete, auf deren feine Züge aus den buntbemalten Fenstern ein weiches Licht herabfiel. Wenn sie allein war, trat er vor dem Weihbrunnkessel an der Türe auf sie zu und freute sich über das warme Erröten ihrer Wangen, während sie sich bekreuzte. Einmal, in einer Abendstunde, als es wieder schneite, als sollte nach dem kurzen Frühlingsahnen aufs neue der Winter einsetzen, als kein Mensch durch das enge Gäßchen hinter der Frauenkirche ging, da schaute er ihr recht nahe unter den Schirm und fragte sie, ob sie auf ihn warten wolle, bis er wieder zurückkehre aus Italien? Ein Jahr müsse er lernen; leben für seine Kunst. Aber dann käme er, ein seliger Mann, zu den Eltern und holte sich sein schönes Lieb in das kleine Haus, das ihm zu eigen war, in dem nun die Mutter allein wohnte, das Raum genug hätte, für ein glückliches Paar. Und sie würde er zuerst malen und der Welt zeigen, was für eine liebliche Frau der Künstler besitze, der schon noch von sich reden machen und sich einen angesehenen Namen in seiner Vaterstadt erringen wolle.

Zwischen den wirbelnden Schneeflocken sah sie seine glänzenden hübschen Augen, in denen es leuchtete wie von Sonne und Lebensmut und die eindringlicher zu werben wußten als seine Worte; die ihre Angst vor den Eltern, ihr Bangen vor der Trennung besiegten, die eine Sehnsucht nach dem Ungewöhnlichen in ihr wachriefen, nach einem Wagnis, nach dem fast abenteuerlichen Glück, das die Zukunft ihr bringen sollte.

Mit ihrem weichen süßen Kindergesichtchen schaute sie vertrauensvoll zu ihm auf und versprach mit zitternder Stimme:

»Ja, ich will warten! Warten und dran glauben, daß Sie wiederkommen und mich dann immer noch gern haben! …. Aber der Vater – die Mutter!« kam's dann wie ein erschreckter Nachsatz, als besinne sie sich erst über die ganze angstvolle Schwere ihres Entschlusses.

»Noch brauchen sie's ja nicht zu wissen, Lieserl,« meinte er. »Schau, die Heimlichkeit ist doch auch nett! Meinen Freund Pepi zieh ich ins Vertrauen; der soll dir meine Brief bringen und durch ihn mußt du mir auch manchmal ein Zetterl zukommen lassen. Das tust du doch, gelt? Weißt, hören müssen wir doch voneinander! Ich begreif ja ohnedies nicht, wie ich's ein ganzes Jahr aushalten soll, dieses liebe Köpferl nicht zu seh'n!«

Sie nickte und hatte nasse Augen vor Ergriffenheit über seine zärtliche Bewunderung, freilich auch in Grauen vor dem Abschied und vor der langen, langen Zeit, in der sie die ganze Last dieser Heimlichkeit allein tragen sollte.

Er hatte nach allen Seiten herumgespäht, ob auch kein fremder Blick sie beobachten könne; aber der Schnee baute förmlich eine Mauer um sie und hüllte sie in seine weiße Stille. Da beugte er sich noch tiefer zu ihr herab und küßte den roten Mund; von Flocken umwirbelt lagen die beiden jungen Gesichter aneinander gepreßt in Liebesglück und Trennungsschmerz und ihre zärtlichen Lippen gelobten sich Treue. Als Raimund zwei Tage später in der ersten Morgenfrühe mit der Extrapost über das rauhe Pflaster rollte, machte er noch einen Umweg durch die Kaufingerstraße; droben an dem wunderlichen Haus des Wachsziehers und Lebzelters öffnete sich beim Räderlärm ein Fenster, ein Tüchlein flatterte, ein paar nasse Augen schauten dem einsamen Gefährt nach, das in dem fahlen Lichte verschwand.

Der Vetter Pepi kam plötzlich sehr häufig zu Himmelstößers in Haus, in seiner Eigenschaft als heimlicher Liebesbote. Immer schmelzender begrüßte ihn Frau Anastasia, die rundliche Mutter mit ihren ziegelroten Bäckchen: »Ja der Herr Vetter! Die Ehr!«

Immer freudiger errötete die ältere Tochter Rosine bei jedem neuen Besuch. Sie war nicht hübsch; eine Rothaarige mit Sommersprossen und einer fahlen Gesichtsfarbe. Aber sie hatte ein liebebedürftiges Herz und hätte brennend gern geheiratet. Pepi gefiel ihr ausgezeichnet trotz seiner langen dicken Nase und seinem steifen Phlegma; sie schätzte seinen Fleiß und seine Biederkeit. So viel hatte sie leicht erraten, daß die hübsche Schwester für den Maler schwärmte, den sie beim Jubiläum kennen gelernt; das war der Freund vom Herrn Vetter. Also mußte der doch wissen, daß für ihn beim Lieserl nichts zu hoffen war.

Wenn er jetzt so oft ins Haus kam, so mußte er andere Absichten haben. – Die Mutter schaute sie oft so lieb, so erwartungsvoll an. Gewiß dachte sie dasselbe….

Lieserl ward blaß, wenn der Vertraute anrückte, blaß vor Ungeduld nach der Nachricht, die er wohl brachte, vor Angst, wie sie sie unbemerkt erhalten und ihm das eigene, schon lange fertige Briefchen zustecken könne, das er weiter befördern mußte nach Rom.

Wenn sie dann das schön gefaltete und gesiegelte rosa Kuvert mit der Aufschrift: »An Madmoiselle Lieserl, Par bonté« glücklich in der Tasche hatte, mußte sie erst einen unbewachten Augenblick erlauern, um die zierliche Handschrift zu lesen. Jedesmal fühlte sie wieder den leisen Schauer, wie er sie an dem ersten Abende überrieselt hatte, an dem er ihr von seinen Plänen, seinen Erwartungen, seiner Künstlersehnsucht erzählte. Als stünde er weit, unendlich weit von ihrem Leben entfernt in einer ganz fernen, neuen Welt; als müßte sie einen Sprung wagen in das Dunkel, wenn sie zu ihm kommen wollte; als rissen seine Worte sie fort aus ihrer Umgebung in eine wilde sonnige Freiheit, vor der sie sich fürchtete und die sie doch unwiderstehlich anlockte.

Sie gab sich rechte Mühe, ihm auch schöne Sätze zu antworten und setzte ihren Brief sorgfältig auf, um ihn bei einen Kerzenstümpfchen säuberlich abzuschreiben, wie eine Hausaufgabe in der Schule.

Ihm wäre ein natürlicherer Ausdruck ihrer Gedanken lieber gewesen als die geschraubten Phrasen, die sie mit ihrer feinen Schrift auf das Papier malte. Aber er fühlte sich doch jedesmal hochbeglückt, wenn die Sendung des braven Freundes Pepi eintraf.

Er vergaß das Lieserl nicht in all den neuen Eindrücken, in dem Wonnerausch des Südens. Die Neigung, die so rasch emporgeflammt war, saß tief und fest. Die schönsten Glutaugen, die wunderbarsten braunen Nacken, das herrlichste Kolorit der Italienerinnen verdrängten das Bild des lieben Münchner Mädels nicht, wie er es zuerst in dem grünen Rahmen an dem wunderlichen Hause erblickt hatte. Denn sie war für ihn die Heimat; sie war der sichere Pol, dem er zustrebte, wenn dieses Jahr der Freiheit und des seligen Schauens vorüberging; sie war ihm der feste Halt, daß er nach der abenteuerlichen köstlichen Existenz, in der er nun malte, lernte und die Tage genoß, wieder landen würde in einer gutbürgerlichen Häuslichkeit, im ruhigen Fahrwasser der Vaterstadt.

Es rührte ihn tief, als sie ihm im Juni schrieb: »Ich zähle die Tage, bis du wiederkommst. Hundert Tage bist du nun schon fort.« In Olevano bekam er den Brief, wo er in wunderbarer Idylle mit den Künstlerfreunden hauste und an jedem Morgen wie zu einem Lebensfest erwachte. »Alla mia carissima« war sein nächstes rosafarbenes Brieflein überschrieben und es klang besonders zärtlich, weil er sich manch kleiner flüchtiger Untreue bewußt war. Aber das las sie nicht zwischen den Zeilen.

So gingen die Monate hin und oft dachte er voll Mitleid, daß sein Liebchen in all der Zeit nicht aus der engen Gasse herauskomme, nichts sehe von all der glorreichen Schönheit, in der er schwelgte, und er schwor sich zu, daß er sie auch nach Italien führen wolle und daß sie an seiner Seite erst die Auferstehung ihres Lebens finden sollte.

Im Spätherbst kam ein trauriger Brief; nicht so schön geschrieben, nicht in so ordentlichen Sätzen verfaßt wie die früheren. Sie hatte offenbar gleich in der Nacht, ohne vorher abzusetzen, die Worte hingekritzelt in ihrer Herzensnot.

»Die Mutter ist dahinter gekommen. Sie hat einen Brief gefunden. O, das hat einen schrecklichen Auftritt gegeben. Alle haben sie auf mich eingeschrien, der Vater, die Mutter, die Frau Tant' und die Frau Patin. Was! Ein Maler! Ein Maler ist ein Luftikus, ein Maler arbeitet nichts, der hat kein richtiges Geschäft, der vertut bloß das Geld! Auf einen Maler kann man sich nicht verlassen. Und der Vater hat gesagt: Das leidt er nicht! Niemand hat mir beigestanden außer der Rosin. Auch der Herr Vetter nicht. Er hat zwar wohl zugeben, daß Du aus einer guten Familie bist und daß Du ein Haus hast und auch von der Mutter eine Erbschaft zu erwarten hast, aber Du wärst ein überspannter Mensch. Er möcht keine Verantwortung übernehmen! – Ich laß mich nicht irr machen, Raimund! Wenn sie auch alle auf mich einreden. Ich glaub an Dich und ich wart auf Dich. Freilich, wie das jetzt werden soll, wo sie alle aufpassen, und wie ich's aushalt, so ganz allein, – das weiß ich nicht!«

Einen Tag überlegte Raimund, ob er nicht heimfahren und das arme Kind beschützen sollte. Der Kampf gegen die Eltern reizte ihn; er war überzeugt, er würde Sieger bleiben, wenn er nur kam und dem Herrn Wachszieher und Lebzelter gegenübertrat.

Aber er hatte ein Bild angefangen, von dem er Großes hoffte. Der bewunderte Meister Cornelius wurde im Winter in Rom erwartet. Er sagte sich: Du bist es deiner Kunst schuldig, das eine Jahr auszuharren. Du kommst nicht wieder zurück in die Freiheit des Lernens, in diese anregende Umgebung. – Du mußt!

So schickte er ihr nur einen Brief, der ihm selbst die Augen naß machte vor Bewegung, als er ihn noch einmal durchlas. Er fühlte: Schöneres, Wärmeres konnte er in seinem ganzen Leben einer Frau nicht schreiben. Er war förmlich zum Dichter geworden in der Ergriffenheit der Stunde und es waren ihm Worte in die Feder geflossen, die wohl ein junges Herz halten und stärken konnten zum Ausharren, auch über die gestellte Frist hinaus. Aber er versprach, die Reise nach Neapel und Sizilien aufzugeben, um sicher im Frühjahr heimkehren zu können.

Auf diesen Brief kam keine Antwort. Er wartete mit Ungeduld und

Bangen. Wochenlang harrte er mit Herzklopfen auf jeden Postwagen, der von Deutschland eintraf. Nichts! Nichts! Keine Zeile! Sollte gerade dieser Brief, den er nie wieder so zu schreiben vermocht hätte, verloren gegangen sein? An solch grausames Verhängnis wollte er nicht glauben. Aber es war doch auch kaum denkbar, daß sie auf diese Worte aus seiner tiefsten Seele nicht geantwortet hätte. Oder verweigerte der Freund die Vermittlung? Machte man es dem armen Kind unmöglich, an ihn zu schreiben? Er schickte an Pepi einen Eilpostbrief und beschwor ihn um sofortige versicherte Nachricht.

Wieder mußten ja Wochen vergehen, bis er sie erwarten durfte. Aber auch dann blieb alles stumm.

Er hatte seiner Mutter nichts von seiner Verlobung gesagt. Wozu die gute Frau aufregen? Sie hatte nicht begriffen, daß er dennoch reisen wollte, hätte nicht schweigen können vor den Verwandten und Bekannten. Nun bereute er's, da er nicht eine vertraute Seele in der Heimat hatte, nachdem der Freund Pepi versagte.

Die Arbeit freute ihn nicht mehr. Unter den übermütigen Kollegen vereinsamte ihn sein Kummer. Dieses gänzliche Verstummen, die Unmöglichkeit, nur irgend ein Wort zu hören, trotz der heißen, flehenden Schreie, die er heimgeschickt hatte, die grausame Abgeschnittenheit von jeder Nachricht wirkten auf die Dauer aufreibend, unerträglich. Er fühlte, daß er ein Ende machen müsse. Man warnte ihn vor der Winterreife. Die Wege waren kaum passierbar vor Schnee. Auf dem Brenner sollte ein Bergrutsch die Straße versperren. Aber er wollte nicht hören. In der Weihnachtswoche brach er sein Zelt ab und verließ Rom wie auf der Flucht, gejagt von seiner Angst, von dem unbezwinglichen Verlangen nach Klarheit. Er mußte durch! Sein leidenschaftlicher Wille ertrotzte sich schon die freie Bahn, und wenn alle Elemente gegen ihn verschworen wären! Wenn's nicht ging über Tirol, so nahm er eben den Weg durch die Schweiz, über den Sankt Gotthard!

Ein tollkühnes Wagnis, der Entschluß eines Verzweifelten!

Eine Fahrt durch Grauen und Gefahr, eine Fahrt in den von allen Seiten drohenden Tod! Auf der furchtbar einsamen Höhe faßte ein Schneewirbelsturm das Gefährt, als sollte es rettungslos begraben werden in den endlosen weißen Massen, die sich heranschoben, auftürmten, bewegten wie eine ungeheure, unentrinnbare feindliche Macht. Jeder Weg war verweht. Es sauste und brauste und wetterte mit einem Urweltzorn. Die Pferde schienen mit jedem Schritt nur weiter zu irren in die Vernichtung, in das große kalte Dunkel.

Als sie dennoch, wie durch ein Wunder, das Hospiz auf der Paßhöhe lebendig erreichten, wurden sie von dem Wirt und dem Kaplan empfangen wie Vermessene, die frevelhaft dem Tod getrotzt hatten. Aber nach der kurzen Rast in warmer Geborgenheit lag der Weg abwärts vor ihnen, und der Schnee fiel, fiel unaufhörlich. Raimund konnte sich nicht gedulden. Er sah im Flockengewirbel ein liebliches junges Gesicht und küßte warme, rote Lippen. Das Bild stand ihm vor Augen, stachelte seinen eigensinnigen Willen auf und lockte ihn weiter durch die weiße Öde. Der Kutscher ließ sich bestechen durch die Goldstükke, die er ihm versprach und spannte seufzend die zitternden Gäule an den Schlitten. Der Kaplan machte das Zeichen des Kreuzes über sie wie über Sterbende. Ein armer Italiener, der in Deutschland Arbeit suchen wollte, bat, mitaufhocken zu dürfen. Aber so bald sie die schützende Herberge verlassen hatten, packte ihn die Angst und er murmelte Gebete und rief stehend die Mutter Gottes an und stöhnte und jammerte in Todesfurcht und Entsetzen.

Als sie nach Fluellen kamen, umarmten sie sich wie Gerettete. Die weiteren Strapazen waren ein Kinderspiel. Man fror, man nächtigte schlecht; man bekam elende Nahrung in den kleinen Dörfern; aber es waren doch wieder Wege; man sah wieder Rauch aus Hüttendächern steigen; man war den Schrecknissen der winterlichen Hochgebirgswildnis entronnen. An einem kalten, grauen Januarmorgen fuhr Raimund in der Heimatstadt ein. Ihm schien es warm in den engen Gassen; anheimelnd behaglich und friedlich grüßte ihn das erwachende Tagesleben.

In der Eile brachte er sein Gepäck heim, wusch und säuberte sich, nahm sich kaum Zeit, die Mutter zu begrüßen, und rannte wie besessen fort in die Kaufingerstraße.

Vor dem wunderlichen Haus des Wachsziehers mit dem hohen Dach, das wie eine zu große Mütze über dem schmalen Unterbau hing, vor dem Laden mit den Kommunion- und Sterbekerzen, den Honiggläsern, dem vergilbten Christkind, standen eine Menge Leute, die alle einem Wagen nachblickten und sich lebhaft unterhielten. Um die niedere Haustüre war ein Kranz von weißen Papierrosen geheftet.

»Was ist denn hier los?« fragte Raimund, aufgeregt, den nächsten Besten, der müßig vor der Auslage lehnte.

»Was? Das wissen's net? Heut ist doch die Hochzeit von der Mamsel Himmelstößer mit dem Herrn Pepi Weigenthaler, dem sein Vater das Geschäft in der Weinstraßen hat! Ein vermöglicher Mann, ein braver Mann!«

»So – jo!« sagte Raimund verwundert, aber noch ganz gelassen. Warum der Pepi ihm nicht geschrieben hatte, daß er sein Schwager wurde? Das wäre doch eine gute Botschaft gewesen. Oder hatte er sich in seiner Feigheit schon vor der Heirat unterkriegen lassen von den künftigen Schwiegereltern?

»Grad schön ist's g'wesen das Lieserl!« fuhr der gesprächige Münchener fort. »Eine saubere Braut, trotz dem verweinten Gesichtel. Das muß sein, das bringt Glück!«

»Das Lieserl!« Wie ein wildes Lachen war's, wie ein heiserer Schrei. Plötzlich hatte Raimund alles begriffen: das Schweigen, die Treulosigkeit, den Verrat.

Wie ein Rasender rannte er dem Wagen nach, daß die Umstehenden ihm kopfschüttelnd nachblickten.

»Nein, es ist nicht wahr! Nein, es ist nicht möglich!« raunte er vor sich hin, während er durch die kleine Gasse hinter der Frauenkirche lief, durch dasselbe stille Gäßchen, in dem sie sich geküßt hatten unter den wirbelnden Flocken. Aber wenn es wahr war, dann sollte Unerhörtes, Furchtbares geschehen! Vor seinen heißen Augen standen düstere Bilder: Eine Braut, die man vom Altar wegriß, ein Bräutigam, der von dem verratenen Geliebten niedergeschlagen wurde, ehe er das Jawort sprechen konnte!

Vor der Sakristei hielten die Wagen mit der Hochzeitsgesellschaft. Mit finsterem Gesicht trat er ein.

»Gehören Sie auch zur Verwandtschaft?« fragte ihn der Meßner.

»Ja!« erwiderte er rauh.

Es roch nach Weihrauch in dem warmen, dumpfen Raum, in dem die Geistlichen die weißen Chorröcke anzogen und sich die goldgestickten Meßgewänder Überhängen ließen.

Wie gackernde Hühner die junge Brut, umringten die festlich geputzten Frauen, mit ihren Riesenkapothüten, einige mit goldenen Riegelhäubchen, die Brautjungfern mit großen Kränzen auf dem Haar, die weiße Gestalt, die sich weinend an die Mutter drückte. Und es war ein verlegenes Knixen, ein unterwürfiges Begrüßen, ein steifes Händeschütteln, ein aufgeregtes Flüstern und Sichbegucken in dem dichtgedrängten Häuflein der Weigenthalerschen und der Himmelstößerschen Gevatterschaft.

»Gehorsamer Diener, Herr Vetter!« – »Habe die Ehre, Frau Apothekerin!« – »Meinen ehrerbietigsten Glückwunsch, Madam Himmelstößer!« – »Wieder gut beinand, Madam Jpfelkofer?« – »Ja, die Frau Bas! Und so schön!«

Ab und zu fiel wohl ein neugieriger Blick auf den jungen Mann, der am Beichtstuhl lehnte. Aber Raimund hatte sich in Italien einen Vollbart stehen lassen. Sein Gesicht trug noch die Spuren der anstrengenden Reise. Sie kannten ihn nicht und niemand wagte zu fragen, auf wen der düstere Eindringling warte.

Er stand unbeweglich an seinem Posten und kam sich immer mehr als Zuschauer vor in einer Komödie. Die feierliche, knixende Spießbürgergesellschaft, die Männer in ihren engen Röcken mit ihren steifen Vatermördern, die verlegen sich musternden Frauen in ihren Feiertagskleidern mit den nickenden Federn auf den wie Scheuklappen vorstehenden Hüten schienen ihm so wunderlich, so possierlich. Das Jahr im Süden hatte ihm den Blick geschärft für die Komik dieses Kleinstadtgebarens, dieser geschraubten Wichtigtuerei. Der mächtige Eindruck der Schreckensfahrt durch Grauen und drohenden Tod war ihm noch unverwischt. Groß und gewaltig klang ihm das Brausen des Wintersturms in den Ohren. Großes und Gewaltiges hatte auch seine Seele bewegt, als er den Gefahren der wilden Einsamkeit trotzte. Nun begriff er sein tolles Sehnen, seine leidenschaftliche Ungeduld nicht mehr. Er sah wohl das weiche Gesichtchen mit dem dicken Myrtenkranz auf der Stirne, mit dem weißen Brautschleier. Aber die Augen waren rotgerändert, das Näschen verschwollen vom Weinen. Das jubelnde Entzücken, das ihm einmal die Brust geschwellt, das ihm trotz aller Lockungen dunkler Glutaugen treu geblieben war, das ihn durch den wirbelnden Schnee vorwärtsgetrieben, er fand es nicht mehr. Bei dem Gedanken, daß er eigentlich neben der weißen Gestalt stehen müßte, mitten in der festlichen Sippe, daß von Rechts wegen ihm diese Bücklinge und Glückwünsche gelten sollten, wandelte ihn die Lust an, laut auszulachen; zugleich aber hatte die Vorstellung etwas Beklemmendes, als würde er sich wie ein Verirrter erscheinen in dem knixenden Häuflein, wie ein Erstickender mit dem Strick um den Hals.

Das Wilde, Unerhörte, die Schreckenstat, von der er eben noch geträumt, sie wurde so unmöglich, so lächerlich unter diesen lammfrommen Gesichtern, unter den biederen Philistern.

Aufs neue aufschluchzend, lehnte sich das Lieserl an die Schulter der Mutter, wie ein geschmücktes, angstvolles Opfer.

Sein wilder Groll schwand dahin in Mitleid. Sie hatten sich alle um sie geschart, die Tanten und Basen und auf sie eingeschwatzt und ihre Liebe war stumm geworden vor diesem Chor altbackener Vernunft wie nun sein Zorn.

Eine hatte ihn bemerkt, erkannt. Eine, für die der Tag eine bittere Enttäuschung, heimliches, niederdrückendes Leid brachte, die in ihrem stummen Neid auf die jüngere Schwester vielleicht irgend eine wilde Störung, einen Gewaltstreich ersehnte, der diesem allgemeinen Familienjubel ein Ende machte.

Die blasse, rothaarige Rosine flüsterte dem künftigen Schwager ein Wort zu und deutete auf den Eindringling, der am Beichtstuhl lehnte. Pepi durchzuckte ein jäher Schreck. Seine lange, dicke Nase wurde bleich. Die kleinen Augen starrten weit aufgerissen auf den Schulkameraden, der wie ein Gespenst vor ihm auftauchte.

»Schlag' ihm ins Gesicht, dem Verräter!« dachte Raimund mit wieder aufsteigender Wut und trat auf ihn zu.

Aber der schief gesenkte Kopf über den Vatermördern hatte etwas so kläglich Furchtsames, so demütig Flehendes.

»Meinen Glückwunsch, Pepi!« Laut und höhnisch klang die Stimme durch den stillgewordenen Raum, durch das Läuten der Hochzeitsglocken. Wie ein neugieriges Flüstern ging's durch das Häuflein Menschen; alle Frauen streckten die Hälse vor.

»Ja grüß dich Gott, Raimund,« stotterte der Erschrockene, Verlegene. »Du bist da? Ja seit wann?« Und er suchte ihm begütigend die Hand zu drücken.

»Sei halt nicht bös, daß es so 'kommen ist!« stammelte er leiser. »Schau, du hättst ja doch nicht hereingepaßt in die Verwandtschaft!«

Den jungen Künstler erfaßte eine weiche Traurigkeit, daß der Philister vor ihm aussprach, was er selbst eben empfunden, daß die Nüchternheit recht behielt vor der Begeisterung, daß der Alltag stärker war als die Feiertagsstimmnng; daß sein eigener schöner Traum schon im Verblassen schien.

Der Kirchendiener in seiner blauen Uniform klopfte mit dem Stab. Der Zug reihte sich an. Voran der Priester und die Ministranten mit den Weihrauchfässern; ein paar Kinder mit Blumenkörbchen, dann die Hochzeitsgesellschaft. Raimund ließ sie alle an sich vorüberziehen.

Zuletzt kam die Braut mit den Kränzeljungfern, neben der neidblassen Schwester.

»Ich wünsch Ihnen alles Gute, Mamsell Himmelstößer!«

Sie hob das gesenkte, verweinte Gesicht, da sie die Stimme erkannte. Einen Augenblick schien's, als wurde sie ohnmächtig hinsinken. Aber dann schaute sie ihn an mit den rotgeränderten Augen; sein bärtiges Gesicht mit dem finstern Ausdruck dünkte ihr fremd. Sie fürchtete sich vor ihm und vor dem Ungewöhnlichen, vor der freien und andern Welt, in die er sie hatte fortreißen wollen. – Die Hochzeitsglocken läuteten. Mit demütig geneigtem Kopf ging sie weiter, hinein in das sichere, engbeschränkte Leben, in den Alltag, der keine Überraschungen brachte, aber auch keine schwindelnde Angst: ein flügellahmes Vöglein, dem es an Mut gebrach, in die Höhe zu flattern.

Aus Mitleid

Regierungsrat Forstner ging an diesem Nachmittage, einen ganz ungewöhnlichen Weg nach der Vorstadt im Nordosten Münchens. Es war ein seltenes Ereignis, wenn er einmal seine gleichmäßige Stundeneinteilung änderte. Sonst begab er sich mit solcher Pünktlichkeit ins Bureau, machte so genau zur selben Zeit seinen Nachtisch-Spaziergang durch den Hofgarten und die Maximilianstraße, daß man nach seinem täglichen Erscheinen die Uhr hätte richten können. Er war etwa vierzigjährig, ein mittelgroßer, etwas zur Körperfülle neigender Mann, mit einem gutmütigen Ausdruck des vollen brünetten Gesichtes und einem kindlich treuherzigen Blick aus braunen frischglänzenden Augen.

Sein Vorgesetzter, der Justizminister, hielt große Stücke auf den Regierungsrat und nannte ihn seine rechte Hand. Forstner besaß auch einen Arbeitseifer und eine Pflichttreue, in denen es ihm nicht leicht ein anderer gleich tat. Sein Amt bedeutete für ihn den Inhalt seines Daseins; es mußte ihm Weib und Kind und Gesellschaft ersetzen: er kannte nichts anderes als seinen Beruf.

Früher hatte er mit seiner Mutter zusammengewohnt, einer jener gefährlichen Egoistinnen, die mit sanfter, weinerlicher Stimme und scheinbarer Bescheidenheit und Unterwürfigkeit weichherzige Männer vollständig zu beherrschen wissen. Sie war so zart, sie konnte mit so tränenreichen, schmerzerfüllten Augen über die leiseste Vernachlässigung klagen, daß Franz, in der Sorge, ihr weh zu tun oder sie irgendwie aufzuregen, früh verzichten lernte, seine Jugendfreiheit zu genießen, und sich ganz in das mütterliche Heim einspinnen ließ. Von der Mutter und einer jüngeren Schwester verhätschelt und in Anspruch genommen, war er wenig mit Fremden zusammengekommen und in Gesellschaft schüchtern und ungewandt geblieben.

Als die Mutter gestorben war, hatte seine Schwester zwar hoch und heilig versichert, sie würde immer bei ihrem Bruder bleiben, sich aber bald danach verheiratet. Er war sogar gezwungen gewesen, ihr sein eigenes kleines Kapital vorzustrecken, damit die Ehe mit dem Gutsbesitzer Bergmann, der um sie warb, zu stande kommen konnte. Aber die Freiheit kam für ihn zu spät. Nun hielt ihn die Macht der Gewohnheit schon fest gefangen. Er kannte auch niemand. Er fühlte sich ungewandt im Verkehr mit Damen und wies alle Bemühungen, die von seiten kluger Mütter gemacht wurden, ihn in ihren Familienkreis zu ziehen, mit ängstlicher Scheu zurück.

Auf Wunsch des Ministers war er heute von seinem gewohnten Spaziergang abgewichen.

»Bitte, lieber Regierungsrat, möchten Sie sich nicht gelegentlich nach unserem Sekretär Rautenbach erkundigen,« hatte Exzellenz gesagt. »Der Mann ist seit Wochen krank. Er wird es Ihnen gewiß hoch anrechnen, wenn Sie, auch in meinem Namen, nach seinem Befinden fragen würden. Ich weiß auch nicht – er ist vielleicht in schlechten Verhältnissen, man könnte doch etwas für ihn tun!«

Der Wunsch des Ministers war für Forstner ein Befehl. Er wollte schon am selben Nachmittage Bescheid bringen.

Das Haus, in dem Sekretär Rautenbach wohnte, lag weit draußen, in fast ländlicher Umgebung. Ringsum Gärten mit Gemüsebeeten, ein paar Ökonomiegebäude; davor eine ungepflasterte Straße, auf der Kinder hin und her tollten; gegenüber eine Wiese mit aufgehangener Wäsche.

Durch ein Zauntürchen trat man in den Hof, in dem ein Apfelbaum blühte.

Erst geraume Zeit, nachdem Forstner geklingelt, wurde ihm geöffnet. Ein junges Mädchen stand ihm sehr verlegen, mit erschrockenen Augen gegenüber. Als er seinen Namen und Titel nannte, machte sie einen altmodischen Knix und öffnete, mit allen Zeichen der Aufregung, die Tür zu einem kühlen, ziemlich leeren Zimmer, in dem aber ein paar gute Kupferstiche hingen und eine große Bibliothek ihren Platz hatte.

Während sie sehr verwirrt und schüchtern auf einen Stuhl deutete und den Regierungsrat mit ängstlicher, sanfter Stimme bat, etwas warten zu wollen, bemerkte dieser, daß das junge Mädchen, welches wohl Rautenbachs Tochter war, einen ganz merkwürdig altmodischen Anzug trug. Forstner war ja durchaus kein Kenner in Damentoiletten, aber der Schnitt, die harte blaue Farbe des Kleides fielen ihm doch auf.

Das ohne alle Wellen und Löckchen, glänzend glatt über die Ohren gestrichene, hellbraune Haar gab ihr dabei etwas Nonnenhaftes und ließ ihr Gesicht sehr schmal und lang erscheinen.

Nach einer Weile wurde er in ein recht freundliches sonniges Zimmer geführt, im dem der kranke Sekretär sein Lager hatte. Forstner war immer freundlich gegen seine Untergebenen, aber er hatte sich um den Mann, der nur Schreiberdienste auf dem Bureau versah, nicht viel gekümmert. Rautenbach schien ein wunderlicher, verschlossener Kauz, der im Dienst nie eine Silbe mehr sprach, als er unbedingt mußte.

Als der Regierungsrat nun auf das Lager zuschritt, von dem sich der kranke Mann aufzurichten suchte, sagte er sich sofort, daß ihm sein Minister hier eine sehr traurige Aufgabe übertragen habe: der arme Teufel trug den Stempel des Todes auf der scharf vortretenden wachsgelben Stirne.

Mitleidig bat Forstner ihn, liegen zu bleiben, und gab sich Mühe, einige möglichst überzeugende Trostesworte zu finden, die den hoffnungslosen Eindruck verschleierten, den ihm der Kranke machte. Auf dem hageren Gesichte Rautenbachs lag ein Ausdruck seelischer Qual; unruhig, ängstlich blickte er sich nach seiner Tochter um.

»Bitte, Hedwig,« sagte er dann heiser, »geh du ein wenig in den Garten.«

»Ja, Vater, wie du willst!« Sie rückte ihm noch die Kissen zurecht, damit er sich etwas aufsetzen konnte, brachte ein Glas Wasser und Tropfen für einen etwaigen Hustenanfall, stellte die Klingel neben das Bett, strich dann mit rührender Zärtlichkeit dem armen Kranken das ergraute Haar aus der Stirne und huschte mit einer linkischen Verbeugung gegen den Fremden aus der Tür.

Sie verstand es, lautlos wie ein guter Geist, durch das Krankenzimmer zu gleiten.

Forstner war es recht peinlich zumute, als nun die bleichen Hände des Sekretärs nach seiner Hand griffen und die fieberhaften Augen ihn anblickten in verzweifelter Herzensangst.

»Herr Regierungsrat! Sie sind der einzige Mensch, der, seit ich krank bin, nach mir fragt! Ich habe keine Verwandten, keinen Freund! Sie müssen es mir vergeben, wenn ich mit Ihnen von meinem schwersten Kummer rede,« stieß er in Hast hervor, als fürchtete er, es möchte ihm nicht Zeit vergönnt bleiben, zu Ende zu sprechen.

»Gewiß, lieber Rautenbach. – Wenn ich etwas für Sie tun kann! –

Regen Sie sich nur nicht auf! Ich bleibe hier und höre Ihnen zu. Reden Sie nur ganz leise, ganz langsam!«

Dem Regierungsrat tat das gute Herz sehr weh vor diesem Menschenelend, dem gegenüber er sich so ratlos fühlte.

»Es handelt sich um meine arme Hedwig. Was soll aus ihr werden, wenn ich die Augen schließe? Sie hat keine Ahnung, was für eine untergeordnete Stellung ich im Ministerium habe; sie meint, ein Sekretär, das wäre ein hoher Beamter. Sie weiß so wenig vom wirklichen Leben wie ein kleines Kind.«

»Aber warum diese Täuschung? Ich begreife nicht –« warf Forstner ein.

»Ach sehen Sie, Herr Regierungsrat, wer mich in meiner Jugend kannte, hätte es sich nicht träumen lassen, daß ich einmal so enden würbe. Schon in der Schule erwarteten die Kameraden Besonderes von mir. Zu allem verriet ich Talent, zum Musiker, Maler, Dichter! Alles das bin ich gewesen. Dabei immer hohe Ideen, das Größte, das Idealste im Sinne! Immer ein Schwärmer – ein Narr! Viel Größenwahn, viel Selbstüberschätzung und wenig Energie. Daran bin ich zugrunde gegangen.

Das sagt sich so in ein paar Worten. Aber wie viel Jahre voll bitterer Erfahrung vergingen, bis der schöne große Glaube zertreten war, welch zermalmende Enttäuschung mußte ich erleben, bis ich als gebrochener Mann eine Schreiberstelle suchte! Du lieber Gott!« Er sank erschöpft in die Kissen zurück.... Ein Menschenwrack! Ein Gestrandeter, Verlorener!

»Ruhen Sie ein wenig! Ich warte schon, lieber Rautenbach,« sagte der Regierungsrat erschüttert und schaute traurig hinaus zum schönen blauen Himmel, der in das Zimmer dieses Unglücklichen hereinleuchtete.

»Nein, nein!« rief der Sekretär, sich gewaltsam zusammenraffend. »Wer weiß, wie lange ich noch Atem habe. Ich bin ja froh, wenn es zu Ende ist. Aber das Kind! Sehen Sie, eine Seele will der Mensch doch haben, die an ihn glaubt. Meine arme Frau, sie hatte mich für ein Genie gehalten – bis zuletzt, obwohl meine Bilder zurückkamen und meine Opern und Schauspiele nicht aufgeführt wurden, und obwohl sie viel Armut mit mir zu tragen hatte. ›Der Ruhm kommt noch, Adalbert‹, sagte sie tröstend, noch auf ihrem Sterbebette. Als sie mich verlassen hatte, blieb die sechzehnjährige Tochter mein Einziges. Die

Mutter hatte ihr ihre Begeisterung und Verehrung für mich vererbt. Diesen letzten Abglanz meiner alten Träume wollte ich mir nicht entschwinden lassen. Ich hütete ihn wie meinen größten Schatz. Ich behielt Hedwig immer bei mir, ließ sie mit niemand verkehren, der ihr hätte sagen können, welch armseliges Ende alle meine hohen Pläne gefunden. Wenn ich mich einschloß, um abzuschreiben für fünfzig Pfennig den Bogen – dann meinte sie, ich arbeitete als Geheimschreiber des Königs an wichtigen Staatspapieren – und ich, ich ließ sie in dem Glauben! – Nun aber, nun muss alles für sie zusammenbrechen!«

Der Regierungsrat seufzte und schüttelte den Kopf. Er war im Grunde entsetzt über die Selbstsucht, die das Verhalten des Mannes geleitet. Damit die Tochter nicht aufhörte, ihn zu bewundern, hatte er ihr jeden Verkehr abgeschnitten, ihr jede Möglichkeit geraubt, sich im Leben zurechtzufinden. Seine Eitelkeit hatte dieses Menschenopfer gefordert.

Aber wie sollte er einen Vorwurf über die Lippen bringen vor diesem schwer Atmenden, vor diesem Bejammernswerten, den wohl nun längst bittere Reuequalen folterten!

»Ich werde mit dem Minister sprechen, Rautenbach, und ich selbst, soweit ich kann, will dafür sorgen, daß das arme Mädchen nicht zu rauh vom Leben angefaßt wird. Aber noch müssen Sie die Hoffnung auf Genesung nicht aufgeben.«

Der Kranke umklammerte die Hand des Regierungsrates. Seine großen Augen dankten. Er lag nun so bleich und müde in den Kissen, daß es Forstner bange wurde und er die Klingel zog. Gleich darauf schlüpfte die schlanke, wunderliche Mädchengestalt wieder leise herein.

Es war rührend zu sehen, wie dieses sanfte Kind, das bei seinem Empfang so ungeschickt und zaghaft gewesen, an dem Krankenbett mit vollendeter Sicherheit und Ruhe zu walten wußte.

Als der Regierungsrat sich empfahl, hatte der unglückliche Mensch sich wieder etwas erholt. Er lächelte ihm zu, mit einem bittenden, ergreifenden Blick, der sich in Forstners weiches Herz eingrub.

Acht Tage später stand in der Zeitung die Todesanzeige – »Sanft und schmerzlos verschieden.«

Diesmal machte Forstner aus eigenem Antrieb den weiten Weg in die Vorstadt. Er hatte es dem armen Toten ja versprochen, sich der Tochter anzunehmen.

Das schien freilich keine leichte Ausgabe. Das verlassene unerfahrene Kind sah ja recht ärmlich und bescheiden aus in dem altmodischen schwarzen Kleid, das nach Kampfer roch, als hätte es lange im Koffer gelegen. Aber er brachte es doch nicht über die Lippen, sie geradezu zu fragen, wie sie ihr Leben einrichten wolle, und ihr eine Unterstützung anzubieten. Er hatte ein dunkles Gefühl, als wäre sie zu einem verzweifelten Entschlusse imstande, wenn ihr durch sein Anerbieten mit einem Mal ihre ganze traurige Lage enthüllt würde. Mit ihren verstörten, tränenlosen Augen, in ihrer verlegenen Hilflosigkeit erinnerte sie ihn unwillkürlich an eine Schwalbe, die sich in den letzten Tagen einmal in sein Bureau verirrt hatte. Das arme Tierchen tat ihm so leid in seiner scheuen Angst, und er wußte doch nicht, wie er es retten sollte, da es so furchtsam vor ihm floh und sich die Flügel an den Wänden wund stieß, wenn er es haschen wollte.

Ratlos verließ er das trauernde Mädchen. Aber in seiner Gutmütigkeit verfiel er auf einen Ausweg. Wenn Fräulein Rautenbach sich für die Tochter eines höheren Beamten hielt, dann mußte sie erwarten, vom Staat eine Pension zu bekommen. Er konnte bei seinen einfachen Lebensgewohnheiten rech wohl allmonatlich eine Summe entbehren, die für den Lebensunterhalt des bescheidenen Mädchens hinreichen würde. Diese schickte er ihr durch den Amtsdiener, den er vorher unterrichtete, in der Form einer ihr gebührenden Pension. Auf diese Weise brauchte er den Minister, der die Beerdigungskosten bezahlt hatte und an dessen Mildtätigkeit ohnehin die vielfältigsten Ansprüche gemacht wurden, nicht weiter mit der Sache zu behelligen.

Hedwig erriet bei ihrer völligen Unerfahrenheit denn auch nicht, daß sie von dem Regierungsrat ein Almosen empfing. Sie dankte ihm nur in einer schönen kindlichen Handschrift für die Blumen, die er zum Begräbnis geschickt, für seine Teilnahme, und bat ihn, als Andenken an den Vater ein Bild, das dieser gemalt, entgegenzunehmen. Es war eine altmodische, farblose, aber fein empfundene Frühlingslandschaft, die Forstner in seinem Wohnzimmer aufhing. So oft sein Blick darauffiel, dachte er an das einsame Mädchen mit dem schmalen Nonnengesicht und frug sich mitleidig, wie sie wohl ihre Tage hinbringe und wie lange es dauern werde, bis die Welt ihr grausam ihre Illusion zerstörte.

Seine Scheu vor Frauen hielt ihn ab, das schüchterne, verlegene Ding noch einmal aufzusuchen. Von dem Amtsdiener hörte er, sie ginge jeden Tag auf den Kirchhof, pflege das Grab des Vaters und schreibe seine Musikstücke ab. Der redselige Mann sagte kopfschüttelnd: »Die hat nun einmal keinen Menschen! Nur für einen Toten leben, das ist doch was Trauriges!«

Es war Herbst geworden. Der Regierungsrat arbeitete eines Abends zu später Stunde noch auf seinem Bureau, während die übrigen Beamten schon zu ihren Familien heimgekehrt waren oder an ihrem Stammtisch in der Kneipe beim Bier saßen. Plötzlich hörte er in den stillen Räumen des Ministeriums Rufen, Lärmen, hastiges Durcheinanderlaufen. Als er den Vorhang in die Höhe zog, sah er aus dem andern Flügel des Gebäudes eine Flammensäule emporschlagen. Rauch füllte den Hofraum, Funken wirbelten hernieder. Schon rasselten die Spritzen der Feuerwehr heran; eine neugierige Menschenmenge sammelte sich. Ohne einen Augenblick die Geistesgegenwart zu verlieren, traf er seine Anordnungen, lief selbst in die am meisten bedrohten Bureaus, schleppte große Stöße von Akten in das Zimmer des Ministers, das abseits von dem Flammenherd lag, verhandelte mit den Feuerwehrmännern und rannte treppauf, treppab im eifrigen Bestreben zu helfen. Es war ihm dabei glühend heiß geworden, durch die offenen Türen und Fenster aber blies ein eiskalter Wind. Ohne sich Zeit zu nehmen, in seinen Überzieher zu schlüpfen, rannte er in den Hof, stand hier in dem nassen Herbstwetter, um sich zu überzeugen, daß dem Feuer Einhalt getan werde; sprach mit dem Minister, der angefahren kam, mit den Beamten, die alarmiert herbeistürzten. Als er dann heimkam, fuhr ihm ein Schauder über den Rücken, und er fühlte einen stechenden Schmerz in der Brust. Der Glühwein, den seine Haushälterin ihm bereitete, erhitzte ihm nur den Kopf, wärmte ihm nicht die von Frost geschüttelten Glieder.

Am andern Morgen war er so krank, daß er sofort den Arzt holen ließ, der eine Lungenentzündung konstatierte und bald nach seinem Weggang eine Pflegerin schickte.

Solange er im Fieber lag, während der schlimmsten Zeit der Krankheit, wurde er gut versorgt. Aber als es ihm besser ging und die Diakonissin fort mußte, um schwerer Leidenden beizustehen, blieb ihm nur seine Haushälterin zur Wartung. Die alte Frau meinte es gut; doch konnte sie es nicht lassen, wie eine Bombe durch die Türe hereinzuplatzen, wenn er klingelte, wenn sie bei ihm war, mit lauter Stimme zu schwatzen und mit jeder ihrer geräuschvollen Bewegungen seine reizbaren, empfindlichen Nerven zu verletzen. Er mußte zuweilen an das Mädchen denken, das lautlos wie ein guter Geist durch das Krankenzimmer des Vaters geglitten war. Überhaupt dieses Krankenzimmer, dieser letzte düstere Eindruck des Sterbens drängte sich immer wieder in seine Erinnerung. So oft er seine eigenen schmalen blassen Hände betrachtete oder sein mager gewordenes, verändertes Gesicht im Spiegel sah, mußte er an den Sekretär Rautenbach denken. Die Schmerzen in der Brust, die Atemnot wollten nicht weichen. Er sah wohl, welch bedenkliches Gesicht der Arzt machte, der täglich kam, der ihn immer wieder abhorchte. Auf die Frage: »Nicht wahr, lieber Doktor, ich habe einen schlimmen Treff gekriegt, von dem ich mich schwerlich erholen werde?« antwortete der Arzt allerdings mit einem Lachen, das aber nicht ungezwungen klang: »Was fällt Ihnen ein? Setzen Sie sich doch keine Grillen in den Kopf!«

Forstner glaubte ihm nicht. Er besaß von seinem Vater, der selbst Arzt gewesen war, verschiedene medizinische Bücher, in denen er nun über Lungenentzündung, über Schwindsucht, die sich sehr häufig aus der akuten Erkrankung entwickelt, nachlas. Trost war daraus freilich nicht zu schöpfen. Er fühlte ja selbst am besten, daß seine Lunge krank war, und daß es dagegen kein Mittel und kein Heilkräutlein gab, davon war er überzeugt. Er war ein verlorener Mann wie der arme Rautenbach, nur daß er sich wenigstens nicht um unversorgte Angehörige zu beunruhigen brauchte. Freilich, was sollte aus der armen Sekretärstochter werden, wenn er ihr nicht mehr die kleine Summe für ihren Unterhalt schickte?

Der Gedanke an diese Verpflichtung quälte ihn bei seinem vielen einsamen Grübeln, wenn er nun stundenlang in seinem Lehnstuhl saß und nur das leise Summen der Lampe, das dumpfe Wagenrollen auf der hartgefrorenen Straße hörte.

Er wollte die Sache für alle Fälle geordnet haben. Wer konnte denn wissen, ob nicht ein plötzlicher Blutsturz seinem Leben ein Ende machte? So schrieb er denn an seinen Schwager, den Gutsbesitzer Bergmann, und bat ihn, nach München zu kommen, diesen Besuch jedoch, wenn irgend möglich, seiner Frau zu verschweigen. Forstner wollte seine Schwester nicht erschrecken und beunruhigen. Sie sollte nicht erfahren, wie schlimm es mit ihm stand; die arme Julie hatte ihn einst so lieb gehabt! Sein Schwager kam denn auch, erschrak sichtlich, als er den Regierungsrat so verändert, so gänzlich abgemagert und eingefallen wiedersah, suchte aber nach einigen tröstlichen Redensarten, als Franz von seinen ernsten Besorgnissen zu reden begann.

Der Regierungsrat hatte seiner Zeit sein Kapital als Hypothek auf das Bergmannsche Gut gegeben; er bekam auch regelmäßig seine Zinsen. Da seine Schwester ihn nach dem Gesetz beerbte, war es ihm überflüssig erschienen, ein Testament zu machen; er meinte, eine persönliche Wunschäußerung würde genügen, um seine Verwandten zu veranlassen, die kleine Unterstützung an Fräulein Rautenbach auch nach seinem Tode auszuzahlen.

Aber sein Schwager verhielt sich auffällig zögernd, nachdem er ihm mit den nötigsten Auseinandersetzungen sein Anliegen vorgetragen. Der Gutsbesitzer hüstelte verlegen, fing an über die schlechten Zeiten für die Landwirtschaft zu klagen und ließ sich endlich von seiner Abgeneigtheit gegen jedwede Verpflichtung zu der Bemerkung hinreißen: es würde ihn sehr erleichtern, das Kapital nicht mehr verzinsen zu müssen; er könnte dann bauliche Veränderungen vornehmen, seinen Stall besser einrichten usw. Warum einer Fremden eine im Laufe der Jahre doch beträchtlich anwachsende Summe zuwenden, welche die nächsten Verwandten so notwendig brauchten?

Kranke haben feine Empfindungsnerven und hören mit scharfem Ohr, was oft einem gesunden Menschen entgeht. Forstner war nach dieser Erklärung fest überzeugt, daß Bergmann die Möglichkeit, ihn bald zu beerben, bereits ins Auge gefaßt, ja gewiß auch mit seiner Frau erwogen und besprochen habe. Julie tröstete sich wohl rasch über den Tod des Bruders, weil ihrem Gatten die ersparten Zinsen so trefflich zu statten kamen!

An seinem Grabe würden sie heimlich überlegen, wie sie das willkommene Geld am besten verwenden möchten, und hinter ihren Trauermienen ein Lächeln der Befriedigung verbergen! Und das waren die Menschen, die ihm am nächsten standen!

Eine unsägliche Bitterkeit, ein trostloses Gefühl der Verlassenheit bemächtigte sich des einsamen, in seine stille Krankenstube gebannten Mannes. Er schrieb an seinen Minister eine flehende Bitte, ihm Arbeit ins Haus zu schicken. Die langweiligsten Akten waren eine Erlösung von seinen trübseligen Gedanken. Nur wieder ins Bureau können! nur nicht in dieser Untätigkeit beharren müssen: das war sein heißester, ungeduldigster Wunsch.

Eines Tages, als er ein paar Stunden gearbeitet hatte und sich infolgedessen in etwas besserer Stimmung befand, kam seine Haushälterin mit neugierigem Gesicht herein und sagte in einem Tone, der Verwunderung und Mißbilligung ausdrückte: ein Fräulein sei draußen – sie wolle ihn sprechen – ob sie die hereinlassen müsse?

Er vertauschte rasch seinen Hausrock mit einem schwarzen, der ihm viel zu weit geworden war, und wartete mit dem Unbehagen, das ein Kranker bei jeder Störung empfindet, auf den Besuch.

Hedwig trat herein mit ihrem altmodischen tiefen Knix, in einem engen Krägelchen, das wohl auch schon ihrer Mutter gehört hatte. Sie sah gealtert und blaß aus in ihrem schwarzen Kapotthut mit dem schlaff herabhängenden Kreppschleier.

Verlegen nahm sie auf der äußersten Ecke des Stuhles Platz, den er ihr anbot, und brachte kein Wort hervor. Er las aus ihrem Gesichte, aus ihrem bittenden, ängstlichen Augenaufschlag, daß sie ein Anliegen an ihn habe. Aber er selbst war auch ein wenig verlegen über dieses Zusammensein; jede Kleinigkeit konnte ihn jetzt in eine krankhafte Unruhe versetzen.

Nach der üblichen Frage: »Wie geht es Ihnen?« die sie mit einem Kopfschütteln, mit einem leisen Seufzer beantwortete, wußte er nicht viel zu sagen.

»Kann ich Ihnen mit etwas dienen?« frug er dann endlich, da ihr stummes Vorsichhinstarren ihm peinlich wurde.

Sie nickte, zögerte noch immer und faltete endlich die Hände wie ein bittendes Kind.

»Ich möchte so gerne – ich wollte Sie bitten – es ist ja sehr unbescheiden, mich an Sie zu wenden, aber ich kenne ja niemand – wenn Sie mir nur einen Rat geben wollten!«

»Gerne, wenn ich kann,« sagte er ermutigend.

»Ich habe gedacht, ich könnte doch irgendeine Stelle finden, bei Kindern oder als Krankenpflegerin. In die Zeitung habe ich eine Annonce geschickt, aber es kam niemand. Ich habe ja auch keine Zeugnisse; und wenn ich auch mehrere Sprachen verstehe und Papa mich in vielem unterrichtet hat, so ist das doch alles nicht gründlich genug für eine Lehrerin.«

Er sah sie forschend an. Hatte sie erfahren, welche Bewandtnis es mit der Pension eigentlich hatte, und war sie zu diesem Entschlusse gekommen, um seine Unterstützung künftig zurückweisen zu können? Jede Frage schien ihm peinlich. Glücklicherweise fuhr sie selbst fort:

»Ich bekomme ja eine Pension, mit der ich ganz gut reiche. Ich kann sogar noch so viel sparen, daß ich bald das Geld zu einem schönen Grabstein für meinen armen Vater beisammen habe.«

Er machte unwillkürlich eine überraschte Bewegung und wendete das Gesicht ab. Wie einfach sie leben mußte, um noch etwas zu erübrigen! Er wußte das ja am genauesten. Das arme Ding! Er fand das wirklich rührend.

»Aber es ist so schrecklich, ganz allein zu sein, gar nichts zu tun zu haben! Oh, Herr Regierungsrat, wenn Sie mir nur raten möchten, wie ich mich ein bißchen nützlich machen kann!«

Sie sagte es ganz leise, aber mit einer zitternden Stimme, aus der eine dumpfe Verzweiflung herausklang.

»Ich will mich besinnen,« versprach er freundlich. »Allerdings – ich komme, seit ich krank bin, ja nicht unter Menschen. Aber es wird sich dennoch etwas finden lassen, wenn Sie ein wenig Geduld haben.«

Sie stand auf, streckte ihm schüchtern die Hand hin und wehrte sich so ängstlich gegen seine Begleitung, daß sie schon zur Türe hinausgeschlüpft war, ehe er nach seinem Schal gegriffen hatte, um sich auf dem kühleren Flur einzuhüllen.

Nach dem Besuch Hedwigs fühlte sich Forstner merkwürdig erregt. Viele, viele Wochen lang war sein Leben so ganz einsam gewesen. Nun klang die fremde, sanfte Mädchenstimme ihm lange im Ohre nach. Hedwigs Anliegen beschäftigte ihn wie ein Ereignis in seinem einförmig dahinschleichenden Krankendasein. Er schlief schlecht und der Arzt fand ihn erregt und fieberisch.

»Was haben Sie denn, lieber Regierungsrat? Ihr Puls geht ungewöhnlich schnell.«

»So mancherlei Gedanken, die mir nicht aus dem Kopf wollen! – Ich möchte die Wahrheit wissen«, stieß er dann mit einem raschen Entschlusse hervor. »Wie lange habe ich noch zu leben, Herr Doktor?«

Der Arzt lachte wieder sein gezwungenes Lachen.

»Gehen Sie im Frühjahr in den Wald und horchen Sie auf den Kukkucksruf, lieber Rat. Dann fragen Sie: wie lange habe ich noch zu leben? So oft er antwortet, so viele Jahre bleiben Ihnen zugemessen. Zehn, zwanzig, dreißig!«

»Ich sprach im Ernst, Herr Doktor,« sagte Forstner vorwurfsvoll.

»Aber ich weiß es wahrhaftig nicht besser als der Kuckuck. Um kein Haar besser als der Kuckuck. Sie überschätzen mein Wissen, Herr Regierungsrat. Wenn wir Ärzte in der Zukunft lesen könnten, ja dann wären wir gemachte Leute!«

Diese ausweichende Antwort bestätigte dem Kranken nur, was er selbst ahnte, nein – wußte. Er hatte seine Krankheit genau studiert. Ein Jahr noch! Vielleicht bis zum nächsten Winter! Natürlich, der Doktor, der mußte ihm ja Mut machen und ihn zu täuschen suchen, solange es ging. Aber für ihn war es besser, sich keinen nutzlosen Hoffnungen hinzugeben und sich in das Unabänderliche zu fügen.

Er brütete in diesen Tagen nachdenklich vor sich hin. Ein paarmal setzte er sich vor seine Schreibmappe und nahm einen großen Bogen. Dann schüttelte er wieder den Kopf und legte die Feder weg. Endlich begann er doch einen Brief, aber einen ganz kurzen:

> »Sehr geehrtes Fräulein!
> Möchten Sie die Freundlichkeit haben, mich in den nächsten Tagen wieder aufzusuchen, damit ich in der Angelegenheit, in der Sie sich von mir einen Rat holen wollten, mit Ihnen Rücksprache nehmen kann. Ich darf leider nicht ausgehen, sonst würde ich mir nicht erlauben, Sie zu mir zu bemühen.«

Die Haushälterin verschluckte nur mühsam eine Bemerkung, als sie die Aufschrift »Fräulein Rautenbach« las, und meldete am nächsten Tage mit höchst ungnädiger Miene:

»Das Fräulein in Trauer ist wieder da!«

Diesmal schien der Regierungsrat fast noch befangener als Hedwig, die ihn erwartungsvoll, mit einem Ausdruck kindlicher Dankbarkeit anblickte. Die Freude, daß er sich ihrer annahm, das Interesse, zu hören, was er ihr sagen würde, röteten ihre Wangen. Er sah in dem hellen Licht, in dem sie ihm gegenübersaß, mit einer gewissen Verwunderung, wie jung sie noch war; nur der seltsame Anzug, der Frauenhut ließen sie alt erscheinen. Aber auf ihrem schmalen Gesicht war kein Fältchen; sie konnte kaum fünfundzwanzig Jahre alt sein. Diese Beobachtung erweckte ihm wieder Zweifel über sein Vorhaben. Aber er mußte wohl reden, nachdem er sie zu sich beschieden hatte.

»Sie haben den Wunsch geäußert, eine Stelle anzutreten. Sie sprachen davon, daß Sie auch Krankenpflegerin werden würden.«

»Ja, gewiß, Herr Regierungsrat. Das ist der einzige Beruf, in dem ich Vorübung besitze, vielleicht auch ein wenig Geschick.«

Er nickte. »Ich habe mich ja überzeugen können, wie gut Sie für Ihren Vater sorgten.«

»Wissen Sie eine Stelle?« frug sie lebhaft. »Oh, ich wäre Ihnen so dankbar!«

Er hüstelte ein wenig. Seine Hände spielten nervös mit dem Falzbein, das er vor sich liegen hatte.

»Ich habe mir Ihre Worte überlegt, liebes Fräulein, und – da ich schon früher mit dem Gedanken umgegangen bin, mir eine Pflegerin zu nehmen – ich bin ja immer noch recht schwach und elend und es wird jeden Tag schlimmer – so meine ich, es wäre uns beiden geholfen, wenn Sie während der kurzen Zeit, die ich noch zu leben habe, bei mir blieben.«

Sie war sehr verlegen geworden und machte eine erschrockene Bewegung. Kam ihr sein Vorschlag seltsam vor oder überraschte es sie, daß er so ruhig von seinem baldigen Ende sprach? Er wußte sich ihre Miene nicht zu deuten. Er war selbst bedrückt von dem, was ihm noch zu sagen blieb, und zögerte, fortzufahren.

»Ich fürchte, Sie bieten mir das nur an, weil ich Sie gebeten hatte! Und – Sie werden sich auch bald wieder erholen,« stammelte sie seht verwirrt, mit dem hilflosen Blick ihrer großen braunen Augen, der etwas Rührendes für ihn hatte.

»Nein, nein! Ich bin mir über meinen hoffnungslosen Zustand ganz klar. Ich brauche eine Pflegerin über kurz oder lang. Schon jetzt –« er senkte die Stimme. – »Meine Haushälterin ist in der Küche viel besser am Platz als bei einem Kranken. Sie sehen: es ist nur Egoismus, wenn ich Ihnen diese ernsten Pflichten zumute. Aber – aber ich habe dabei auch an Sie gedacht. Ich versprach Ihrem Vater damals, als ich ihn das letzte Mal sah, daß ich mich seiner verwaisten Tochter annehmen wolle. Da meine Tage gezählt sind, kann ich das nur in einer Weise tun: ich hinterlasse Ihnen meine Pension, vielmehr die Pension, die der Staat meiner Witwe ausbezahlt. Damit Sie darauf Anspruch haben, ist freilich eine Formalität nötig: Sie müssen sich mit dem kranken Mann, dessen Pflegerin Sie werden sollen, trauen lassen. In aller Stille, hier in diesem Zimmer, das ich wohl nicht mehr verlassen werde.«

Ihr Gesicht war mit Glut übergossen. Sie hatte immer noch den furchtsamen, erschrockenen Ausdruck. Da sie schwieg, fuhr er fort:

»Es hat mir einige Bedenken gekostet, ob ich dem Staat gegenüber nicht ein Unrecht tue, wenn ich mich in Erwartung des Todes verheirate. Ich fürchte, ich werde nicht mehr viel arbeiten können. Aber ich bin zu der Ansicht gekommen, daß ich durch eine fast zwanzigjährige Dienstzeit auf diese Witwenpension ein Anrecht erworben habe. – Überlegen Sie sich meinen Vorschlag, liebes Fräulein. Sie sind ja sehr jung für ein so trauriges Amt. Aber es wird wohl nicht lange dauern, und Ihre Zukunft wäre dann gesichert.«

Sie rieb die Hände aneinander, rückte auf ihrem Stuhl, kämpfend mit ihrer Schüchternheit, verlegen nach Worten suchend.

»Wenn ich Ihnen wirklich etwas nützen kann, so bedarf es für mich keiner weiteren Überlegung. Dann nehme ich dankbar an, was Sie mir anbieten,« sagte sie endlich, stockte aber wieder wie in einer plötzlichen Furcht, er könne ihre rasche Zustimmung mißdeuten.

»Glauben Sie nicht, daß es mir um meine Zukunft zu tun ist, Herr Regierungsrat, oder, wie Sie meinten, nur – um eine höhere Pension. Nein, nein, gewiß und wahrhaftig nicht! Ich wäre nur so froh, wenn ich wüßte, wo ich hingehöre, wenn ich nicht so ganz verlassen aus der Welt wäre! Ich kann Ihnen nicht sagen, wie furchtbar es ist, wenn man so gar niemand kennt und so mutterseelenallein ist.«

Er legte seine abgemagerte Hand auf ihre zarten schmalen Hände, die in schlichten schwarzen Wollhandschuhen steckten. Wie erlöst fühlte er sich, daß er ausgesprochen hatte, was er seit vielen Tagen und Nächten im Kopfe herumgewälzt, und daß sie sein Anerbieten so einfach und natürlich aufnahm. Gerade ihre kindliche Unbefangenheit gab ihr ein klares Verständnis für seinen Vorschlag, als es vielleicht ein erfahreneres und weltklügeres Mädchen gehabt hätte. Daß er sie zu seiner Frau machen wollte, darauf legte sie sichtlich gar kein besonderes Gewicht. Sie würde wohl, nach wie vor, ihre Stellung im Hause als die seiner Krankenwärterin auffassen. Und so mußte es auch sein. Er gestand sich, daß er, wenn er gesund wäre und noch Lebenshoffnungen hätte, nicht daran denken würde, dieses Mädchen zu heiraten, das wie eine Klosterschwester aussah und von der er nur wußte, daß sie sanft und leise sprach und ging und mit weicher Hand Kissen glätten konnte. So aber! In seinem elenden Zustande! Ein armer Schwindsüchtiger! Warum sollte er nicht ein Geschöpf in der Nähe haben, das sich um ihn bekümmerte, an dem er obendrein ein gutes Werk tat?

»Sehen Sie, liebe Hedwig,« sagte er. »Ich kann nur wiederholen: wir helfen uns gegenseitig. Ich bin ja auch allein.«

Sie war nun etwas zutraulicher geworden und schaute mit einem treuherzigen Blick zu ihm auf.

»Nicht wahr, wenn ich anfangs etwas ungeschickt bin und mich nicht gleich in dem neuen Leben zurechtfinde, dann sind Sie mir nicht böse?« bat sie. »Ich lasse mir ja gern alles sagen. Manchmal packt mich eine namenlose Angst, daß ich so gar nichts von der Welt weiß – und wahrhaftig, ich kann es Ihnen nie, nie vergelten, daß Sie Mitleid mit mir haben und mir so viel Vertrauen schenken.«

Er war von dem vielen Sprechen, von der seltsamen Unterredung doch recht angegriffen und lehnte sich in seinen Stuhl zurück. Sie sah sofort, daß er müde war, und erhob sich rasch. Aber es schien sie zu betrüben, daß Wochen vergehen müßten, bis sie ihr Amt antreten konnte, und so fragte sie bittend, ob sie schon jetzt manchmal kommen dürfe, um ihm vorzulesen. Ihrem armen Papa, der so wenig schlafen konnte, habe sie oft halbe Nächte lang vorgelesen.

»Ich hoffe, ich werde niemals ein so großer Egoist werden wie ihr Vater!« dachte Forstner. Laut sagte er, indem er das Mädchen an die Tür begleitete:

»Kommen Sie nur recht oft, ich bitte Sie herzlich darum, liebe Hedwig.«

Die Haushälterin, die neugierig an ihrer Küchentür gehorcht hatte, drückte an diesem Tage durch einen erhöhten Spektakel mit ihren Tellern und Schüsseln, durch polternde Schritte ihre höchste Mißbilligung aus. Forstner mußte sich mit einem Seufzer sagen, daß er das Ende dieses Regiments wahrhaftig ersehne. Allerdings, es stimmte ihn wehmütig, als er nun die erforderlichen Papiere mit seiner Heiratsanmeldung dem Standesamte einschickte. Warum hatte er nicht in früheren Jahren eine Frau genommen? Warum sein Leben vorüberggleiten lassen ohne Liebe, ohne Glück? Es war doch recht traurig, den gefürchteten Schritt jetzt erst zu tun, nur um beim Sterben eine Gefährtin zu haben!

An die Redaktionen der Münchener Tagesblätter schrieb er einen höflichen Brief und bat, in dem Lokalanzeiger seine bevorstehende Verheiratung nicht zu erwähnen. Glückwünsche hätten ihm wie ein Hohn klingen müssen! Nur einigen wenigen Bekannten fiel unter den vom Standesamt veröffentlichten Trauungen sein Name auf und sie schickten möglichst kurze Gratulationskarten. Am Tage der Hochzeit brachte der Amtsdiener einen wunderbaren Blumenstrauß mit einem freundlichen Schreiben des Ministers. Die duftenden Rosen waren das einzige Festliche bei der kurzen Zeremonie, welcher nur der Arzt und ein Kollege Forstners als Zeugen beiwohnten.

Trübseliger, nüchtener war wohl selten ein Hochzeitstag begangen worden. Am Morgen wurden Hedwigs Habseligkeiten gebracht, die sie in dem ihr angewiesenen Zimmer einräumte. Vieles mußte auf den Speicher geschafft werden. Dann kam der Standesbeamte, eine Stunde später der Pfarrer. Man setzte sich nach den erledigten Förmlichkeiten mit den beiden Zeugen zu Tisch. Aber der Arzt mahnte bald zum Aufbruch und empfahl seinem Patienten Ruhe. Er wollte am Abend noch einmal kommen.

Als Forstner nach seinem Mittagsschlafe mit den Blicken seine Frau suchte, fand er sie verweint, mit verstörtem Gesicht.

Auf seine Frage: »Was ist dir geschehen?« schlug sie die Hände vor das Antlitz.

»Ich weiß nun erst, warum Sie das alles taten! Um mich vor der Not zu retten! Und daß ich von Ihrer Güte gelebt habe, seit vielen, vielen Monaten!«

»Wer hat dir das gesagt, Hedwig?« frug er entrüstet.

»Oh, ich schäme mich so, daß mir die Pension nicht auffiel,« fuhr sie fort, ohne auf seinen Einwurf zu antworten. »Daß mein Vater kein hoher Beamter war, das wußte ich ja recht wohl, wenn ich vor ihm auch nicht dergleichen tat! Aber daß er wirklich nur Schreiber gewesen sein soll! – – Wie hart ihm das geworden sein mag! Oh!«

»Wer hat dir das gesagt?« frug er wieder, von ihrem Schmerz mitleidig ergriffen, mit wachsender Empörung.

»Ihre Haushälterin versicherte mir, Sie hätten keine neue Pflegerin gebraucht. Sie gäben das nur vor aus Gutmütigkeit, damit ich nicht verhungern müsse! Sie wisse es von dem Amtsdiener.«

Forstner konnte gar nicht sprechen, so packte ihn der Zorn. In seinem Hause, am allerersten Tage, hatte sie die grausame Wahrheit erfahren! Er ging in sein Zimmer, nahm einige Goldstücke aus dem Schreibtisch, klingelte der Dienerin:

»Hier haben Sie Ihren Lohn, Frau Maierhofer, für das nächste Vierteljahr! Und nun packen Sie Ihren Koffer, sofort! Und gehen heute noch!«

»Oh, Sie werden es bereuen! Sie werden es bereuen! Wenn ich reden wollte! Aber einen treuen Dienstboten schickt man aus dem Haus und eine scheinheilige fremde Person nimmt man herein!«

»Gehen Sie!« rief Forstner und stieß mit dem Stock auf den Boden, um seiner schwachen Stimme stärkeren Nachdruck zu geben.

»Ja, ja, ich laß Sie schon allein mit Ihrer jungen Frau!« höhnte die Zornglühende, und wie mit Donnerschlägen schmetterten die Türen ins Schloß.

Nach einer Stunde war es plötzlich ganz still im Hause – fast unheimlich still.

Mit einer gewissen Beklemmung fühlten die beiden, die sich nun in der einsamen Stube gegenübersaßen, wie allein sie jetzt waren, nur aufeinander angewiesen. Hedwig hatte die Lampe gebracht und ihre Häkelarbeit in die Hand genommen. Manchmal warf sie, beunruhigt, einen Blick auf den Mann, der sich mit geschlossenen Augen im Lehnstuhl zurücklehnte. Er sah erhitzt aus, sein Atem ging rasch.

Forstner hatte auch in gesunden Tagen jeden Ärger mit einem körperlichen Übelbefinden bezahlen müssen. Bei seinem leidenden Zustande war nach der Unruhe am Morgen die zornige Erregung, die er empfunden, zu viel für ihn gewesen. Er fürchtete, wieder schwer krank zu werden, und es bedrückte ihn, daß er Hedwig gleich am ersten Tage jede Arbeit zumuten musste. Mühsam hielt er sich aufrecht, obwohl sie endlich sagte:

»Sollten Sie sich nicht niederlegen, Herr Regierungsrat? Ich will vielleicht in ihrem Schlafzimmer noch ein wenig heizen?«

»Es tut mir so leid, liebe Hedwig. Morgen werden mir ja ein anderes Dienstmädchen finden. Doch eins: du sollst nicht ›Herr Regierungsrat‹ zu mir sagen! Das geht nicht vor den Leuten, überhaupt –«

Sie stand auf.

»Wünschen Sie vielleicht Ihre Suppe, Herr Forstner?«

Er lächelte, so elend es ihm auch zumute war. »Herr Forstner', paßt auch nicht, Hedwig. Überhaupt nicht ›Sie‹.

Sage du zu mir und nenne mich Franz!«

Sie schüttelte den Kopf. »Nein, das getraue ich mir nicht!«

Er nahm ihre kühle Hand in seine fieberheißen.

»Wenn ich dich aber darum bitte, Kind! Das gehört zu den Pflichten, die ich dir zumuten muß! Sag': macht es dir nichts, daß du dich nun plagen mußt für mich armen Krüppel?«

»Nein, Franz,« sagte sie gehorsam.

Die holde Vertraulichkeit, das erste Du, es war wohl selten in einer so traurigen Stunde erbeten worden!

Der Arzt kam, schüttelte den Kopf, als er den Puls fühlte.

»Rasch zu Bett, lieber Regierungsrat! Und einen Wickel!«

»Starkes Fieber! Ein böser Rückfall,« bemerkte er besorgt, als Hedwig ihn hinausbegleitete. »Da treten Sie ja gleich in Ihr Pflegerinnenamt ein, Frau Regierungsrat!«

Sie erschrak ordentlich über den Titel und machte ein so verlegenes Kompliment, daß der Doktor auf der Treppe verwundert vor sich hin murmelte: »Sonderbares Ding, das er sich da ins Haus genommen hat!«

Dem Kranken gegenüber aber hatte Hedwig ihre Scheu verloren. Wie eine gewandte Diakonissin wickelte sie ihn in die Decken, legte ihm ein kühles Tuch auf die Stirne, alles mit so weichen Händen, so zart und gütig, daß er ihr immer wieder einen dankbaren Blick zuwarf. So oft er sich nur regte, stand sie neben ihm, erriet, was er wollte, gab ihm zu trinken, rückte ihm die Kissen; dann huschte sie leise wieder ins Nebenzimmer.

Draußen in der Januarnacht grollte der Sturm und peitschte die Schneeflocken an die Fenster. Manchmal fuhr ein Wagen schellenklingend vorüber. Es war Karnevalszeit und die Menschen durchtanzten die Nächte. Der Wind trug ab und zu verirrte Musikklänge bis an das Ohr der einsam Wachenden. So war ihr ganzes Leben lang, immer nur aus weiter Ferne, wie ein verhallender Laut, die Kunde von einem lachenden, sonnigen, genußfrohen Leben, irgendwo da draußen in der Welt, zu ihr gedrungen.

Wie manche Nächte hatte sie so gesessen in stillem Lauschen und Sorgen: Wird es morgen besser sein? Fällt die Temperatur? Schläft er ruhiger?

Sie vergaß fast, daß es nicht ihr Vater war, der da drinnen lag, auf dessen schwere Atemzüge sie horchte. Ihr Schicksal schien immer das Gleiche von ihr zu fordern. Mit einem jähen Schrecken durchrieselte es sie plötzlich, als sie den Ehering an ihrer Hand fühlte.

Das war heute ihr Hochzeitstag gewesen!

Die Verschlimmerung in dem Befinden des Regierungsrates hatte das eine Gute, daß sie den beiden Menschen, die nun Mann und Frau hießen und sich dennoch völlig fremd waren, über die peinliche Befangenheit ihres Zusammenseins hinweghalf, die sie sonst wohl drükkender empfunden hätten.

Dem hilfsbedürftigen Kranken gegenüber konnte von der mädchenhaften Zaghaftigkeit, die Hedwig sonst gezeigt, wenn sie ihm nur die Hand gab, unmöglich die Rede sein. Als es ihm nach einigen Tagen wieder besser ging und er wenigstens für Stunden das Bett verlassen konnte, war er schon so an seine Pflegerin gewöhnt, daß er es ganz natürlich fand, sich von ihr führen, einwickeln, bedienen zu lassen. Er konnte sich nur freuen über die gute Wahl, die er getroffen hatte. Hedwig schien wirklich zu den Frauennaturen zu gehören, denen es Bedürfnis ist, sich für einen Menschen mühen und plagen zu müssen, die in der Aufopferung ihr Glück finden. Es lag nun ein ganz zufriedener, heiterer Ausdruck auf ihrem Gesicht und sie blühte ordentlich auf in dem Krankenzimmer.

Freilich, er selbst schickte sie, nachdem ein neues verläßliches Dienstmädchen gefunden worden, täglich ins Freie und drang darauf, daß sie sich zerstreue, ab und zu ein Theater, ein Konzert besuche.

»Du sollst mir dann erzählen. Ich will was Neues hören!« sagte er, um sie zum Fortgehen zu bewegen.

In der Tat, es machte ihm Freude, ihre großen, glänzenden Augen zu sehen, wenn sie heimkam. Eine neue Welt öffnete sich im Theater vor ihr, und sie genoß diese mächtigen Eindrücke mit der ganzen Frische einer Kinderseele.

Im März, an einem der ersten Frühlingstage, kam eines Morgens, als Hedwig eben ausgegangen war, Frau Maierhofer, die frühere Haushälterin, in die Wohnung des Regierungsrates und wollte den Herrn sprechen. Das neue Dienstmädchen, das sie nicht kannte, führte sie in sein Zimmer.

Forstner frug ziemlich unwillig nach ihrem Begehr.

»Mein Gott, der Herr Rat hat es ja nicht um mich verdient, aber ich kann es halt nicht lassen, daß ich noch so viel Anteil an Ihnen nehm', Herr Rat. Sie sind mir doch früher ein so guter Herr gewesen. Und deshalb hab' ich mir die Freiheit genommen, herzukommen. Denn, sehen Sie, das gefällt mir halt gar nicht, daß die gnädige Frau, die Frau Regierungsrätin« – sie sagte das möglichst höhnisch – »auf der Straße mit einem jungen Herrn herumgeht, während ihr armer Mann zu Haus sitzen muß. Zweimal hab' ich sie jetzt schon begegnet und gerad' wichtig hat sie's gehabt mit dem hübschen jungen Menschen.«

Die rachsüchtige Frau bemerkte mit boshafter Genugtuung, daß ihre Worte auf den Regierungsrat einen peinlichen Eindruck machten. Sie verzog den Mund zu einem spöttischen Lächeln, als er nach einer Weile erwiderte:

»Ein Verwandter meiner Frau. Jedenfalls verbitte ich mir Ihre Klatschereien und Verleumdungen. Guten Morgen!«

Frau Maierhofer wußte trotzdem, daß sie nicht umsonst gekommen war, daß der Hieb saß.

Er saß in der Tat.

Wenn Hedwig nun etwas länger ausblieb, so sagte er sich mit heimlicher Bitterkeit: Sie unterhält sich wohl recht gut? Wenn sie mit frischem, warmgerötetem Gesicht heimkam, dachte er: Man sieht ihr an, daß sie lustig geplaudert hat. Hedwig erlaubte nicht, daß das Dienstmädchen sie vom Theater abhole, weil sie nicht wollte, daß der Kranke ganz allein bliebe. Wenn Franz dann die ersten Wagen nach Theaterschluß fahren hörte, wartete er mit wachsender Ungeduld auf ihr Kommen. Die Viertelstunden, die Minuten dehnten sich so lang in seiner einsamen Stube, gaben so viel Raum für die schlimmsten Gedanken, die peinlichsten Vorstellungen. Eine Frage, eine Anspielung kam nicht über seine Lippen. Er fürchtete sich ordentlich vor einer Bestätigung seines heimlichen Mißtrauens. Was wußte er eigentlich von ihr? Er kannte sie ja kaum. Er kannte überhaupt die Frauen nicht. In Büchern hatte er wohl gelesen, daß sie falsch seien und ihre wahren Empfindungen zu verbergen wissen. Vielleicht war ihre Schüchternheit, ihre kindliche Unerfahrenheit nur eine Maske!

Ein brennendes Gefühl, ein Seelenschmerz quälte ihn nun in der kranken Brust, obwohl er geglaubt hatte, es seien alle heftigen Regungen in ihm abgestorben.

Es ging wochenlang so fort; unausgesprochen, bald dumpfer, bald heftiger peinigte ihn der Verdacht.

Einmal, als Hedwig lange nicht nach Hause kam, trat er an das Fenster, öffnete es und blickte hinaus. Die Sonne schien so warm, daß er sich einige Augenblicke lang von ihren Strahlen überglühen ließ. Es war ein ganz merkwürdiges Gefühl, wieder einmal frische Lust einzuatmen. Und wie er nun hinabschaute auf die helle leuchtende Straße, die funkelnden Fenster, das Menschentreiben, das so lustig in dem Frühlingsglanz vorbeiwogte, da packte ihn plötzlich ein wilder Neid auf alle, die sich bewegen, die gesund und frisch dahinlaufen konnten, die nun mit gesundem Appetit zu ihrem Mittagsessen eilten – der Neid des Gefangenen, des Ausgestoßenen, des Verurteilten.

Er mußte alle Selbstbeherrschung aufbieten, um nicht aufzuschluchzen, überwältigt von Jammer über sein Elend.

In diesem Augenblick sah er Hedwig in ihrer altmodischen Trauerkleidung um die Ecke biegen. Wahrhaftig, sie war nicht allein! An ihrer Seite ging ein schlanker junger Mensch in einem hellen Sommeranzug mit ungewöhnlich langem Haar und einer Wagnermütze auf dem Kopf. Sie schienen sich trefflich zu unterhalten: der Begleiter sprach wenigstens sehr lebhaft und Hedwig ging ganz langsam, als wollte sie den Weg zu ihrem Haus möglichst hinauszögern.

Franz zog sich vom Fenster zurück. Er saß wieder in seinem Lehnstuhl, als Hedwig eintrat. Er fühlte, daß er vor Erregung zitterte, und mußte erst eine Weile warten, ehe er mit der Ruhe, die ihm nötig schien, fragen konnte: »Wer war der Herr, mit dem du eben gingst?«

»Ein Musiker, der zuweilen meinen Vater besuchte,« erwiderte sie rasch. Er meinte zu bemerken, daß sie verlegen geworden war.

Sie sagte nicht mehr und er frug auch nicht weiter. Seine Phantasie half ihm die Lücken ausfüllen; in ein paar Sekunden stand der kleine Roman fertig in seinem Kopf.

Der junge Musiker, der zuweilen ihren Vater besuchte, war der einzige Mensch, den sie überhaupt zu sehen bekommen hatte. Kein Wunder, daß sie sich für ihn interessierte. Sie war ja so jung. Und ihm gefiel sie wohl mit ihrem Nonnenscheitel, trotz ihrer drolligen Kleider aus den sechziger Jahren. Er hatte vielleicht nicht viel Damenbekanntschaften. Sie liebten sich; aber »er war Musiker und sie hatte auch nichts«. Warten mußten sie auf alle Fälle, und so war sie denn die Frau des Kranken geworden, der ja doch nicht lange mehr leben konnte. Wenn sie dann Witwe sein würde, hatte sie wenigstens eine hübsche Hauseinrichtung. Daß die Pension, die er ihr hatte zuwenden wollen, bei einer Wiederverheiratung verloren gehen würde, hatte sie wohl nicht bedacht.

Sein bitterer Groll war einer tiefen ergebungsvollen Trauer gewichen. Er sah die Stunde herannahen, in der er sie bitten konnte, ihm zu vertrauen, ihm rückhaltlos die Wünsche ihres Herzens zu gestehen. Freilich die Stimmung wechselte. Manchmal konnte er seine Reizbarkeit ihr gegenüber nicht beherrschen und er sagte ihr ein ungeduldiges, bitteres Wort wegen irgendeiner Kleinigkeit.

Hedwig war gerade wieder in die Stadt gegangen, um Einkäufe zu machen, als ein Packträger einen Brief an sie brachte. Eine Männerhand hatte die Adresse geschrieben, das war unverkennbar. Der Brief lag nun mehr als eine Stunde lang auf dem Tische, vor Forstners Augen. Er mußte immer wieder die Aufschrift lesen: »Frau Regierungsrat Hedwig Forstner.«

Allmählich wuchs eine neue quälende Empfindung in ihm empor: das Gefühl der Lächerlichkeit vor anderen. Er dachte im allgemeinen so wenig an die Menschen, mit denen er ja nicht mehr in Berührung kam. Aber wie er es nun so schwarz auf weiß vor sich sah, daß er dieser Frau seinen Namen gegeben hatte und daß sie vor aller Welt zu ihm gehörte, da schämte er sich seiner Gutmütigkeit. Er hatte ja doch nur ihr das Opfer dieser Trauung gebracht. Ihm wäre mit einer Pflegerin, die sich nach seinem Tode nach einer anderen Stellung umsehen konnte, ebensogut gedient gewesen. Das sollte sie doch anerkennen und ihn nicht dem Gespött preisgeben! Als sie heimkam, schob er ihr das Schreiben hin und sein lange verhaltener Zorn bebte durch die Worte, die er ihr mit heiserer Stimme zurief:

»Warte doch, bis ich tot bin! Dann kannst du ja tun, was du willst!«

Sie hob erschrocken die Augen und ließ in ihrer Bestürzung das Paketchen mit Zwieback, das sie für ihn gekauft, zu Boden gleiten. Dann bückte sie sich mit einem leisen Schreckensruf und stand mit dem zerbrochenen Backwerk in der Hand so verstört, mit einem solchen Ausdruck des Staunens und der Unschuld vor ihm, daß er sich in seiner Verbitterung sagte, sie sei eine vollendete Schauspielerin.

»Was habe ich getan? Um Gottes willen! Rede doch nicht so!«

»Der Brief ist doch jedenfalls von dem jungen Menschen, von dem Musiker, mit dem du so häufig spazieren gehst. Wohl die Absage eines Stelldicheins oder eine neue Bestellung?«

Sie blieb ganz wortlos, in starrer Verblüffung. »Ein Stelldichein? Ich?« stieß sie endlich hervor und sah ihn bekümmert an, als redete er im Fieber.

»Bitte, leugne nicht! Man hat dich zu wiederholten Malen mit dem jungen Herrn gesehen! Wie oft du dich von ihm begleiten läßt, das weiß ich nicht. Ich bin ja nicht in der Lage, dir nachzuspüren. Darauf rechnest du wohl?«

»Das war aber doch kein Stelldichein!« stammelte sie. »Herr Wilberg –«

»Also Wilberg heißt er?«

»Er kam doch öfter zu meinem Vater.«

»Das sagtest du schon einmal. Aber das ist doch kein Grund, warum du nun mit ihm herumrennen mußt! Warum kommt er nicht hierher?«

»Er wollte nicht, er meinte, es wäre besser, wenn wir es vorläufig noch geheim hielten –«

»Du bist wirklich naiv, Hedwig!« stieß er höhnisch hervor. Sein heftiger Ton verschüchterte sie vollständig. Zitternd und blaß bis an die Lippen, rückte sie in die fernste Ecke des Zimmers, weit von ihm weg, und dachte nicht einmal daran, den Hut abzunehmen, als möchte sie am liebsten vor seinen finsteren Augen zur Türe hinaus fliehen.

»Hast du dir nicht klar gemacht, daß du dem Namen, den ich dir gab, Rücksichten schuldig bist? Der junge Mensch kennt doch deine Stellung. Wie kann er es wagen, dir Heimlichkeiten zuzumuten?«

»Aber es handelte sich doch nur um die Oper meines Vaters, die er zur Aufführung bringen will. Er sprach mich an und bat mich, ihm die Komposition zu geben, die er schon kannte. Das tat ich denn, weil ich mich so von Herzen freuen würde, wenn mein armer Vater, nach seinem Tode noch, anerkannt würde.«

Da Franz ruhiger geworden war und ihr mit weniger bösen Blicken zuhörte, faßte sie Mut.

»Dreimal habe ich nur mit ihm gesprochen, gewiß nicht öfter. Und das letzte Mal begleitete er mich bis an das Haus und sagte, er müßte einiges umändern. Aber er glaube, daß sich die Oper recht gut ausführen lasse, und er habe einen Freund, der Kapellmeister sei und der sich dafür interessiere.«

»Warum erzähltest du mir das nicht?« frug er nur halb überzeugt.

»Ich wollte dich überraschen. Ich dachte, es würde dich auch freuen, wenn der Name meines Vaters auf dem Zettel stände.«

Die schlichten Worte machten den Eindruck der Wahrheit. Aber er hatte sich in sein Mißtrauen zu fest eingelebt, um so rasch an eine völlige Harmlosigkeit ihrer Beziehungen zu dem Musiker glauben zu können.

»Bitte, lies doch einmal deinen Brief,« sagte er und drückte ihr denselben mit einem beobachtenden Blick in die Hand.

Sie zögerte nicht, den Umschlag zu öffnen. Er sah sie an, und kein Zug in ihrem Gesicht entging seinen prüfenden Augen. Langsam röteten sich ihre erst so fahl gewordenen Wangen. Eine tiefe Falte grub sich ihr in die Stirne. Mit einem Ausdruck heftigen Unwillens, leidenschaftlicher Entrüstung rief sie endlich aus:

»Nein! Das ist unverschämt! Das ist gemein!«

In seiner Erregtheit dachte Forstner sofort: er hat ihr wohl einen Liebesbrief geschrieben, und nun spielt sie die Entrüstete, da sie doch fühlt, daß sie den Inhalt nicht geheimhalten kann.

Aber Hedwig reichte ihm ohne weiteres Besinnen das Blatt, noch immer glühend vor Empörung, und er las, – und schämte sich seines Mißtrauens. »Sehr geehrte gnädige Frau!« lautete die Aufschrift. Also kein vertraulicher Ton, der sich nicht geziemt hätte! Der Musiker schrieb ihr in ziemlich umständlichen, verschnörkelten Redewendungen, er habe an der Oper ihres Vaters so viel ändern, neuschaffen müssen, daß sie es ihm wohl nicht verübeln werde, wenn er seinen Namen als den des Komponisten darunter setze. Sein Freund, der Kapellmeister, wünsche auch gerade von ihm ein Werk zur Aufführung zu bringen. Er sei übrigens gern bereit, den Kritikern, den Kollegen gegenüber zu erwähnen, daß er aus der Arbeit Rautenbachs viele Anregungen geschöpft habe.

»Ein netter Herr!« sagte Forstner ebenfalls entrüstet. Aber nach all den trübseligen und quälenden Gedanken, die ihm dieser Herr Wilberg in den letzten Wochen verursacht hatte, empfand er im Grunde doch eine gewisse Genugtuung darüber, daß derselbe sich in so schlechtem Lichte zeigte.

»Siehst du, Kind, das meinte er mit dem Geheimhalten, das er dir zumutete. Darum wagte er sich nicht hierher in mein Haus, in meine Nähe. Ich hätte dir abgeraten, ihm das Werk so ohne weiteres auszuliefern. Aber er merkte wohl bald, daß du die Menschen nicht kennst, nicht weißt, wie jeder nur seinen Vorteil will und es auf dem Weg zum Erfolg nicht genau nimmt!«

»So schlecht sind die Menschen!« murmelte sie, und sie sah so verstört, so bestürzt und trostlos aus, daß er wieder an den kleinen Roman, den er sich ausgesonnen, denken mußte.

Sanft und teilnehmend schaute er ihr in das Gesicht.

»Sag' mir's offen, Hedwig, erschreckt dich sein Benehmen wirklich nur um des Vaters willen oder – oder hattest du den Menschen lieb, der den Toten um seinen Ruhm bestehlen will?«

Sie sah ihn mit ihren großen Kinderaugen verwundert an. Dann schüttelte sie langsam den Kopf,

»Nein! Ich hab' nie jemand lieb gehabt außer meinem armen Vater. Manchmal, wenn ich in den Büchern von Liebe gelesen habe, oder auch im Theater, wo sich das ganze Stück um nichts anderes dreht, da dachte ich mir: wie kommt es, daß ich mich nie verliebt habe? Aber ich glaube, ich habe immer viel zu viel Sorgen gehabt und zu viel Angst, ob ich mit dem wenigen Geld, das der Papa mir gab, ausreichen würde. Ich hatte gar nicht Zeit, an anderes zu denken.«

»Armes Ding!« sagte er mitleidig. Sie kam ihm vor wie ein Schattenpflänzchen, das aus Mangel an Sonne nicht zum Blühen kommen kann. Aber unwillkürlich beruhigte es ihn doch, daß sie nie jemand lieb gehabt hatte. Er konnte wieder daran glauben, daß dieses eine Menschenkind weinen würde bei seinem Tode; vielleicht weniger um ihn als um die Heimstätte, um die Pflichterfüllung, um den Lebenszweck, den sie bei ihm gefunden.

Mit rührender Sorgfalt bemühte sich Hedwig, für ihren Kranken Speisen auszusinnen und zuzubereiten, die ihm schmecken sollten. Der Arzt betonte ja immer wieder: kräftig nähren! Aber es half alles nichts. Wenn sich Forstner, Hedwig zu Liebe, auch zu einigen Bissen zwang, dann packte ihn plötzlich das Todesgrauen und schnürte ihm förmlich den Hals zu. Er hatte nicht mehr die gleichgültige Ergebenheit in sein Geschick wie in den Wintermonaten. Eigensinnig wehrte er sich dagegen, auszufahren in die schöne Frühjahrsluft, in die Sonne. Er fürchtete sich vor dem Wiedersehen mit der Welt draußen. Hier in diesen vier Wänden schien ihm der Abschied leichter. Er hustete jetzt allerdings weniger und atmete freier, aber er fühlte sich sehr schwach und elend und verstimmt und mußte bei seiner andauernden Appetitlosigkeit ja immer noch mehr abmagern.

»Verfall der Kräfte,« nannte sein medizinisches Lehrbuch dieses zweite Stadium seiner Krankheit.

»Geben Sie sich doch nicht solche Mühe, ein verlorenes Leben zu fristen,« sagte er eines Tages zu seinem Arzte.

»Aber, lieber Regierungsrat, Sie haben doch keine Schmerzen mehr, der böse Husten ist vorüber.«

»Allerdings. Aber Sie täuschen mich nicht, Doktor! Ich kenne meinen Zustand ganz genau.«

»So! Dann wissen Sie mehr als ich. Aufrichtig gestanden, ich bin mir gerade jetzt sehr unklar, denn meiner Ansicht nach müßte die Besserung rascher fortschreiten.«

»Verstellen Sie sich doch nicht so! Ich habe das Kapitel ›Schwindsucht‹ ja eingehend studiert!«

»Aha! Konversationslexikon! Ja, da liest der Patient allerdings immer mehr heraus, als sein armer Arzt ihm sagen kann. Sogar den Namen wissen Sie! Nein, lieber Regierungsrat, so darf das nicht fortgehen! Sie sind zu wenig folgsam. Morgen bringe ich meinen Kollegen mit, wir wollen eine genaue Untersuchung vornehmen. Vielleicht glauben Sie uns beiden mehr als mir allein!«

Es war ein herrlicher erster Mai, an dem die Ärzte vorfuhren. Sie klopften den Kranken ab, behorchten die Atemzüge und sprachen dann leise und eingehend miteinander.

Dann setzten sie sich an das Bett, in dem der Regierungsrat noch lag – harrend auf sein Todesurteil. »Nun will ich Ihnen reinen Wein einschenken,« sagte sein Hausarzt. »Es stand im Winter sehr bedenklich mit Ihnen; ich hätte nicht viel Hoffnung zu geben gewagt. Lungeninfarkt – wenn Sie den Namen wissen wollen.

Aber es ist eine überraschende Heilung eingetreten. Mein Herr Kollege ist ganz meiner Ansicht: die Lunge ist wieder gesund.«

»Vollkommen gesund. Die Atemzüge sind frei und kräftig!« bestätigte der fremde Arzt.

»Wissen Sie, was Ihnen noch fehlt: der Lebensmut. Ihre Nerven sind herunter. Sie haben sich Schrullen in den Kopf gesetzt, die Sie niederdrücken. Die seelische Stimmung tut in solchen Fällen viel. Sie müssen nur wollen, und Sie können ganz gesund werden! Mein Wort darauf! So und nun stehen Sie auf, setzen Sie sich an das offene Fenster .und entschließen Sie sich endlich, auszufahren. In ein paar Tagen können Sie einen kleinen Spaziergang versuchen. Ich freue mich wirklich von Herzen, daß ich so beruhigt über Sie sein kann!«

Zu dem offenen Fenster flutete ein breiter Strahl Maiensonne herein. Ein Veilchensträußchen, das Hedwig in eine Vase gestellt hatte, duftete süß in dem leise fächelnden Lufthauch. Schwalben flogen durch die blaue Luft und trotz Wagenrollen und Straßenlärms hörte man ein helles Vogelgezwitscher.

Schüchtern noch, halb ungläubig, ob alles dies ihm wirklich wiedergeschenkt sei, beugte sich Franz hinaus. Er konnte jetzt einen von Blüten überdeckten Kastanienbaum sehen, um den ein paar Kinder hüpften. Und wie er sich so von der Sonne bescheinen ließ, da überflutete ihn ein namenloses, bündiges Glücksgefühl! Leben! Nur leben dürfen! Nur jeden Tag ins Bureau gehen, durch den Hofgarten, durch die Maximilianstraße bummeln; nur wieder zu all den andern gehören, die arbeiten und atmen! Das Einfachste, das Alltäglichste schien solche Wonne! All die Ergebenheit, die er sich einzureden gesucht, die Gleichgültigkeit, mit der er sich gewappnet hatte, waren wie weggeblasen. Wie ein Zauberwort klang's ihm entgegen aus der schönen Maienwelt: Gesund! Wieder gesund! Es war ihm, als flögen auf den weißen Wölkchen holde Engel, die ihm die Jubelbotschaft verkündeten. Hedwig trat ein mit einem frohen, lächelnden Gesicht. Die Ärzte hatten auch ihr mitgeteilt, wie zufrieden sie mit ihrer Untersuchung gewesen.

Er wendete sich bei ihrem leisen Schritte um und starrte sie mit einer gewissen Verblüffung an. In seinem Glücksrausche hatte er ganz vergessen, daß sie nun in sein Leben herein gehörte. Er hatte sie sich bisher immer nur als Pflegerin vorgestellt und als seine Witwe. Als Frau, mit der er nun leben sollte, vielleicht noch manches Jahr lang – niemals.

Der Gedanke war nicht gerade peinlich, aber doch wunderlich, befremdend, überraschend.

Er, ein verheirateter Mann! Sein stilles Junggesellendasein, in das er sich eben in Gedanken wieder einzureihen gesucht, aus immer dahin! Er mußte sich an diese neue Wendung seines Geschickes erst langsam gewöhnen.

Er sollte leben und er hatte nun eine Frau!

Hedwig war zu sehr beschäftigt mit der ersten Ausfahrt, auf der sie ihn begleiten sollte, und mit den besonderen Leckerbissen, die sie für ihn herrichten wollte, um ihn vorher und nachher zu stärken, so daß sie nicht bemerkte, mit welcher Verwunderung er sie betrachtete. Auch er hörte zu grübeln auf, als er im Wagen ganze Ströme frischer Lust einatmete und nach so langer Zeit wieder Bäume, Wiesen, Blumen, geputzte Menschen an sich vorübergleiten sah. Von einem wonnigen Daseinsgefühl ließ er sich einlullen – gedankenlos, verträumt. Als er heimkam, war er sehr müde, aber er aß zum erstenmal mit Appetit und Hedwig jubelte wie ein Kind, als er ein zweites Stück von dem Huhn verlangte.

Bei der zweiten Ausfahrt bemerkte er schon mit etwas wacheren Augen, daß die Leute ihn anschauten, und er stellte sich vor, daß er in den nächsten Tagen, wenn er zum erstenmal an dem Arme seiner Frau ausgehen sollte, gewiß Bekannten begegnen würde. »Liebes Kind,« sagte er, »du mußt mir einen Gefallen tun: Geh in ein Modewarengeschäft und kaufe dir ein Kleid, einen neuen Hut und alles, was eine Dame braucht. Du darfst es mir nicht, übelnehmen, aber es kommt mir so vor, als wärest du ganz altmodisch angezogen.«

»Papa wollte es so. Er sah mich gerne gerade so wie meine Mutter gekleidet.«

»Auch dein Haar, Hedwig! Ginge es nicht, daß du es dir von einem Friseur anders ordnen ließest? Es ist ja recht rücksichtslos von mir, daß ich erst jetzt auf diese Dinge Wert lege. Aber siehst du – der Leute wegen. Solange ich nur an den Tod dachte, schien mir alles so nebensächlich, so nichtig. Nun möchte ich doch, daß du dich wie andere Frauen trügest. Kaufe dir nur etwas Hübsches, nicht wahr, Kind?«

Sie war durchaus nicht beleidigt, im Gegenteil, es schien ihr Freude zu machen, daß er sich um ihren Anzug kümmerte. Zum erstenmal in ihrem Leben sollte sie sich nach dem eigenen Geschmack kleiden, nicht alte Kleider ihrer Mutter herrichten, sondern etwas Neues auswählen dürfen. Sie hätte kein Weib sein müssen, wenn dieser Weg ins Modemagazin ihr nicht vergnüglich erschienen wäre. Mit eifriger Miene brachte sie dem Genesenden die Stoffmuster, frug ihn um Rat, und er konnte ein Lächeln nicht unterdrücken, als er ein Modejournal in Händen hielt und unter Kleider- und Hutformen wählen half.

Wer ihm das vor einem Jahr gesagt hätte!

Und der Doktor hatte recht gehabt! Sein Befinden hob sich von Tag zu Tag. Seit er in die Luft kam, pulste förmlich ein neuer Lebensstrom durch seine Adern. Der Ekel vor den Speisen war verschwunden mit seiner Todeserwartung. Für Hedwig war es ein heiteres Schauspiel, ihm zuzusehen, wie er nun Gabel und Messer zur Hand nahm; sie freute sich kindisch, daß er einen feinen Bratengeruch wieder schätzte mit frischem Genesungshunger.

Sie mochte es auch gar nicht der Köchin überlassen, ihm sein liebevoll ausgesuchtes Frühstück zu bringen. Mit der Platte in der Hand trat sie auch an diesem Vormittage in sein Zimmer.

Er hörte sie eintreten, doch als sie vor ihm stand, sprang er lebhaft auf wie vor einer Fremden. »Ja, Kind! Ich kenne dich ja kaum mehr,« rief er dann freudig überrascht.

Die Klosterschwester war aus ihrem entstellenden schwarzen Gewande geschlüpft und eine schlanke junge Dame geworden.

»Merkwürdig! Wie solch ein Anzug euch verändern kann!«

Er vermochte sich von seinem Staunen kaum zu erholen. Armselig, engbrüstig hatte sie ausgesehen in ihren schlecht geschnittenen knappen Taillen, der Hals zu lang, die Bewegungen eckig: und jetzt eine reizende jugendliche Gestalt, ihre zarten Farben wirkten frisch und rosig über dem glänzenden Grau des Stoffes. Aber es war nicht das Kleid allein – die Frisur hatte sie vor allem entstellt. Mit dem emporgekämmten Haar erschien ihr Gesicht runder, voller, und es kamen die kleinen Ohren, die weichen Linien an den Schläfen zum Vorschein.

Er ward ganz verlegen, je mehr er dies hübsche Geschöpf, das sich so plötzlich vor ihm entpuppt hatte, anblickte, und er begriff es kaum, daß er sich seit Monaten von dieser selben jungen Dame hatte bedienen lassen. Sie genoß die Bewunderung, die jeder seiner Blicke ausdrückte, mit freudiger Erregung.

»Ich bin wohl recht garstig gewesen?« sagte sie treuherzig.

»Nein, nein! Aber ich möchte dich immer so angezogen sehen, auch zu Hause! Nicht mehr die alten Kleider! Bitte!«

So ging er denn wirklich wieder durch den Hofgarten, seinen alten Weg, und nun am Arm einer Frau, der die Vorübergehenden wohlgefällige Blicke zuwarfen. Wie wunderlich ihm das alles erschien! Seine Kollegen, seine Bekannten, die sich seit Monaten damit begnügt hatten, ab und zu durch das Dienstmädchen nachfragen zu lassen, wie es dem Herrn Regierungsrat gehe, machten nun Besuch bei ihm, zum erstenmal mit ihren Frauen, da er jetzt ein verheirateter Mann war. Forstner bemerkte, daß Hedwig trotz ihrer Schüchternheit neben den meist etwas allzurundlichen Ehehälften seiner Bekannten sehr anmutig wirkte, und er lächelte ganz beschämt, wenn man ihm zu seiner reizenden Frau gratulierte; er wußte ja, daß er das nur einem blinden Glückszufall verdankte, denn er hatte sich ja ein Vierteljahr nach der Trauung überhaupt erst besonnen, wie seine Frau eigentlich aussehe.

Er dankte ihr nun, seitdem sie seinen Augen so wohlgefiel, mit größerer Wärme für jede kleinste Dienstleistung und hatte ordentlich den Wunsch, galant gegen sie zu werden. Wenn ihm diese späte Wandlung nur nicht immer ein wenig komisch erschienen wäre, so daß er fürchtete, sich lächerlich zu machen. Wie gerne hätte er ihr manchmal die Hand geküßt.

Ende Mai war Hedwigs Geburtstag. An diesem Tage wollte er seiner ganzen Dankbarkeit, dem vollen Jubel seines Genesungsgefühls

Ausdruck geben, sie einmal beschenken nach Herzenslust, ihr durch eine Zeichensprache es sagen, wie erkenntlich er ihr war für ihre Güte, ihre Aufopferung. Er fuhr allein aus, ging in die verschiedensten Läden und genoß ein neues, recht reizvolles Vergnügen, als er den Tisch mit all seinen hübschen Einkäufen belud und mit einer Fülle von Maiblumen schmückte.

»Komm einmal, Kind!« rief er an der Tür in freudiger Erregung.

Und als sie dann, neugierig, was seine Heimlichkeit bedeutet habe, eintrat, zog er sie fast schüchtern zu dem Tisch heran und sagte: »Meinen Glückwunsch, liebe Hedwig! Meine paar Gaben mußt du als schwachen Ausdruck meines Dankes betrachten.«

Sie schaute erst ganz sprachlos auf all die schönen Dinge, die er liebevoll neben den Blumen geordnet hatte, begriff nur allmählich, daß der reizende Schmuck, das Opernglas, das Spitzentuch, der Fächer, das feine Briefpapier und all die netten Kleinigkeiten, die er in seiner Gebelaune zusammengesucht, ihr gehören sollten, wirklich ihr, und rief dann wie berauscht:

»Nein! nein! Ist das alles schön! Ist das alles lieb! Das ist ja wie ein Märchen! Und mir kommt's auch wirklich vor, als wär' ich verzaubert, als träumte mir es nur, daß jemand so gut mit mir ist, so gut!«

So staunend, so glücksverwirrt schaute sie zu ihm auf, als sie die Hand ausstreckte, um ihm zu danken, daß all seine Scheu und sein zagendes Besinnen von einer mächtigen heißen Empfindung verdrängt wurden. Er nahm ihren Kopf in seine beiden Hände und küßte zum erstenmal die Lippen seiner Frau.

Sie wendete sich verwirrt von ihm ab und beugte sich auf die Blumen nieder; doch als er nun den Arm um sie schlang und ihr glutüberstrahltes Gesicht emporhob, sah er, daß sie nasse Augen hatte.

»Du weinst, Hedwig? Ja, was hast du denn, Kind?«

»Ach Gott,« schluchzte sie und um ihren Mund glitt trotz der Tränen ein Lächeln. »In meinem Leben ist doch bis jetzt alles so traurig gewesen. Und nun kommt so viel Schönes, Liebes auf einmal, in einem solchen Übermaß! Ich meine, ich könnte das gar nicht ertragen! Mir ist's, als müßte es mir die Brust zersprengen, wenn du so lieb zu mir bist!«

Ihn hatte der Kuß auf den frischen jungen Mund sehr übermütig gemacht. »Wir haben so viel nachzuholen, Hedwig! So viel versäumte Küsse!« sagte er, ihr zärtlich über das Haar streichend und seine Wange an die ihre schmiegend. Erst war sie so scheu, als müßte sein Bart ihr das Gesicht versengen. Aber sie lernte rasch, wie süß es ist, den Druck zärtlicher Lippen zu fühlen und zu erwidern.

So standen sie vor dem Geburtstagstisch, vor den Maiglöckchen, die das Zimmer mit Frühlingsduft erfüllten, und küßten sich wie große Kinder, die eben erst das Geheimnis der Liebe entdeckt haben.

Bei Tische wurde Hedwig ganz ausgelassen, weil sie sich ein Gläschen von dem starken Wein, den er trank, hatte aufnötigen lassen, um mit ihm anzustoßen auf ihr eigenes Wohl. Mitten in ihrer Lustigkeit staunte sie über ihr eigenes Lachen.

»Ich meine, das bin gar nicht mehr ich!« sagte sie. »Die ganze Welt könnt' ich umarmen!«

»Bitte mich!« rief er und zog sie an sich.

Von einem Klopfen emporgeschreckt, sprang sie hastig auf.

»Nun, Herr Regierungsrat, Sie sehen ja prächtig aus!« rief der eintretende Doktor. »Um Jahre verjüngt seit den paar Tagen! Nun kann ich Ihnen bald meine Abschiedsvisite machen!«

Der Anblick des Arztes und die paar noch zu besprechenden leichten Verordnungen wandelten bald die übermütig Glückliche wieder in die gewissenhafte Pflegerin, die den Rest des Tages einzig darauf bedacht war, ihren Genesenen in ruhiger froher Stimmung zu erhalten. Sorgsam wie früher bereitete sie sein Zimmer, rüstete alles, wie er es gewohnt war, und schien gar nicht zu bemerken, mit welch unverwandtem Blick der glückliche Mann ihr stilles, zierliches Walten verfolgte.

Am andern Morgen, als sie beim Frühstück saßen, sagte er: »Höre, Kind, mir ist heute nacht ein vortrefflicher Gedanke gekommen. Ich habe noch lange schlaflos gelegen, als du fort warst –«

Sie sah ihn gleich wieder besorgt an.

»Nein, nein, du brauchst nichts zu fürchten, es war ein ganz behagliches Wachen mit lauter schönen, erfreulichen Gedanken. Was meinst du, wenn wir unsere Koffer packten, die Krankenstube hinter uns ließen und ausflögen wie andere Hochzeitsreisende – sagen wir einmal: an den Gardasee? Wäre dir das recht?«

Sie nickte mit begeisterten, glückseligen Augen.

»Da ist Sonne, strahlende Sonne!« fuhr er in freudiger Erregung fort. »Und es soll auch hell und sonnig werden um uns! Denn schau, Hedwig, wir beide haben ja noch viel zu wenig Wärme und Sonne im

Leben gehabt! Du mit deiner verkümmerten Jugend! Und ich, mein Gott, ich habe ja auch nichts gewußt als Arbeit und Bureau, immer nur das Bureau! Darum passen wir so gut zusammen, zwei arme Einsame, die alles versäumte Lachen und Küssen erst nachholen wollen!«

Er hatte sie nun fest an sich gedrückt und hielt sie so in zärtlicher Umschlingung, daß er das Klopfen ihres Herzens an seinem Herzen fühlte.

»Das schönste Fleckchen der Welt suchen wir aus für unser Glück,« flüsterte er in ihr kleines, erglühendes Ohr. »Hier in diesen Räumen können wir unser neues Leben nicht anfangen, es hängt zu viel traurige Erinnerung daran. In voller Sommerpracht, in Reiseübermut, in Glanz und Jubel wollen wir ihn feiern, unsern richtigen Hochzeitstag!«

Unter der Asche

Frau Adelgunde Moser hatte am Odeonsplatz den Wagen der Elektrischen verlassen und wanderte langsam der Kaulbachstraße zu. Ein paarmal blickte sie verwundert auf einen Neubau, auf eine Veränderung in der wohlbekannten Gegend, als wenn sie nach längerer Abwesenheit hierher zurückkehrte. Seit sie verheiratet war und am Bavariaring wohnte, kam sie in der Tat nur selten in dieses Ostviertel, und es war ihr dann stets, als lebte sie jetzt in einer anderen Stadt und fände hier erst ihr altes München, ihre einstige Heimat wieder. In diesen Straßen, in der Nähe des Englischen Gartens hatten sich ihre Kinderjahre, ihre erste Jugendzeit abgespielt. Dort an der Ecke war die große Kunstanstalt, an der ihr Vater Direktor gewesen; in der Von der Tannstraße hatten sie gewohnt; und in dem kleinen, drolligen, versteckten Häuschen, dem sie jetzt zustrebte, lebte ihre Tante Wilhelmine, die sie nun auch, der großen Entfernung wegen, leider nur viel zu selten aufsuchte, die einmal einen so breiten Raum in ihrem jungen Dasein eingenommen hatte.

Wie die alte Zeit ihr in den stillen Straßen erwachte! Wie viele Erinnerungen ihr lebendig wurden! Vielleicht lag es auch an dem Maienglanz, an den blühenden Fliederbäumen, die über die Gartengitter nickten, an dem Goldlicht, das über dem frischen Grün, über den weißen Dolden der Kastanien funkelte, daß sie heute gerade in einer so wundersamen, in die Vergangenheit versunkenen Stimmung dahinschritt. Damals hatte sie das ganze Leben in einem solchen Goldlicht, in einer solchen Verklärung gesehen! – Das Frühjahr – der Sommer 1890!

Ach, wenn sie an jene Zeit zurückdachte!

Wie in berauschenden Zaubergärten war sie gewandelt mit ihren zwanzig Jahren! Die Blumen und Blüten hatten so heiß geduftet, süße Melodien hatten ihr ans Ohr geklungen, die Ferne war wie in einen Rosenschimmer getaucht, ihr eigenes Denken so reich, so groß, ihre Phantasie so beschwingt, von schwärmerischer Begeisterung, von glühenden Zukunfts-Erwartungen erfüllt gewesen, – bis dann die große, furchtbare Enttäuschung und Ernüchterung gekommen war, die seitdem ihr Wesen, ihr ganzes Sein beherrschte. Verglichen mit jenen alten Träumen, war ihr Leben nun wie ein einförmiges Wandern auf der Landstraße zwischen langweiligen Pappeln unter gleichmäßig grauem Himmel.

Die ganze Hochflut ihrer heißen Erinnerungen drängte sich um das kleine Haus der Tante Wilhelmine. Ein komisches, altes Bauwerk war's eigentlich, das sich jetzt zwischen den eleganten Villen kaum mehr sehen lassen konnte. Das Erdgeschoß steckte zu tief im Boden, es war gänzlich stil- und schmucklos. Der wilde Wein, der es umrankte, der Efeu, der sich an der Schattenseite bis zum Dach hinaufzog, sie schienen förmlich Mitleid zu haben mit den alten Mauern und sie unter ihrem grünen Blätterwerk zu verstecken. Aber gegen den Garten zu hatte es eine so herrliche, geschützte Veranda! Und dieser Garten! Es war, als hätten sich alle Vögel, denen es in der Großstadt zu lärmend und ungemütlich wurde, auf dieses Fleckchen, in die paar großen Linden geflüchtet, die hier noch stehen und grünen durften, die an Sommertagen das ganze Haus mit ihrem Dufte durchströmten. Ein bißchen verwildert war ja der Garten, aber gerade deshalb ein Stückchen Natur. Und in dem großen Beet, da blühte alles durcheinander – lauter altmodische Blumen, die man sonst nirgends mehr sah: Gretel im Busch, Brennende Liebe, Fuchsschwanz, Balsaminen, Federnelken, ein paar große Büschel Pfingstrosen, dazwischen weiße Porzellanblümchen und duftende Wicken, und im Herbst so bunte, große Astern.

Tante Wilhelmine war ein winzig kleines, schattenhaftes Wesen, eine arme Kranke, die seit zwanzig Jahren immerfort liegen mußte. Wenn Adelgunde sich nun auf ihre früheren Empfindungen der Gelähmten gegenüber besann, die sie immer nur im Rollstuhl gesehen hatte, so wunderte sie sich, daß sie eigentlich nie Mitleid mit der Tante gehabt, daß es ihr in ihrer Jugend gar nicht zum Bewußtsein gekommen war, welch trauriges, beklagenswertes Dasein die Arme führte. In dem Wesen des alten Fräuleins war so viel sonnige Heiterkeit, in dem armseligen Körper glühte eine schwärmerische Seele, die sich mit solcher Begeisterung an allem Schönen freute, die sich mit solchem Feuereifer für Philosophie, für Dichtkunst interessierte, daß man förmlich vergaß, wieviel die an das Haus, an den Rollstuhl Gebannte vom eigentlichen Leben entbehren mußte.

Mit ihrem jugendlichen Lesehunger beneidete Adelgunde damals die alte Verwandte förmlich um ihre Freiheit, sich ganz in die Bücher zu versenken, und das Heim der weltfremden Idealistin, die das Leben nur im Spiegelbild der Poesie kannte, erschien dem jungen Mädchen wie ein Asyl, in das sie sich aus der Prosa ihres Elternhauses flüchtete, in dem sie Verständnis für ihre Empfindungen, eine gleichgesinnte Seele fand.

Tante Wilhelmine pflegte weniger aus praktischen Gründen, mehr aus Freude an der Jugend, aus Abneigung gegen einsame Mahlzeiten einige Zimmer in ihrem Hause an junge Leute zu vermieten, die bei ihr für billiges Geld eine behagliche Häuslichkeit und einen trefflich besetzten Tisch hatten, und an deren Vorwärtskommen sie lebhaften Anteil nahm. Auf diese Weise blieb sie immer in Fühlung mit den Menschen und konnte dem angeborenen mütterlichen Sinn ihres warmen Herzens Genüge tun.

Im Jahre 1890 hatten drei junge Herren bei ihr gewohnt: ein Student der Philosophie, ein blasser, stiller Grübler, der später Spiritist geworden war, und zwei Angestellte aus dem großen Harrachschen Kunstverlag, dem Adelgundens Vater als Direktor vorstand: Arnold Moser und Ewald Gangloff. Tante Wilhelmine hatte damals auch ein sehr kluges, gebildetes Mädchen als Gesellschafterin, und diese fünf jungen Menschen – Adelgunde gehörte natürlich auch dazu – kamen allwöchentlich zwei-, dreimal wie zu einem Fest auf der Veranda oder in dem gemütlichen, altmodischen Wohnzimmer zusammen und lasen mit verteilten Rollen klassische Stücke. Die einsame, alte Dame war gewissermaßen Dramaturg und Regisseur und Publikum zugleich; sie wählte die Werke aus, besetzte die Rollen und hörte dann zu, mit einem Genuß, mit einer Andacht, in einer Weihestimmung, die sich unwillkürlich auch auf ihr kleines Personal übertrug, so daß jedes sein Bestes tat und mit heiligem Ernst an seine Aufgabe herantrat.

So oft Adelgunde auch später ins Theater gekommen war, sie erinnerte sich nicht, daß ihr die Iphigenie, der Götz, der Wallenstein, die Braut von Messina, der Don Carlos je wieder einen so überwältigenden Eindruck gemacht hätten wie in jenen begeisterten Stunden auf der kleinen Veranda. Sie hatte auch nie wieder einen Schauspieler gehört, der solches Temperament, solches Feuer, eine so hinreißende

Gewalt der Sprache besessen hätte wie Ewald Gangloff. Die anderen alle waren ja nur Stümper, armes Statistengefolge neben ihm, der diese Dilettantenleistung auf eine künstlerische Höhe emportrug, zu etwas Ungewöhnlichem stempelte.

Wie schön er war mit seinem scharfgeschnittenem Kopf, mit dem braunen Lockenhaar auf dem schlanken Nacken! Wie seine Augen leuchten konnten! Wie er zu erschüttern und zu rühren vermochte! Die Natur hatte ihn zu einem Helden, zu einem Götterliebling geschaffen, ihm die Stimme verliehen, die zum Herzen dringt, eine bezwingende, gebietende Macht über die Seelen.

Ja, ja! Sie hatte ihn bewundert, sie war vor ihm auf den Knien gelegen, in ehrfürchtiger, scheuer Begeisterung – sie hatte ihn geliebt! – Ihn! –

Ihre Augen flammten zornig auf bei dem Gedanken, und der herbe Zug um ihren Mund trat schärfer hervor, machte ihr feines Madonnengesicht, das eben noch so jugendlich weich und warm erschienen war, bitter und schroff.

Eine Enttäuschung, die man mit zwanzig Jahren an einem geliebten Menschen erlebt, bleibt unverzeihlich, unverwischbar, denn sie vernichtet nicht bloß die eine tiefwurzelnde Erinnerung, sie schlägt auch alles in Trümmer, was der jungen Seele groß und stolz und heilig gewesen.

So klein, so unbedeutend waren ihr alle anderen erschienen neben ihm. – Der gute Arnold Moser! Du lieber Gott! Sie hatte mit ihrem Mädchen-Instinkt recht wohl herausgefühlt, daß sie ihm gefiel, schon damals. Aber er war ihr doch nur wie der bescheidene Knappe neben dem Ritter in der strahlenden Rüstung, nur der armselige Schildträger ihres leuchtenden Helden.

Nicht bloß Ewalds Persönlichkeit, auch sein Schicksal erweckte so viel mehr Interesse, so viel mehr Spannung und Anteilnahme. Die Jugend hat ja meist Verständnis und Sympathie für die Auflehnung, für den Widerspruch, für einen Freiheitskampf. Und Ewald war ein Kämpfer, ein Empörer. Wie ein gefangener, junger Löwe wand und wehrte er sich gegen die Fesseln, mit denen sein Stiefvater, Kommerzienrat Harrach, der Besitzer der Kunstanstalt, ihn in seinem Haus, in seinem Geschäft festhielt. Er brannte danach, Schauspieler zu werden, und Adelgunde war die Vertraute seines glühenden Ringens und Streitens für seine geliebte Kunst.

Arnold Moser dagegen! – Er hatte nie anders gewollt, als Kaufmann zu werden, als Kaufmann seinen Weg zu machen, sich Geld zu verdienen. Ihm flogen keine Träume von Erfolg und Ruhm um die Stirne, und er hätte in seiner Angst, sich seine Zukunft zu verderben, niemals einen Widerstand gegen seinen Geschäftsherrn gewagt. Er erschrak jedesmal, wenn Ewald in seiner Gegenwart seinem Zorn auf den Tyrannen Ausdruck gab. Er suchte zu besänftigen, zu glätten; er war oftmals nach einem Zusammenstoß zwischen dem Stiefvater und dem Stiefsohn der Vermittler gewesen, der mit seiner demütigen Unterwürfigkeit Harrachs Groll zu entwaffnen und eine Versöhnung herbeizuführen wußte.

Philisterseele nannte Adelgunde ihn in ihrem Herzen voll mitleidiger Geringschätzung, und ihre Augen schauten über ihn hinweg zu dem Stolzeren, Wilderen, Freieren und Kühneren empor. Alle die Erregungen seiner immer wieder erneuten Versuche, den Stiefvater zu erweichen und seinen Willen durchzusetzen, hatten sie und Tante Wilhelmine, die aufs wärmste Ewalds Partei nahm, in jenem unvergeßlichen Sommer mit durchlebt. So oft ein berühmter Schauspieler in die Stadt kam, suchte Ewald ihn auf, bat um sein Urteil, um seinen Beistand. Jeder bestärkte ihn in seinem Glauben an sein Talent, der eine schrieb sogar an Harrach, ein anderer ging persönlich zu dem Manne hin und bot ihm an, den Stiefsohn, der so glänzende Mittel, eine so hervorragende Begabung besaß, als seinen Schüler mitzunehmen – es war alles umsonst. Der Kommerzienrat haßte die Bühne, verachtete das Theater; ein Schauspieler stand für ihn auf einer Stufe mit einem Artisten oder einem Brettlsänger.

An einem wehmütig schönen Oktobertage hatten sie wieder auf der kleinen Veranda gesessen, und Ewald hatte den »Manfred« gelesen. Bewegt von dem Eindruck der Dichtung, wie trunken von Wohlklang und Pathos, in feierlicher Erschütterung traten sie dann hinaus in den Garten, um sich die heißen Wangen zu kühlen. Über dem gelbroten Laub der Bäume und Sträucher stand ein tiefblauer Herbsthimmel; es war feiertäglich still. Man hörte nur ganz in der Ferne ein paar verwehte Musikklänge, und der kleine Springbrunnen plätscherte.

Die Umgebung, die Beleuchtung, die ganze Stimmung stand Adelgunde noch unverwischbar im Gedächtnis, sie meinte förmlich noch den feuchten Geruch zu empfinden, der dem zu Boden gefallenen Laub entströmte.

Wie es geschehen war, daß Arnold Moser, der ihr sonst wie ihr

Schatten zu folgen pflegte und eifersüchtig darüber wachte, daß Ewald nicht mehr in ihrer Nähe sein durfte als er, an diesem Abende früher fortgegangen war, wie es kam, daß sie allein mit dem Bewunderten unter der Linde stand, das wußte sie nicht mehr. Aber an das Herzklopfen erinnerte sie sich noch, mit dem sie neben ihm auf der kleinen Bank Platz genommen, und wie sie mit glühendem Enthusiasmus, unwillkürlich in einer gehobenen Sprache, in getragenen Worten, gerufen hatte:

»O, ich habe es heute wieder so recht empfunden, daß Sie es der Welt schulden, sich von der Alltagsbeschäftigung loszureißen, in die man Sie einspinnen möchte, in der Ihr Genius ertötet werden soll! Sie müssen der Stimme in Ihrer Brust folgen! Sie sind dazu berufen, die Menschen aus ihrem Stumpfsinn aufzurütteln, ihnen der Verkünder des Schönen und Großen zu werden, der Weckrufer, der sie nicht versinken läßt in ihrer banalen Nüchternheit!«

Er blickte sie an mit seinen strahlenden Augen und faßte ihre Hand. Seine Stimme klang so herzbewegend, so hinreißend an ihr Ohr:

»Du sprichst dieses Befreiende, Entscheidende! Du! Adelgunde, du? Du weißt sehr wohl, daß ich nur um deinetwillen ausharrte, nur deinetwillen nicht den Mut hatte, das Äußerste zu wagen! Weil ich mich nicht trennen wollte von deinem süßen Gesicht, das Licht und Sonne ist in meinem grauen Leben. Aber wenn du selbst mir den Weg zeigst, den ich gehen muß –« Mit einem wilden Ungestüm war er vor ihr niedergestürzt, hatte ihre Knie umklammert. In ihrer nüchternen Reife sagte sie sich jetzt freilich: »Der Schauspieler hat eine dramatische Szene gespielt.« – Damals aber ward sie von seiner Leidenschaft durchschauert bis ins Innerste.

»Versprich mir, daß du auf mich warten, daß du an mir festhalten wirst, wenn alle mich verdammen! Wenn du mir treu bist, dann trotze ich einer Welt, dann muß ich den Sieg erringen! Dann kommt der Tag, an dem ich dir meine Lorbeern zu Füßen legen kann.«

Mit dem Überschwang seiner zweiundzwanzig Jahre, mit dem ganzen Feuer seines Wesens flehte er sie an, während sein schönes, junges Gesicht zu ihr emporglühte.

O, wenn er in diesem Augenblicke von ihr verlangt hätte, sie solle mit ihm fortfliehen in die weite Welt, wie sie ging und stand, ohne Abschied, ohne Mittel, ohne Habe und Besitz, sie würde sich nicht besonnen haben und wäre Hand in Hand mit ihm hinausgewandert in die leuchtende, goldene Ferne. In feierlichem Ernst gelobte sie ihm Geduld und Treue. Wie in einer Glückswolke ging sie an jenem Abend dahin, stolz und hocherhobenen Hauptes, als wäre sie eine Auserkorene, eine Geheiligte und Gottbegnadete, weil er sie liebte. Wie ihr Herz so wild und stürmisch geklopft hatte in jenen Tagen; wie reich und spannend und voll von Erregung ihr die Stunden gewesen! Sie konnte sich nun nicht mehr darüber klar werden, was sie eigentlich erwartet hatte. Irgend etwas Ungewöhnliches, Großes, Wunderbares, das dem Lebewohl vorangehen würde, eine hochdramatische Szene, in der Ewald dem Stiefvater mit stolzen Worten seinen Entschluß mitteilen, in der auch sie eine Rolle spielen würde! Wenn es ihr auch bangte und graute vor dem Zorn der Eltern, es war doch hochgehendes, heißes Leben, was ihr in jenen Tagen vor der Entscheidung durch die Adern pochte.

Aber sie sah Ewald nur noch einmal einen flüchtigen Moment, auf dem Heimwege vom Theater. Er hatte in der einsamen Straße auf sie gewartet. Sie ging in Begleitung ihres Dienstmädchens. Er konnte ihr nur im Dunklen die Hand drücken, ihr ein paar heiße Worte zuflüstern; seine Lippen streiften einen Augenblick ihre Wangen, dann wurde das Haustor geöffnet, heller Lichtschimmer drang aus dem Flur, und er entschwand im Dunkel.

Wie einsam sie gewesen war mit ihrem tollen Sehnen und Wünschen, mit ihrem Jubel und ihren Schmerzen! Bisher war ja Tante Wilhelmine die Vertraute ihrer Seelenstimmungen, ihrer jugendlichen Unrast, ihres unbestimmten Drängens und Sehnens gewesen. Aber sie fühlte instinktiv, daß das kranke, alte Fräulein dem Neuerwachten in ihr, diesem glühenden, wilden Liebessturme verständnislos gegenüberstehen müßte; für diese leidenschaftlichen Empfindungen versiegte ihr der träumerischen Idealistin gegenüber der Ausdruck.

Zu Hause hatte sie niemals ihre Gemütsregungen verraten. Ihre Mutter war ja gut und lieb, eine praktische, vernünftige Frau, deren Gedanken nicht über den Haushalt hinausgingen, die ihre Schwester Wilhelmine furchtbar überspannt fand, und die ihrer Tochter sicher den Verkehr in deren Heim verboten hätte, wenn sie nur die leiseste Ahnung gehabt, daß »diese kindische, langweilige Leserei«, wie sie es nannte, solchen Einfluß über sie gewinnen konnte. Der Vater aber in seiner nüchternen Strenge! O, sie hätte ebenso gut an einen Felsen klopfen und warmes Empfinden von einem Stein verlangen können, als von ihm Verständnis für ihre Begeisterung und ihre schwärmerischen Gefühle.

Sie besann sich noch sehr gut auf den ungemütlichen Samstagabend, an dem der Vater mit finsterer Stirne nach Hause gekommen war und zur größten Bekümmernis der Mutter den Teller weggeschoben hatte: »Danke, – ich mag nichts – hab' keinen Appetit!«

Die Eltern hatten dann lange noch in ihrem Zimmer miteinander gesprochen, und des Vaters Stimme hatte sehr erregt geklungen.

Mit dumpfer Angst lag Adelgunde in ihren Kissen. Ob dem Vater etwas über ihre heimliche Liebe zu Ohren gekommen war? Ob Ewald mit ihm gesprochen hatte?

Sie hatte vor Unruhe nicht schlafen können. Als ihre Mama dann am nächsten Morgen freundlich und heiter wie immer an ihrem Nähtischchen saß, da faßte sie sich ein Herz und fragte:

»Was hat Papa denn gehabt, gestern?«

»Ach – geschäftlichen Ärger,« sagte diese erst ablenkend, zu Adelgundens größter Erleichterung. Aber Frau Direktor Becker plauderte gern, und es ward ihr schwer, etwas geheim zu halten.

»Weißt du, Ada,« flüsterte sie der Tochter zu, »ich soll es ja eigentlich nicht erzählen, aber du wirst es ja nicht herumschwätzen: Papa ist so außer sich, weil in seinem Bureau eine Summe von 20 000 Mark auf ganz rätselhafte Weise abhanden gekommen. Man hatte das Geld eben von der Bank geholt, um eine größere Zahlung fortzuschicken. Mit einemmal war der ganze Betrag verschwunden. So lange man den Schuldigen nicht entdeckt, ist es natürlich für alle Angestellten, besonders für den Papa, höchst drückend und peinlich.«

Adelgunde erinnerte sich, daß sie sehr angenehm berührt gewesen; die Sache ging sie ja gar nichts an. – Geld! – es war ihr überhaupt etwas so Banales damals, etwas so Unwichtiges! Ein paar Tage später schien der Vater allerdings sehr erregt und erhitzt, als er sich zu Tisch setzte; aber er aß doch wieder und sprach ungewöhnlich lebhaft, während bisher sein eisiges Schweigen wie ein Alpdruck auf ihnen gelastet hatte. Die Mutter kam noch einmal in Adelgundens Zimmer, als diese sich eben zur Ruhe legen wollte. Sie sah ängstlich aus, verlegen: »Nicht wahr, Kind, du versprichst mir, daß du nie, mit keiner Silbe verraten wirst, was ich dir am Sonntag erzählt habe. Papa würde es mir nie verzeihen, wenn er wüßte, daß ich ausgeplaudert, was er mir unter dem Siegel der Verschwiegenheit anvertraut.

Die Geschichte soll nämlich vertuscht werden, weil es sich herausgestellt hat, daß Harrachs Stiefsohn, dieser nichtsnutzige Ewald Gangloff, die Summe gestohlen hat und durchgebrannt ist!«

»Das ist nicht wahr! Das ist nicht wahr!« hatte Adelgunde so heftig aufgeschrieen, daß die Mutter ihr bestürzt die Hand auf den Mund preßte.

Sie aber ließ sich nicht halten. Sie machte sich in leidenschaftlicher Erregung los von der fassungslosen Frau.

»Nein, nein! Ich schweige nicht! Ich sage es dem Vater, daß das eine Lüge, eine heillose Verleumdung ist! Ewald ist kein Dieb! Ewald ist einer solchen Tat nicht fähig! Ich gehe ins Geschäft und schreie ihnen allen in die Ohren, daß sie sich schämen sollten, so Häßliches von dem vornehmsten Menschen zu sagen, der je gelebt hat!«

Die Mutter hatte sie erst angestarrt wie eine Irrsinnige. »Was geht dich dieser Ewald an, Ada?« – Dann hatte sie geweint und mit rührender Angst die Tochter angefleht, nur um Gottes willen keine Szene zu machen, den Vater nicht zum Zorn zu reizen, ihr das Bittere nicht anzutun, daß sie sich schelten und verachten lassen müßte wegen ihres Vertrauensbruches. Den Tränen der Mutter hatte Adelgunde nicht zu widerstehen vermocht. Sie hatte versprochen, wenigstens vorläufig zu schweigen. Aber die Nacht, die Tage, die nun folgten, waren martervoll gewesen. Und doch! Das leidenschaftliche Mitleid mit dem Geliebten, die Empörung über die Ungerechtigkeit der Menschen, der Groll gegen den Vater und gegen alle, die Ewald verdächtigten, alles, was sie unmittelbar nach jener Enthüllung empfand, war ja verhältnismäßig noch Glück, noch ein Zustand von Gesundheit und Kraft und frohem Kampf im Vergleich zu dem, was nachher kam. Sie hatte ja noch an ihn geglaubt. Sie hatte ihn noch verteidigt. Sie war noch stolz auf ihn gewesen, trotz allem.

Das wahre, das abgrundtiefe Herzenselend lernte sie erst kennen, als sie an ihm zu zweifeln begann. Ihre Mutter, die der leidenschaftliche Ausbruch aufs tiefste erschreckt hatte, die es für ihre Pflicht hielt, die verhängnisvolle Neigung ihrer Tochter mit den schärfsten Mitteln zu bekämpfen, brachte ihr täglich neue Beweise von Ewalds Schuld. Sie wußte ihren Mann alles herauszufragen, was in dem Harrachschen Geschäft über die fatale Angelegenheit gesprochen wurde, und fand es nun vollständig gerechtfertigt, jedes Wort, das sie im ehelichen Schlafgemach vernahm, am nächsten Morgen ihrem Kinde mitzuteilen.

Die Summe war an demselben Tag verschwunden, an dem Ewald das Haus verlassen. Man hatte erst geglaubt, er habe nur einen kurzen Ausflug gemacht. Aber er war fort – auf Nimmerwiederkehr, fort, um Schauspieler zu werden. Er hatte sich die Mittel, die er brauchte, einfach genommen, wo er sie fand. Er hatte ganz genau gewußt, daß gerade an diesem Morgen das Geld von der Bank geholt werden würde und wahrscheinlich bis zu diesem Tage mit seiner Flucht gewartet. Es war kein anderer im Bureau gewesen, auf den nur der leiseste Verdacht fallen konnte. Jeder Zweifel blieb ausgeschlossen: e r hatte die Summe mitgenommen. Er war ein Dieb, der steckbrieflich verfolgt, der ins Gefängnis gesperrt werden würde, wenn sein Stiefvater nicht um seiner verstorbenen Mutter willen Gnade vor Recht ergehen und die Strafanzeige unterlassen wollte.

Irgend eine kühne, freche Tat, ein offenes, trotziges Auftreten gegen seinen Stiefvater, eine wilde Kampfszene hätte Adelgunde ihm verzeihen können. Wenn er Not und Entbehrung auf sich genommen, den Mut gehabt hätte, zu leiden, zu hungern für seine Kunst, er wäre ein Held für sie geblieben, und sie würde mit gläubigen Augen zu ihm emporgeschaut haben, auch wenn sein Weg ihn in die Armseligkeit geführt hätte. Aber gegen einen feigen Diebstahl – doppelt feige, weil er ja voraussetzen konnte, daß sein Stiefvater ihn nicht anzeigen würde, empörte sich ihr Gefühl, der Rechtssinn der Kaufmannstochter, ihr anständiges, alles Gemeine verabscheuendes Denken.

Einem Hochstehenden, Hochstrebenden, der ihr stolzer und vornehmer gedünkt hatte als alle anderen, hatte sie Treue gelobt; nicht diesem Menschen, vor dem ihr graute.

Die zwei Briefe, die er ihr schrieb, hatte sie ihm uneröffnet zurückgeschickt. Dann war auch er verstummt. Nach ein paar Jahren tauchte sein Name in den Zeitungen auf, wurde voll Anerkennung, voll Bewunderung genannt.

Für sie blieb er tot. Und mit dem Glauben an ihn hatte sie auch ihre Träume, ihre Ideale begraben.

An allem war sie irre geworden, auch an ihrer Begeisterung für die Kunst, an ihrer glühenden Freude an der Poesie, an der Schönheit, an ihren hochfliegenden Wünschen.

Mit einem Schauder vor den lichtscheuen Pfaden, auf die sein Freiheitstrotz, sein stolzes Pochen auf das Recht der Persönlichkeit ihn geführt, hatte sie sich zurückgeflüchtet zu den braven, korrekten

Menschen, die nicht vom geraden Wege abweichen. Sie fürchtete sich vor den großen, schwärmerischen Gefühlen und bat im stillen allen ab, die sie bisher für kleine, engherzige Philister gehalten hatte. Ihr pflichttreuer Vater in seiner unantastbaren Rechtlichkeit erschien ihr nun als höchste Autorität, und sie wagte nicht mehr über seine Nüchternheit und Strenge zu murren. Sie bemühte sich, praktisch und vernünftig und gehorsam zu sein wie ihre Mutter.

Die Leseabende hatten durch Ewalds Flucht ein rasches Ende genommen. Arnold Moser reiste bald darauf nach England, um sich in einer großen Kunstanstalt weiter auszubilden; auch der junge Student verließ die Stadt. Tante Wilhelmine aber erklärte in tiefer Verstimmung über dieses jähe Auseinanderreißen ihres Kreises, sie würde überhaupt keine Pensionäre mehr nehmen. Sie wolle allein bleiben mit ihren Büchern, an denen sie weniger Enttäuschungen erlebte als an den Menschen.

Für Adelgunde war das Heim der Tante kein friedvoller Zufluchtsort mehr wie einst. Die Erinnerungen, die durch Haus und Garten geisterten, taten ihr weh. In ihrer Ernüchterung schien ihr auch die alte Idealistin eine weltunerfahrene, überspannte Träumerin, deren phantasievollen Schwung, deren Begeisterung für die Dichtkunst, deren Vorliebe für Ungewöhnliches, für geniale Menschen sie nicht mehr verstand. Sie wollte jetzt sein und denken wie alle Welt. Die Flügel ihrer Seele waren gebrochen. Nun kroch sie wie die anderen am Boden.

Zwei Jahre später hatte sie sich mit Arnold Moser verheiratet, der nach seiner Rückkehr von England ein älteres Geschäft, eine Druckerei, angekauft und dank seinen Verbindungen mit der Harrachschen Kunstanstalt alle Aussicht hatte, in die Höhe zu kommen. Ihr Vater zeigte großes Wohlwollen für den fleißigen, bescheidenen jungen Mann; ihre Mutter, die noch immer voll Entsetzen an die Schwärmerei ihrer Tochter für den Schauspieler dachte, redete ihr eifrig zu. Sie hatte sich dem Einfluß ihrer Umgebung gefügt.

Arnold Moser hatte eine gute Erscheinung; er war immer tadellos angezogen, höchst fein und vornehm; stets im Gehrock mit dem Zylinder. Die jungen Damen, ihre Freundinnen beneideten sie alle um den eleganten Verehrer. Es schmeichelte ihr, daß er mit so heißem Bemühen um sie warb. Eine besonders warme Neigung hatte sie nie für ihn empfunden; aber sie war überzeugt, daß sie überhaupt keinen Mann mehr lieben könne.

Da sie ohne große Illusionen und ohne hohe Erwartungen heiratete, brachte ihre Ehe ihr auch keine niederschmetternden Enttäuschungen. Eine tiefere Seelengemeinschaft, ein wirklich inniges Zusammenleben war es freilich nicht. Arnold hatte seine Arbeit, seine geschäftlichen Interessen; sie hatte ihre Kinder. Es gab manche kleine Reibungen zwischen ihnen, manchen Ärger, häufig kleine Zwistigkeiten. Aber sie sah um sich nur Menschen, die auch nicht viel glücklicher miteinander waren, sie hörte nur von Alltagssorgen und Alltagswünschen sprechen; sie hatte so ziemlich vergessen, daß es auch tiefere Gedanken, freiere Stimmungen und ein volleres, heißeres Empfinden geben könne.

Nur das goldige Licht, das heute über den Straßen lag, der Weg durch die erinnerungsreiche Gegend hatten ihr längst Vergangenes so lebendig zurückgerufen.

Tante Wilhelmine war in diesen vierzehn Jahren nur noch winziger, noch schattenhafter geworden. Trotz ihrer Gebrechlichkeit hatte sie Adelgundens beide Eltern überlebt. Und nun wirkten in dem schmalen, blassen Gesicht die Augen mit ihrem lebhaften Ausdruck übergroß, als würde der schwache Körper nur noch durch den regen Geist aufrecht erhalten. Sie begrüßte die Nichte mit rührender Herzlichkeit: »Endlich, endlich sehe ich dich wieder, meine liebe Ada!«

Sie hielt deren Hand so zärtlich zwischen ihren feinen, fühlen Fingerchen, daß Adelgunde sich wieder Vorwürfe machte, daß sie die einzige Anverwandte, die ihr geblieben war, so selten aufsuchte.

Es waren nicht bloß die verschiedenen, zeitraubenden Pflichten der Familienmutter, die sie abhielten; es lag nicht bloß an der weiten Entfernung, wenn sie nicht häufiger in das kleine Gartenhaus kam. Sie hatte auch immer das dumpfe Gefühl einer gewissen Feindseligkeit der Tante gegen ihren Mann, obwohl Wilhelmine ihre Abneigung gegen Arnold nie direkt ausgesprochen hatte. Seltsamerweise erschien aber auch Adelgunde selbst, jedesmal wenn sie in dem altmodischen Wohnzimmer saß, ihr Mann in einem besonders ungünstigen Lichte; sie fühlte hier mehr als sonst die gewisse Öde und Gedankenarmut ihres Lebens und brachte es gar nicht recht fertig, warm und wohlwollend von Arnold zu sprechen, sich als eine zufriedene Frau zu zeigen, wie es doch gerade der ihm so wenig freundlich gesinnten Tante gegenüber am Platze gewesen wäre.

So hatte sie eigentlich jeden Besuch mit einer inneren Verstimmung zu bezahlen.

Heute war das alte Fräulein nicht allein. Ein junges Mädchen saß neben ihrem Ruhebett, das ihr als Fräulein Gerda Harrach vorgestellt wurde. Die schlanke Erscheinung, das weiche Gesicht mit dem vollen, blonden Haar und den träumerischen, blaugrauen Augen mit den langen, gebogenen Wimpern machten Adelgunde einen sehr sympathischen Eindruck, weil sie unwillkürlich dachte:

»So ähnlich muß ich in meiner Jugend ausgesehen haben.« Der Ausdruck des Gesichts, die Haltung mehr als die Züge erinnerten sie an ihre eigene Mädchenzeit.

Es war ein merkwürdiger Zufall, daß Tante Wilhelmine gerade heute, da auch sie so lebhaft an frühere Zeiten gedacht, von Ewald Gangloff zu sprechen begann. Sie hatten seit Jahren den Namen nicht mehr voreinander genannt.

»Denke dir, Ada, was ich hier liegen habe! Ein Bild von Ewald Gangloff als »Wallenstein« und ein paar herrliche Besprechungen. Er hat sie mir geschickt durch Fräulein Harrach, die ihn in Berlin kennen lernte. Ich habe mich so unendlich gefreut, daß er noch an mich denkt! Wir haben ihn doch gewissermaßen entdeckt, nicht wahr? Wir waren seine ersten Bewunderinnen! Sieh nur, wie gut er aussieht in dem Kostüm! Jeder Zoll ein Fürst!« –

Adelgunde mußte wohl einen Blick auf die Photographie werfen. Ja, in der Tat: es war ein vornehmer Kopf, – schön und stolz, voll edler Männlichkeit, – eine Heldenerscheinung, darüber konnte kein Zweifel sein.

Aber ein bitterer Zug lag um ihren Mund, und sie sagte mit kühlem Ton:

»Er ist ein guter Schauspieler, das ist bekannt. Er wird wohl auch gelernt haben, sich zurecht zu machen!«

»Er ist sehr wenig »zurechtgemacht!« warf Fräulein Harrach leidenschaftlich ein. »Und er ist mehr als ein guter Schauspieler, er ist ein großer Künstler, dem es heiliger Ernst ist mit seinem Beruf!«

Ihre zarten Wangen hatten sich gerötet, sie sprach mit unverkennbarer Erregung, es zuckte und bebte um ihre Lippen, und ihre Augen hatten einen feuchten Glanz.

»Sie liebt ihn! Sie liebt ihn ja!« dachte Adelgunde und schaute mit einem großen, ernsten Blick auf das erglühende, junge Gesicht.

Dieses unerfahrene Geschöpf, das nichts von seiner Vergangenheit wußte, konnte er freilich blenden, zur Bewunderung hinreißen! Sie fühlte förmlich die Verpflichtung, ein warnendes Wort zu sagen, eine skeptische Bemerkung hinzuwerfen, um diese jugendliche Begeisterung zu dämpfen, um die verführerische Erscheinung ihres theatralischen Flitters zu entkleiden, den Menschen im wahren Lichte zu zeigen. Aber sie war sich einer so nervösen Reizbarkeit bewußt, ein so bitterer Groll saß ihr auf der Zunge, daß sie fürchtete, sie würde allzu herb, allzu schroff werden, wenn sie nur überhaupt die Lippen öffnete. Sie begriff Tante Wilhelmine nicht! Wie konnte sie diese törichte Verehrung auch noch schüren, sie, die doch wußte, wie niedrig der Mensch als Charakter war!

»Vielen herzlichen Dank, mein liebes Kind!« sagte sie mit ihrer schwachen Stimme zu der jungen Dame, die sich etwas verlegen erhoben hatte, vielleicht weil sie fühlte, daß Adelgundens Augen in ihrer Seele lasen, weil es ihr unheimlich wurde vor diesem mißbilligenden, fast zornigen Frauengesicht. – »Wenn Sie Ewald Gangloff wiedersehen, wenn Sie ihm schreiben, so erzählen Sie ihm, wie ich von ganzer Seele an seinem Ruhm Anteil nehme, wie stolz ich bin, daß hier in meinem bescheidenen Zimmer seine Stimme schon einmal erklungen hat, wie unvergeßlich mir sein »Manfred« bleiben wird. Und wenn Sie einmal ein Viertelstündchen für eine arme Einsame übrig haben, so kommen Sie wieder, nicht wahr? Es war mir eine solche Herzensfreude!«

Gerda verbeugte sich vor Adelgunde, diese nickte; – es war etwas Feindseliges in dem kurzen Gruß, als machte sich in dem Gemisch von Mitleid, Besorgnis, überlegener Kritik und Bedauern, das die reifere Frau dem Mädchen gegenüber empfand, dennoch eine dumpfe Eifersucht geltend, die der Jüngeren unwillkürlich fühlbar wurde.

Ein paar Minuten blieb es ganz still in dem Gemach. Adelgunde blickte starr auf die Rosengirlande des altmodischen Teppichs, der auch schon hier gelegen hatte, als sie selbst noch gläubig und vertrauensselig und hingerissen wie diese blonde Gerda auf Ewalds Stimme lauschte.

»Bitte, liebe Ada, magst du mir vielleicht diese Kritik noch einmal vorlesen?« bat die Tante, die sich etwas müde in die Kissen zurücksinken ließ. »Meine Augen werden so schwach.«

Mit innerlichem Widerstreben nahm Adelgunde das Blatt. Ohne Ausdruck, mit absichtlich kühler, ironischer Betonung las sie die schwungvollen Sätze:

»Wenn Ewald Gangloffs Leistungen sich so turmhoch über die seiner Kollegen emporheben,« hieß es am Schluß, »so liegt das nicht allein in seiner glänzenden Erscheinung, die etwas so Imponierendes besitzt, nicht bloß in seinem herrlichen Organ, das so zaubergewaltig wirkt, nein, er vermag uns vor allem deshalb eine große, stolze Persönlichkeit mit solcher Naturwahrheit zu verkörpern, weil er selbst eine große, stolze Persönlichkeit ist!«

»Ja, eine große, stolze Persönlichkeit!« wiederholte das alte Fräulein mit einem ganz feierlichen Klang der schwachen, zarten Stimme.

Adelgunde warf den Kopf empor, ein bitteres Lachen, eine heftige Entgegnung lag ihr auf den Lippen. Aber als ihr Blick nun auf das blasse, müde Gesichtchen der Tante fiel, die sich wie in einer plötzlichen Erschöpfung zurückgelehnt und die Augen geschlossen hatte, erschien ihr die kleine Gestalt so hinfällig, so abgezehrt, daß sie nur erschrocken fragte:

»Ist dir nicht Wohl, Tantchen? Soll ich dir etwas bringen? Magst du einen Schluck Wein?«

»Ich danke dir, Kind! Mir ist ganz gut, nur ein bischen müde. Es war mir eine solche Freude, wieder von Gangloff zu hören! Wer so still in seinem Winkelchen sitzt wie ich, der vergißt nichts, dem sind die Menschen, die er einmal lieb gehabt, immer nahe, und jeder Eindruck unverwischbar.«

Ergriffen streichelte Adelgunde, die sich auf einen niederen Stuhl neben das Ruhebett gesetzt hatte, die durchsichtigen Hände der Tante. Zum erstenmal fiel es ihr auf, daß die liebe, treue Freundin ihrer Jugend eine Greisin geworden. Ihr Gedächtnis hatte wohl auch gelitten. Aber war es nicht rührend? Sie vergaß nur das Häßliche, Trübe, was den Menschen anhaftete, die sie lieb gehabt, und ihre Erinnerungen hielten das Schöne, Sonnige, Große mit zäher Treue fest.

Als sie fühlte, daß die Tante eingeschlummert war, schlich sie leise fort. Die Gesellschafterin, die eigentlich mehr die Stellung einer Pflegerin einnahm, flüsterte ihr draußen mit betrübter Miene zu: »Ach, so schwach ist das gnädige Fräulein! Es ist nur zu wundern, daß sie überhaupt noch lebt mit dem bißchen Nahrung, die sie zu sich nimmt.«

Adelgunde nahm sich fest vor, recht bald wieder nachzusehen, und sie hielt auch ihren Vorsatz. Aber es schien fast, als sollten die warmen

Worte, die Tante Wilhelmine über Ewald Gangloff gesprochen, die letzten sein, die sie von ihren Lippen hörte. Wenn sie nun kam, lächelte sie ihr freundlich zu und sagte wohl auch: »Ich danke dir, liebes Kind!« Zu mehr reichte die Stimme nicht aus. In friedlichem Behagen lag sie auf der Veranda, freute sich an dem Duft der Blumen, an dem Vogelsang, wie eine Wunschlose, Selige, die schon in das Nirwana eingegangen war. Im Leben war sie ein Stiefkind der Natur gewesen, aber der Tod kam sanft und gütig, als ein allmähliches, schmerzloses Erlöschen.

Art einem Hochsommerabend hatte sie noch gesagt: »O, die Rosen, die schönen Rosen!« Dann war sie eingeschlummert, um nie wieder zu erwachen.

In der Stunde, in der die arme, kleine Tante im nördlichen Friedhof ins Grab gesenkt wurde, schloß Adelgunde sich in ihr Zimmer ein, in einem so tiefen, überwältigenden Schmerz, als nähme sie nun den letzten Abschied von ihrer Jugend, von dem Stückchen Heimat, das sie noch besessen.

Ihr Mann, der in tadellosem schwarzen Anzug gleichgültig, fast etwas ärgerlich über den versäumten Nachmittag von der Beerdigung heimkam, bemerkte ihre vom Weinen verschwollenen Augen und brummte:

»Das ist doch wirklich eine übertriebene Sentimentalität! Für die armselige Existenz ist's doch wirklich nicht schade! Die läßt doch keine Lücken zurück! Ein so überflüssiges Scheinleben! Wenn es keine tragischeren Todesfälle gäbe, dann wär's ja gut!«

Der harte Ton tat Adelgunde weh. Sie hatte wieder so recht die Empfindung, wie meilenfern sie einander doch waren.

Tante Wilhelmine hatte ein Testament hinterlassen, in dem sie ihre treue Dienerin und ihr Fräulein mit Legaten bedacht, verschiedene Andenken für liebe Freunde bestimmt, Frau Adelgunde Moser aber zur Universal-Erbin eingesetzt hatte. Und zwar sollte ihr Vermögen und ihr Haus ihrer Nichte als »Vorbehaltgut« zufallen, so daß deren Gatte keinerlei Verwaltungsrecht besaß und Adelgunde frei über diesen Besitz verfügen konnte. Moser schien ungehalten über diese Klausel. Er hätte das kleine Haus und den Garten sofort als Bauplatz verkauft.

Adelgunde aber gab es einen Stich ins Herz, wenn sie dachte, daß die schönen, alten Bäume umgehauen werden sollten, und sie konnte sich nicht so rasch entschließen, sich von der lieben Stätte zu trennen. Das kleine Häuschen sah mit den geschlossenen Läden nun allerdings erst recht unzeitgemäß aus; es schien förmlich zu bitten: »Tut mich fort! ich passe nicht mehr her!« Die Familie Moser brachte den August und September auf dem Lande zu. Bei ihrer Rückkehr mußte Adelgunde doch an die traurige Pflicht herangehen, den Nachlaß der Tante zu ordnen, denn es hatte sich eine Käuferin gemeldet, die sich nur eine kleine Villa bauen und den Garten erhalten wollte, ein Angebot, dem Adelgunde doch lieber näher trat, obwohl ihr Mann ihre Anhänglichkeit an den »dummen, grünen Fleck« lächerlich fand. Sie blieb nun stundenlang allein in dem Häuschen und ordnete die alten Sachen mit jener Wehmut, die der Anblick all der kleinen Dinge, die einem Verstorbenen gehört haben, die zum Teil nun nutzloser Kram geworden, hervorruft. Es war ihr ein trauriger Gedanke, daß sie die Möbel, die ihr so viele Erinnerungen weckten, in fremde Hände gehen lassen mußte, und doch war es ganz unmöglich, den altmodischen Hausrat in ihrer eigenen, modernen, eleganten Wohnung unterzubringen. Vor dem Schreibspind der Tante, einem polierten Nußbaumschrank, der innen Spiegelwände und viele kleine Schubfächer hatte, zögerte sie erst mit einer gewissen Scheu. Es kam ihr so indiskret vor, in die geheimen Erinnerungen der Toten einzudringen. Aber sie mußte wohl die alten Briefe, die Papiere und Rechnungen durchsehen, einpacken oder verbrennen. Da fiel ihr ein dickes, in Leder gebundenes Buch in die Hände.

»Mein Tagebuch!« stand in der steifen, verschnörkelten Schrift des alten Fräuleins auf der ersten Seite.

Durfte sie die alten Blätter lesen?

Sie suchte herum, ob nirgends ein Zettel zu finden wäre, daß die Aufzeichnungen dem Feuer übergeben werden sollten. Doch nein! Nur einige Briefe, die wohl fremde Geheimnisse enthielten, waren eingesiegelt und mit einer Adresse beschrieben; die Verstorbene hatte sichtlich lange vorher an ihren Tod gedacht und ihre Papiere sorgsam geordnet und gesichtet. Sie hätte ihr Tagebuch Wohl selbst zerstört, wenn sie nicht gewollt, daß es der Nichte in die Hände fiel.

In der tiefen Stille um sie her schlug Adelgunde denn das Buch auf und las die Worte aus einer längst verklungenen Zeit mit einer feierlichen Ergriffenheit, als spräche eine leise Stimme aus dem Grabe zu ihr.

Es mutete sie ganz fremdartig und rührend an, daß Tante Wilhelmine auch einmal ein junges Mädchen gewesen, das geliebt und auf

Glück gehofft hatte. Vor fünfzig Jahren hatte sie die Aufzeichnungen begonnen, an ihrem achtzehnten Geburtstag. Damals hatte sie sogar getanzt und war gefeiert gewesen, und zwischen den Blättern lag eine dürre Rose, die bei der Berührung fast in Staub zerfiel. Der Name des Gebers stand nicht vermerkt. Nur von einem »Ludwig« war öfters die Rede. Dieser Ludwig mußte dann an der Schwindsucht gestorben sein. Das war der traurige Roman der armen Tante. Und dann fand sich eine Lücke von manchem Jahr. Sie war schwer krank geworden. – Ein Schlagen von der Turmuhr schreckte Adelgunde aus der Versunkenheit auf, in der sie, wie von einem Hauch aus einer fernen, toten Welt berührt, die etwas schwulstigen Sätze, die aus Büchern abgeschriebenen Stellen und die schwärmerischen Gedichte gelesen hatte – die Bekenntnisse einer sehnsuchtsvollen, heißen Seele.

Mit einer gewissen Neugier blätterte sie nun hastig weiter bis zu der Zeit, in der sie selbst mit Tante Wilhelmine in Berührung gekommen.

Die Augen wurden ihr feucht, als sie die Stelle las: »Wie ich das Kind, die Ada, lieb habe, als wäre es mein eigenes, das Kind meines Herzens! Darf ich denn noch murren über mein Schicksal? Ich bin ja nicht einsam, denn die Tochter meiner Schwester flüchtet sich zu mir wie zu einer Mutter und steht mir näher als der guten Rosa, die über dem Sorgen um den Alltag den Schatz übersieht, der in ihre Hand gegeben ist.«

Adelgunde blätterte weiter.

»Heute haben wir »Die Braut von Messina« gelesen. Mir ist andächtig zumute, dankbar. In mein kleines Heim kam ein Großer, ein echter Künstler. Wie Adas Augen leuchten, wenn sie seiner Stimme lauscht!«

Wie seltsam das war! Sich in die alten Stimmungen zurückversetzen zu lassen, die unvergeßlichen Stunden in der Erinnerung wieder zu durchleben. Tante Wilhelmine hatte sie durchschaut. Sie hatte gewußt, daß sie Ewald geliebt.

Aber was war das? Was meinte sie mit diesen bitteren Worten, die gar nicht zu ihrem gütigen Wesen stimmten? »Ich mißtraue Arnold Moser. Er ist eifersüchtig auf Ewald. Er haßt ihn, weil Ada den schönen, stolzen Freund bewundert. Aber er ist feige in seinem Haß und verbirgt seine Gefühle.«

Adelgunde war in ihren Mantel geschlüpft, sie zog ihre Handschuhe an. Sie mußte ja fort. Aber einen raschen Blick warf sie doch noch auf die Blätter.

»Es ist recht still um mich her geworden. Auch Ada läßt sich kaum mehr blicken. Beugt auch sie sich dem Urteil der Welt? Ist auch sie an Gangloff irre geworden? Ach, Goethe sagt ja einmal: »Es ist keine Neigung so stark, daß sie gegen die Mißreden vorzüglicher Menschen auf die Länge sich erhalten könnte.« – Zu mir klingen keine Mißreden.

»Wenn alle untreu werden,
So bleib' ich dir doch treu« — die alte, treue Freundin!

Aber ich schweige. Ich habe kein Recht, ohne Beweise einen Menschen zu verurteilen, – nur nach dem instinktiven Gefühl. Alles spricht gegen Ewald! Nur mein Herz sagt nein! Er hat kein Unrecht begangen. – Der andere aber! – O Klarheit! Nur ein Zeichen, daß ich reden dürfte! Sie würden mich eine Närrin nennen! Sie meinen, weil ich so fern von der Welt lebe, verstünde ich nichts; sie ahnen nicht, wieviel schärfer ich in meiner Abgeschlossenheit die Menschen durchschaue; wie die Blinden, die ein stärkeres Tastgefühl besitzen, weil ihnen das Augenlicht fehlt.«

Adelgunde war aufgesprungen.

Es war ihr heiß und wirr zumute. Ein unsäglicher Druck schnürte ihr den Hals zusammen. Was bedeuteten diese halben Andeutungen, diese Gedankenstriche, diese Fragezeichen?

Ein paar Sätze las sie noch:

»Arnold Moser verläßt auch mein Haus. Das begreife ich. Er fürchtet sich vor meinen Augen. Er fürchtet sich vor der einzigen, die ihn durchschaut. Wie peinlich es ihm ist, wenn ich ihm fest und fragend ins Gesicht blicke. O, er hat so schlau gerechnet! Er wußte, daß aller Schein gegen den Flüchtling spricht! Daß sie alle den Fernen verurteilen mußten, der sich von einem unerträglichen Drucke losriß. Nur auf das schärfere Sehvermögen der Kranken, der Einsamen war er nicht gefaßt. Aber wie soll ich ihn den anderen nur zeigen, so wie ich ihn sehe: klein, hinterlistig – einen gemeinen Menschen. Es ist eine so furchtbare Anklage, die ich nicht aussprechen darf, ehe ich nicht weiß –«

Adelgunde hatte das Buch unwillig zugeworfen. Ihre Hände zitterten, als sie das Schreibspind schloß.

Eine unerhörte, haarsträubende Verleumdung! Gegen den Mann, dessen Namen sie trug, gegen den Vater ihrer Kinder! Ihr schauderte nun plötzlich vor dem verlassenen Heim, als atmete sie hier vergiftete

Luft, und es war ihr erst wieder leichter und freier znmute, als sie in dem Herbstregen, in dem abendlichen Stadttreiben ihrem Heim zuschritt.

Ein paar Tage lang konnte sie sich nicht entschließen, das Haus der Tante zu betreten, und dann brachte sie ihre Putzfrau mit und ließ Dienstmänner kommen und die Bilder von den Wänden nehmen und die Möbel einpacken; sie fürchtete sich förmlich, allein zu sein in dem Heim und wieder an dem Schreibspind zu sitzen und das Tagebuch zu öffnen, das trotz allem eine krankhafte Anziehungskraft auf sie ausübte. Aber noch war die Arbeit nicht getan, wenn auch die unteren Räume leer waren und die Möbel zum größten Teil zum Abholen bereit standen.

Im oberen Stockwerke, das seit vierzehn Jahren unbewohnt gewesen, schlug ihr ein förmlicher Modergeruch entgegen, als sie die Türen der Zimmer öffnete. Hier waren früher die Pensionäre der Tante untergebracht. An der einen Stubentüre klebte sogar noch die Visitenkarte »Arnold Moser«. Man hatte alljährlich einmal gestöbert und dann wieder die Läden geschlossen und die Zimmer versperrt. Außer den Betten, den Waschkommoden war hier nicht viel Mobiliar. Es mutete sie doch eigentümlich an, als sie den kleinen Raum betrat, in dem Ewald Gangloff einmal gewohnt hatte. Wie bescheiden ihm nun das kleine Stübchen scheinen würde, ihm, der nun wohl an elegante Hotelzimmer, an behaglich, üppig ausgestattete Gemächer gewöhnt war. Zum Fenster herein leuchtete freilich ein herrlich blauer Oktoberhimmel, so herrlich blau wie damals an jenem heißbewegten Abend, und der wilde Wein um die Laube glühte in feurigem Rot.

Ob er wohl in Sommernächten hier am Fenster gestanden und an sie gedacht hatte?

Ah bah ...! Sie schüttelte unwillig den Kopf.

Was kümmerten sie Ewalds Jugendgedanken?

Es war Zeit, daß sie wieder aus der Moderatmosphäre herauskam, in der sie wahrhaftig ganz unvernünftig und verträumt wurde.

Zwischen den Zimmern, die einst die beiden Freunde, Ewald und Arnold, innegehabt, war eine Tür. Sie schritt in das alte Zimmer ihres Gatten.

War er wirklich auf Ewald eifersüchtig gewesen? – Schon wieder diese albernen Fragen und rückschauenden Bilder! Als stürmten sie aus den Wänden auf sie ein, als schwebten sie in der eingesperrten Luft wie alte, irre Geister!

An dem kleinen Tisch, der vor dem Fenster stand, mußte der Holzwurm nagen; eine ganze Handvoll Sägemehl lag auf dem Boden. Unwillkürlich nahm sie den Staublappen, den sie in der Hand trug, und strich es zusammen, um es in das Ofenloch zu werfen.

Hier lagen noch halb verkohlte Papiere.

Ob die wohl seit vierzehn Jahren auf das Zündhölzchen harrten, das sie zur Flamme auflodern, zu Asche werden ließ? – Sie zog ein paar Reste heraus. Die Blättchen waren rings vom Feuer angefressen; aber ein paar Worte ließen sich doch noch erkennen, und sie sah deutlich, – das war Ewalds Schrift. Er hatte wohl noch an Moser geschrieben, und dieser hatte den Brief voll Entrüstung über den Ausreißer verbrannt. – Aber merkwürdig! Gerade der Anfang hatte sich noch erhalten, und da stand: »Lieber Papa!«

Und noch ein weiteres Stückchen fand sich, eine halbe, nein, eine Viertelsadresse: »Herrn Kommerzi–«, darunter: »Friedrich Harra–«.

Also ein Brief Ewalds an seinen Stiefvater!

Den hatte Arnold hier verbrannt, – verbrennen wollen?! Adelgunde kniete vor dem kleinen, schwarzen Kachelofen und achtete nicht darauf, daß sie sich die Hände mit Ruß und Asche schwärzte. Sie wühlte in dem Häufchen angekohlten Papiers mit heißen, unruhigen Augen, als hätte sie dunkle Rätsel zu lösen, die nur dieser arme, kleine Rest zu enthüllen vermochte. Während ihre Hände vorsichtig die einzelnen Stücke herausholten, die unter der Berührung zum Teil wie Zunder zerfielen, arbeitete ihre Phantasie in viel rascherem Tempo und führte ihr die verworrensten Möglichkeiten vor Augen.

Wenn Arnold diesen Brief Ewalds an seinen Stiefvater unterschlagen hätte, ihn hätte vernichten wollen, damit sich der Flüchtling ja nicht von der Schuld lossagen konnte, die ihm zur Last gelegt wurde; wenn er ihn unterschlagen hätte, weil er um jeden Preis wollte, daß man Gangloff für den Schuldigen hielt, – weil er selbst –

Unwillig schüttelte sie den Kopf, sich ihrer eigenen Gedanken schämend.

So weit hatte die Verleumdung in dem Buch der Toten schon auf sie eingewirkt, daß sie, die Frau, das Unglaubliche glauben wollte, – von ihrem Mann! – daß sie eine so haarsträubende, hinterlistige Tat mit ihrem Arnold in Verbindung brachte, der ihr doch bisher als ein tadellos braver Mensch erschienen war! – Als ob die Sache sich nicht ganz einfach erklären ließe! Daß Ewald einen Brief an seinen Vater geschrieben, ihn dann wieder zerrissen und die Stückchen Papier dann zufällig in den Ofen des Nachbarzimmers geworfen hätte!

Aber sie suchte doch weiter mit pochendem Herzen, mit fliegenden Pulsen, in einer dumpfen Beklemmung.

Hier ein kleines Fetzchen, auf dem ein Datum stand: »24. Oktober 1890«. – Es war dasselbe gestreifte Geschäftspapier, – ja, es paßte merkwürdig zu dem interessantesten Blatt, auf dem die Worte: »Lieber Papa!« standen. Der Brief war entschieden vom 24. Oktober gewesen.

Sie griff sich mit einem Aufstöhnen an den Kopf. Ihrer Erinnerung nach war Ewald doch am 12. Oktober fort. Der zwölfte war der Unglückstag gewesen, an dem die Summe gefehlt hatte. Dieses Datum war ihrem Gedächtnis so stark eingeprägt, daß sie sich kaum täuschen konnte! Aber sie mußte sich ja irren! Im Laufe der Jahre mußte sich ihr doch die Zahl verwischt haben!

Denn wenn Ewald wirklich am 12. Oktober schon fortgereist war, dann konnte nicht er diesen vom 24. datierten Brief vernichtet haben! – Dann war ja wirklich ein greifbarer Grund zu diesen furchtbaren, häßlichen Zweifeln, die ihr bisher doch nur wie die Ausgeburt einer krankhaften Einbildungskraft erschienen waren, – dann hätte wirklich Arnold –.

Nein! nein! sie mußte sich ja irren!

Sie ließ die Aschenreste vor dem Ofen liegen, legte das Staubtuch darüber, damit sie nicht im Luftzug fortflatterten; dann eilte sie die Treppe hinunter an das alte Schreibspind, das noch in der Ecke stand und holte das Tagebuch der Tante heraus. Sie war froh, daß niemand von dem Dienstpersonal ihr begegnete, sie hatte ein Gefühl, als müßte sie wie eine Halb-Erstickende aussehen, blaurot mit vorquellenden Augen, so rasend schoß ihr das Blut in den Kopf.

Und nun schlug sie mit zitternden Händen die Blätter auf: Sie konnte die Schrift nicht lesen vor unerträglichem Flimmern; sie mußte sich erst auf den alten Strohsessel niederlassen und um Ruhe ringen.

Es dauerte lange, bis sie die Seiten wiedergefunden, an die sie nun denken mußte Tag und Nacht. Ein dumpfer Schrei entfuhr ihren Lippen.

Ihre Erinnerung behielt doch recht. Hier stand es deutlich:

12. Oktober.

»Heute ist Ewald fort. Ich habe um seinen Entschluß gewußt. Ich habe ihn gesegnet. Wem die Natur eine solche Gabenfülle verliehen hat, der darf sich nicht in eine Tretmühle einzwängen lassen durch engherzigen Eigensinn. Glück auf den Weg, mein leuchtender Liebling! Ich bin stolz, daß ich ihm einen Notpfennig mitgeben durfte, daß er ihn dankbar nahm aus meiner Hand. – »Sie sind wie eine Mutter zu mir gewesen,« sagte er beim Abschied.«

Erregt, bebend, mit einem Verlangen, sich zu betäuben, das völlige Klarwerden hinauszuschieben, blätterte Adelgunde weiter.

Was hatte die Tante von ihrer Verlobung geschrieben, zwei Jahre später? War ihr nicht doch noch die Einsicht gekommen, daß sie Ewald in einem trügerischen Licht gesehen, daß sie Arnold unrecht getan?

Am 2. Februar 1892.

»Ich bin ganz elend, ganz lebensmüde. Meine Schwester Rosa war heute hier und erzählte mir freudig und lächelnd, ihre Tochter habe sich mit Arnold Moser verlobt! Meine Ada, mein geliebtes Kind, seine Braut!

Warum bin ich denn ein so seelenschwaches, mutloses Geschöpf, das nie zu einem Entschluß kommen kann! Wie oft habe ich mir in diesem Jahre, auf dem Sofa liegend, ausgesonnen, daß ich an Ewald schreiben, ihm sagen müßte, welche schwarze Schatten sie auf seinen Namen wälzen. Aber wenn ich dann das Blatt vor mir liegen habe, dann packt mich eine solche Angst vor den Szenen, den Aufregungen, die entstehen müssen, sobald er es weiß. – Ich sehe so viel Tragisches, so viel Unruhe voraus, daß ich mit dem Egoismus der Kranken jede Einmischung von mir weise. Ich kann nicht handeln, ich habe nicht die Kraft zu einem energischen Eingreifen. – Und so oft wollte ich meine liebe Adelgunde fragen, wie sie über die Dinge denkt, sie warnen! Aber das böse Wort über Arnold wollte mir nicht über die Lippen. Wenn ich die Anklage aussprechen soll: »Er hat das Geld genommen! Weil er wußte, daß jedermann Ewald, den durchgebrannten Stiefsohn, für den Schuldigen halten würde,« – dann befallen mich doch wieder Zweifel, dann scheint mir alles nur ein böser Traum.

Und heute, als Rosa hier war, konnte ich nur schüchtern fragen: »Hat

Arnold denn Vermögen gehabt? Wie konnte er sein Geschäft anfangen?«

»Er hat ja eine Erbschaft gemacht von einem alten Onkel. Nicht viel, aber es war doch ein kleines Kapital zur Einrichtung. Und Adelgunde bekommt auch eine ganz hübsche Mitgift,« sagte meine Schwester.

»Ich hatte nie etwas von einem Onkel gehört. Aber es wird wohl so sein!« sagte ich bitter.

Da meine Schwester mich so erstaunt ansah, schwieg ich wieder. Vielleicht liebt Adelgunde ihn! Vielleicht habe ich mich immer über ihr Herz getäuscht. Wie darf ich dann jetzt, da er ihr Verlobter ist, das Ungeheuerliche andeuten, das ich nicht beweisen kann?«

Adelgunde, die mit brennenden Augen gelesen hatte, schleuderte das Buch weit von sich. Nein! sie wollte sich nicht länger martern lassen. Warum hatte die Tante nicht vollständig geschwiegen? – Warum diese Zeilen nicht zerstört, ehe sie starb? Warum das Ungeheuerliche dennoch schwarz auf weiß hier stehen lassen, daß sie es lesen mußte, jetzt nach Jahren, jetzt, da es zu spät war für jede Wendung, da ihr Schicksal sich erfüllt hatte!

Wieder kniete sie an dem Ofen nieder und stöberte herum in dem Rückstand, den das Feuer und die Zeit verschont, der zum Verräter werden konnte für das, was so lange unentdeckt geblieben. Mit der Feuerzange, die neben dem Kohlenkasten hing, grub sie in der Asche, die noch auf dem Roste lag. – Ganz hinten, in der grauen Staubschichte, fand sich ein schmaler, festerer Streifen Papier, der noch nicht angekohlt war. Als sie ihn hervorgezogen, gereinigt hatte, erkannte sie genau, was es war. Mit solchen Streifen waren immer die Hundert Mark-Noten, die ihr Vater am Ersten bekam, zusammengeheftet. Man sah auch noch auf dem bläulichen Karton den Stempel der Bank. Daneben stand in Zahlen »10 000 Mark«.

Und dieser Streifen lag hier, – in dem Ofen, – in dem Zimmer, in dem Arnold Moser gewohnt hatte! – –

Das Gehalt, das der junge Angestellte bekam, belief sich im ganzen Jahre nicht auf diese Summe! Und gerade zu jener Zeit war doch das Geld abhanden gekommen! – Ein vollgültiger Beweis war es ja nicht! – Aber der Brief – der zerstörte Brief Ewalds und Tante Wilhelminens finstere Zweifel –

Der armen, gequälten Frau war's mit einem Male, als klänge ihr eine Stimme ins Ohr:

»Betrogen! Um dein Lebensglück betrogen!«

Von Verzweiflung erfaßt, stürzte sie in das Nebenzimmer, in das Zimmer, in dem der Geliebte ihrer Jugend gewohnt, in dem man den blauen Oktoberhimmel, die buntfarbigen Ranken des wilden Weins hereinleuchten sah, den Garten überblickte in dem hellen Herbstglanz, wie zur Zeit ihres höchsten, heißesten Liebesjubels.

Sie fiel an dem Fenster in die Knie nieder, warf wie eine Rasende die Arme empor und stöhnte mit wildem Schluchzen:

»Gebt mir meine Jugend wieder! Diese vierzehn Jahre, löscht sie aus! Ich will sie nicht gelebt haben! Ich will nicht so jämmerlich, so niederträchtig betrogen sein um mein Glück, meinen Glauben, mein ganzes Selbst! Es darf nicht sein, daß ich unlöslich an diesen Mann gebunden bin, – daß dieser Schurke der Vater meiner Kinder ist! Lieber den Verstand verlieren, lieber sterben, als diesen Gedanken ertragen!«

Sie wußte nicht, wie lange sie so am Fenster gelegen und in den blauen Himmel hinausgestarrt hatte.

Als es zu Mittag läutete, wurde an der Türe gepocht.

»Gehen wir jetzt nach Haus, gnädige Frau? Es wird wohl Zeit sein!«

Sie erhob sich, – ihre Lippen lallten mechanisch:

»Nach Hause!« – Ein Schauer lief ihr über den Rücken. Ein namenloses Entsetzen bemächtigte sich ihrer.

»Gehen Sie nur,« sagte sie mit abgewendetem Gesicht zu der Putzfrau, die aus der Schwelle stand. »Sagen Sie, ich würde nicht zu Tisch kommen. Ich bleibe hier, — ich hätte hier noch weiteres zu ordnen.«

»Aber soll ich der gnädigen Frau nicht etwas zum Essen holen?«

»Nein, danke! — Gehen Sie nur!«

Nun war sie ganz allein in dem einsamen Haus, allein mit den Geistern der Vergangenheit.

Langsamen Schritts ging sie hinaus in den Garten, setzte sich auf die Bank unter der Linde und suchte sich alles zurückzurufen, was einst gewesen, die Gegenwart zu vergessen, als könnte sie mit ihrem glühenden Verlangen Macht über die Zeit gewinnen und fortwischen, was seit jenem Abend geschehen war, als Ewald hier vor ihr auf den Knien gelegen hatte.

Aber sie fühlte nur, wie ein Bewußtsein der Schuld sich auf ihr Herz wälzte, sie erkannte nur schaudernd, daß sie selbst geirrt und gefehlt, weil sie ihr Wort gebrochen, das sie hier so feierlich gegeben hatte; weil sie nicht stark im Vertrauen und in der Treue gewesen. Das Schicksal hatte sie gestraft, grausam, zermalmend, mit furchtbarer Wucht; aber hier unter dieser Linde, bei dem erinnerungsreichen Rauschen in den gelben Zweigen, bei dem wehmütigen Blätterfallen, hier konnte sie nicht sagen, daß die Strafe auf das Haupt einer ganz Schuldlosen gefallen. Nein! Auch sie hatte gedacht wie die andern, sie, die er geliebt! Auch sie hatte nach dem Schein geurteilt und sich von ihm losgesagt, ohne nur seine Verteidigung abzuwarten. Wie durfte sie der alten, schwachen Tante zürnen, da sie selbst so wenig Mut, so wenig Kraft gehabt!

Bei aller Bitterkeit, die in diesem Rückwärtsschauen, in dieser späten Reue lag, es schien ihr noch ein Trost, in dieser Stille zu bleiben, sich ganz von der Melancholie des verlassenen Gartens umspinnen zu lassen. – Nur nicht denken an das, was nun kommen sollte! Nur nicht denken an ihr Heim, an die Gegenwart, in die sie wieder zurück sollte!

Allmählich aber schwand alles Sonnenlicht, es wurde feucht und kühl, das welke Laub roch so moderig, die herbstliche Dämmerung sank rasch über das eingeschlossene, grüne Winkelchen herab, und eine unsägliche Traurigkeit griff ihr ans Herz.

Durch alle die düsteren Wolken und all die graue Wirrnis vor ihren Augen aber drängten sich die jungen, frohen Gesichter ihrer Kinder wie rettende, erlösende Bilder. Sie waren der feste Halt, der ihr blieb; bei ihnen war ihre Pflicht, ihr sicherer Boden, wenn alles um sie her ins Wanken geriet.

Sie verschloß das einsame Haus und fuhr heim. Im Wohnzimmer brannte die Lampe. Mimi, ihre rundwangige, elfjährige Tochter mit den dicken Zöpfen um den Kopf saß am Klavier und spielte leise eine Übung. Der hochaufgeschossene Otto hatte sich die Finger in die Ohren gestopft und lernte seine Lektion auswendig.

Die beiden sprangen auf voll Freude, daß sie wieder da war, als käme sie von einer weiten Reise heim.

»Aber Mama, wo hast du denn zu Mittag gegessen?« fragte Otto mitleidig.

»Du bist ganz blaß, Mutti, und hast so kalte Hände! Morgen, am Feiertag, helfe ich dir aber« schmeichelte Mimi.

Es ward ihr so warm ums Herz, das Schwere, Unerträgliche wich von ihr, als könnte es sie nicht begleiten in diese liebe Nähe. – Aber als sie dann draußen Hut und Mantel ablegte, kam ihr Mann mit finsterem Gesicht an ihr vorüber: »Du bleibst einfach weg vom Mittagessen. – Man wartet umsonst. – Ich habe dieses ewige Hinlaufen in das alte Haus wirklich satt.«

»Ich habe mich festgelesen in dem Tagebuch der Tante Wilhelmine,« sagte sie langsam, und unwillkürlich heftete sie einen fragenden, durchdringenden Blick auf sein Gesicht.

»Ich glaube, du wirst noch verrückt in dem Heim der alten Närrin!« fuhr er sie zornig an.

Sie erwiderte nichts, und da sie sonst bei einem Streit um eine Antwort nicht verlegen war, so schien ihn dieses ungewöhnliche Schweigen erst recht zur Ungeduld zu reizen. Auch beim Nachtessen öffnete sie kaum die Lippen. Sie konnte nicht sprechen. Sie brauchte alle ihre Kraft, um nicht plötzlich mit einem dumpfen Entsetzen aufzuspringen, wenn die Angst vor der Zukunft ihr das Herz zusammenkrampfte. Arnold, der in nervöser Hast ein Glas geleert, die Zeitung durchflogen hatte, stand mit ärgerlichem Gesicht auf. »Ich gehe in meinen Klub. Gute Nacht, Kinder!«

Sie atmete auf, als sie mit Otto und Mimi allein war. Mit einem krampfhaften Verlangen, sich zu betäuben, das Unerträgliche aus ihren Gedanken fortzubannen, ließ sie sich von den Kindern erzählen, forderte sie immer wieder auf, über ihre kleinen Klassenerlebnisse zu berichten, zeigte lebhaftes Interesse für den Schulärger und Schulklatsch und lachte über so manches Drollige, was Otto herausplauderte. Die beiden Kinder, die nur selten so allein waren mit der Mama, die in Gegenwart des Vaters nicht so vertrauensvoll zu schwätzen wagten, weil dieser ihnen sofort ein ärgerliches: »Laßt mich in Ruhe mit euren Albernheiten!« zurief, wenn sie redselig wurden, fanden den Abend ganz besonders nett und gemütlich.

Sie ahnten nicht, mit welch schwerem, wundem Herzen ihre Mutter sich zu ihnen flüchtete; mit welcher Seelenangst sie sich gelobte: Um der Kinder willen will ich mein furchtbares Geheimnis totschweigen. Die Wahrheit darf nicht an den Tag kommen! Ich muß es tragen, mit Arnold weiter zu leben, trotz allem.

Sie fand lange keine Ruhe. Doch endlich fiel sie nach den Aufregungen des Tages doch in einen tiefen Schlaf, und als sie erwachte, war ihr merkwürdig leicht zumute, und die düsteren Zweifel, die sie am Abend gequält, lasteten nicht mehr so schwer auf ihr.

»Arnold ist ein anständiger Mensch. Einer so raffinierten Tat war er gar nicht fähig. Wie konnte sie eigentlich auf so schwache Beweise hin an seinem Charakter irre werden?« Sie benahm sich beim Frühstück wieder wie sonst gegen ihn. Aber ihm schien es entschieden unbehaglich, mit ihr allein zu sein, und er rief ärgerlich nach den Kindern: »Seid ihr denn noch nicht fertig? Es ist Zeit!«

War ihm der Gedanke an diese Aufzeichnungen der Toten, in die sie einen Blick getan, beunruhigend? Fürchtete er über das Grab hinaus jene einsame, arme Kranke, die behauptet hatte, sie allein hätte ihn durchschaut, er wäre ihren Blicken ausgewichen?

Warum war er so haßerfüllt gegen die alte Tante, so zornig, wenn Adelgunde nur ein Wort über die Hinterlassenschaft sprach? – »Das ganze Gerümpel hätte man zusammenreißen sollen! Auf den Trödelmarkt gehöre der Hausrat! Wie du mit diesem Kram noch deine Zeit vergeuden magst?«

Hörte sie erst jetzt den bitteren, gereizten Ton heraus, weil sie ihn unwillkürlich beobachtete, oder war er ängstlich geworden, aufgeschreckt durch ihre forschenden, fragenden Augen?

So unbehaglich auch die Stimmung zwischen ihnen sich gestaltete, in einem Punkte trafen sich ihre Wünsche: sie mieden einander. Adelgunde ging ihm mit einer dumpfen Scheu aus dem Wege; sie war froh, daß sie keine Annäherung von seiner Seite zurückzuweisen hatte; daß er ihr auswich. Ihr graute vor einer Frage, vor einer Auseinandersetzung. Sie wollte an den dunklen Punkt in der Vergangenheit nicht rühren. Sie wollte keine Gewißheit. Auf Stunden wenigstens konnte sie die Last von ihrer Seele abwälzen und sich in einer wohligen Ruhepause trösten Tante Wilhelmine war ungerecht: blindnachsichtig für ihren Liebling Ewald, grausam gegen Arnold, der ihr seinem ganzen Wesen nach nicht sympathisch sein konnte! Mein Gott, wie sollte sie Menschenkenntnis besitzen!

So gingen die Wochen hin, und die beiden Menschen, die unter einem Dache wohnten, die ihre Mahlzeiten zusammen einnahmen, hielten sich wie in stummer Verabredung voneinander fern, hüteten sich vor einem Wort, das an das schwüle, schonende Schweigen zwischen ihnen rühren konnte.

Adelgunde war es manchmal, als stünden sie vor einer wankenden Mauer, als müßte alles um sie her zusammenbrechen, wenn ein Sternchen gelöst würde.

Eines Abends, im Dezember, als sie Gäste hatten, hörte sie ihren Mann gesprächsweise sagen:

»Dem Kommerzienrat Harrach geht es schlecht. Sein Herzleiden hat sich verschlimmert. Er wird das Frühjahr kaum mehr erleben.«

Sie verriet nicht, wie die Nachricht sie erregte. Aber sie lag dann schlaflos in ihrem Zimmer, lauschte auf die Atemzüge ihrer Tochter, die so friedlich in den Kissen ruhte, und seufzte zuweilen schwer auf wie unter einem unerträglichen Druck. Sie ward den Gedanken nicht los, daß sie eine Pflicht zu erfüllen habe, daß sie sich einer grausamen Ungerechtigkeit schuldig machte, wenn sie nicht den Mut zum Handeln fand, und doch schauderte sie davor zurück, nur mit leisem Ruck die Schleier zu lüften, die über ihrem unseligen Geheimnis lagen.

Sie traf ihren Mann allein beim Frühstück. Es schien ihr wie eine Mahnung, daß sie sprechen müsse.

Während sie sich an der Kaffeemaschine zu schaffen machte, mit abgewendetem Gesicht, sagte sie möglichst ruhig:

»Findest du nicht, daß Ewald Gangloff benachrichtigt werden sollte? Weiß er, daß sein Stiefvater so schwer krank ist?«

Wie von einem elektrischen Schlag durchzuckt fuhr Arnold auf; die Zeitung, die er hielt, fiel ihm zu Boden. Nun schaute sie ihn an. Er war fahl geworden.

»Wie kommst du auf diesen Einfall?« fragte er nach ein paar Sekunden. »Es wäre geradezu eine Ungeheuerlichkeit, eine Roheit, wenn man den Kranken mit dem Anblick dieses Menschen aufregen würde! Er hat doch erklärt, daß sein Stiefsohn nicht mehr für ihn existiert.«

»Seitdem sind Jahre vergangen. Vor dem Sterben werden die Menschen meist milder, versöhnlicher! Vielleicht, wenn sie sich noch einmal aussprechen könnten, wäre es doch möglich, daß er ihm verzeiht! Der Erfolg hat Gangloff ja recht gegeben: er ist ein bedeutender Schauspieler geworden. Und wer weiß, ob man ihm nicht doch in manchem unrecht tat.« –

Sie konnte ihre Erregung nicht beherrschen; sie fühlte, daß ihre Seelenangst durch den letzten Satz klang, und die Spannung in ihren Zügen, ihre heißen, bangen Blicken mußten ihrem Manne verraten, welche Zweifel sie beherrschten, – wenn er sich schuldig fühlte.

Sie bereute, daß sie sich soweit hatte hinreißen lassen, als sie sah, wie er die Farbe wechselte; wie haltlos und verlegen er sie anstarrte, wie kläglich er um Fassung rang: das verkörperte, schlechte Gewissen.

Eine feige Angst bemächtigte sich ihrer: Nicht weiter! Nein! Keinen Schritt weiter! Es fiel ja alles in Trümmer, ihre ganze Existenz war ja vernichtet, wenn die furchtbare Wahrheit sich enthüllte! Nur kein Geständnis! Nur kein offenes Hineinblicken in die dunkle Vergangenheit! Lieber so weiterkeuchen unter einer dumpfen Last! Sie wußte ja nicht, was geschehen sollte, wenn es einmal ausgesprochen war, das Ungeheuerliche!

Sie hatte sich abgewendet. Sie wollte seine bestürzte Miene, seine verwirrten, unruhigen Augen, die ihre dunkelsten Zweifel bestätigten, nicht länger sehen. Nach einer kleinen Weile hatte er auch seine Selbstbeherrschung wieder.

»Mir scheint, deine alte, romantische Ader macht sich wieder geltend,« sagte er mit bitterem Spott. »Vielleicht schwärmst du noch für den »berühmten Schauspieler«! Solche Rückfälle in das Backfischalter stehen dir wirklich ausgezeichnet!«

Sie war froh, daß ihre Tochter hereinkam und »Guten Morgen« wünschte, daß sie keine Gelegenheit mehr hatte zu einer Erwiderung.

Meine Kinder! Meine armen Kinder! Es wäre entsetzlich, wenn sie ihren Vater so sehen würden, wie ich ihn jetzt sehe!

Aber im Laufe des Tages regte sich doch wieder ihr Gewissen: Soll der Kommerzienrat Harrach hinübergehen in die Ewigkeit, ohne zu erfahren, daß er seinem Stiefsohn unrecht getan? Darf Ewald Gangloff von ihm fern gehalten werden wie ein verkommener Mensch, über den vor Jahren die Akten geschlossen wurden, der für seine Familie nicht mehr vorhanden ist? Und wenn alle ihn einer Tat ziehen, die ihn aus der Gesellschaft der anständigen Leute ausschaltete, und nur zwei wußten, daß er diese Tat nicht begangen habe, – sie und ihr Mann, – wenn sie schwieg mit dem Schuldigen, der ihn aus Feigheit nicht heranzurufen wagte, wurde sie dann nicht zur Hehlerin, beging sie nicht ein Unrecht, das nie, nie wieder gut zu machen war, sobald der Tod sein grausames »Unwiderruflich«, »Für immer zu spät« darüber geschrieben?

Diese Gedanken quälten sie doch so, daß sie den ganzen Tag überlegte, wie sie Gangloff die Nachricht von der schweren Erkrankung seines Stiefvaters zukommen lassen sollte. Sie hätte ein anonymes Telegramm schicken können. Aber das mißfiel ihr. Er mußte wissen, wer ihn rief. Und wenn sie selbst nach Jahren, nachdem doch eigentlich ein stummer Groll zwischen ihnen lastete, nun plötzlich einen Brief an ihn richten würde, wie seltsam würde ihn das berühren, welchen Anlaß zu Vermutungen, zum Argwohn konnte es ihm später geben, wenn es an den Tag käme, daß sein Name jahrelang mit einem Makel behaftet gewesen, den er nicht verdient hatte. Nein, sie durfte nicht in den Vordergrund treten. Bei all ihrem Abscheu vor diesem Diebstahl an fremdem Gut und fremder Ehre, – zu einem mutigen Lossagen, zu einer Selbstvernichtung war sie nicht stark genug.

Endlich hatte sie einen Ausweg gefunden.

Gerda Harrach, das junge Mädchen, das mit so warmer Begeisterung von Gangloff gesprochen, die Nichte des Kommerzienrates, sie war die geeignete Persönlichkeit, die dem Verwandten des Hauses Nachricht geben konnte, wenn sie es nicht früher schon getan hatte.

Ein Vorwand zu einem Besuch fand sich leicht.

Tante Wilhelmine hatte in ihrem Testamente bestimmt: Ihr Schmuck, ihre Wertsachen sollten an ihre Freunde verteilt werden. Wenn sie auch Gerdas Namen nicht genannt, so war es doch gewiß im Sinne der Verstorbenen, daß auch das junge Mädchen, dem sie so lieb entgegengekommen war, ein Andenken erhielt; nur die hochgradige Schwäche, die sie bald nach dem Besuch Gerdas befiel, hatte sie wohl verhindert, das noch zu erwähnen.

Adelgunde wählte ein zierliches, altes, mit bunten Steinen besetztes Schälchen aus und brachte es dem hübschen Fräulein zur Erinnerung an die Verblichene.

Die fast instinktive Feindseligkeit, die sie einen Moment empfunden, als Gerda mit so leidenschaftlichem Entzücken von dem Künstler Gangloff gesprochen, sie hatte sie vergessen. Das junge Mädchen empfing sie allerdings etwas erstaunt; aber sie dankte ihr so gerührt, gab sich nach den ersten entgegenkommenden Worten so herzlich, schaute ihr mit so warmem, vertrauensvollem Ausdruck ins Gesicht, daß Adelgunde die Frage, die ihr auf dem Herzen lag, nicht schwer fiel: »Weiß Herr Ewald Gangloff, wie krank sein Stiefvater ist?«

In die jungen, weichen Wangen stieg eine rasche Röte. »Ich fürchte, nein,« sagte sie, und dann fügte sie mit einem bewegten Ton und einem fragenden Blick, als freute sie sich, über den Punkt sprechen zu dürfen, hinzu: »Ich weiß nicht, warum man seinen Namen hier nie erwähnt, warum alle so finstere Mienen annehmen, wenn einmal von ihm die Rede ist, – warum er wie ein Ausgestoßener behandelt wird, er, der doch der Stolz der Famile sein müßte!«

Wie ihre Augen bei dem letzten Satze aufleuchteten!

Adelgunde vermied eine Antwort.

»Und Sie selbst? Warum schreiben Sie es ihm nicht, liebes Fräulein? Warum geben Sie ihm nicht die Gelegenheit, sich mit dem sterbenden, alten Manne auszusöhnen?«

»Ich? – Ach Gott!« – Sie schwieg verlegen, sah zu Boden und zögerte mit einer Erwiderung. – »Ich kann das nicht wohl tun, – obwohl, – ich weiß nicht, – ich finde freilich auch, daß es geschehen müßte, – aber –«

»Da Sie die einzige in der Familie sind, die ihn hochachtet, die ihn näher kennt, so meine ich, es wäre eigentlich an Ihnen.« –

Gerda hielt noch immer verwirrt die Augen gesenkt, es ward ihr schwer, vor der Dame, die ihr noch so fremd war, die ihr das erstemal sogar einen recht frostigen, erkältenden Eindruck gemacht, über ihre persönlichen, ihre Herzensangelegenheiten zu sprechen.

Aber sie war eine offene Natur, ohne Mißtrauen, ohne Scheu, die bei der ehrlichen und wahren Art ihres eigenen Wesens auch leicht an die Güte und freundliche Absicht anderer glaubte. Adelgunde schien ihr heute warmherzig und lieb und verständnisvoll, und es war ihr ein Bedürfnis, über den Mann, dessen Bild sie im Herzen trug, dessen Namen sie vor den Ihren nicht nennen durfte, ohne einer fast verächtlichen Abneigung zu begegnen, einmal rückhaltlos sprechen zu dürfen.

»Ach, sehen Sie, gnädige Frau,« sagte sie und nahm in ihrer Verlegenheit Adelgundens Hand mit einer anmutigen, zärtlichen Bewegung in die ihre. »Ich will es Ihnen gestehen: Herr Gangloff war bei unserer letzten Begegnung sehr lieb zu mir. Er sprach so unvergeßliche, so tiefergreifende Worte. Ich durfte wohl glauben, daß er mir gut sei, und ich wollte es auch so gern! Aber, – nicht wahr, Sie begreifen das? Es schien mir doch so unfaßlich, daß er, der Gefeierte, gerade mich erwählen sollte. Ich fürchte mich so namenlos vor einer Enttäuschung. Ein Schauspieler hat so viele Gelegenheit, mit den schönsten, den gefährlichsten Frauen in Berührung zu kommen. So wagte ich eigentlich noch kaum, dem Gedanken Raum zu geben, – mein heimlicher Jubel ward förmlich gedämpft von tausend Zweifeln, und ich sagte ihm, ich könnte erst Vertrauen zu ihm gewinnen, wenn die Gefühle, die er so schön auszudrücken weiß, sich eine Zeitlang bewährt hätten, sobald ich ihm aus den Augen wäre. Mit einem Wort, ich bat ihn, sich selbst zu prüfen, ob er auch der Treue fähig ist, die ich fordern muß, wenn ich ihm mein Herz schenken soll. Erst zu Weihnachten dürfe er mir wieder schreiben. Und er gab sein Wort, daß er vollkommen wahr und ehrlich sein wolle, daß er sich nur dann mir nähern würde, wenn er mit voller Überzeugung sagen könnte, daß mein Bild von keiner andern verdrängt worden. Wenn ich ihm nun einen Brief schicke, – auch mit einer so ernsten Nachricht, – sieht das nicht aus, als wollte ich ihn mahnen, ihn erinnern, ihn fragen, gewissermaßen seinen Entschluß beeinflussen? Es klingt ja vielleicht selbstsüchtig, kleinlich, diese Bedenken zu äußern, da es sich doch um eine so traurige Sache handelt. Aber ich meine, die Liebe zwischen zwei Menschen ist auch ein ernstes Ding, und es soll sich kein falscher Ton, kein Mißverständnis einschleichen. Ich will lieber einen ganzen, klaren Verzicht als ein halbes Vertrauen, ein halbes Glück!«

Adelgunde hatte mit brennenden Schmerzen der bewegten Stimme gelauscht.

O, wie sie das schöne, warme Geschöpf um ihre Jugend, um ihre Hoffnungen, um ihre stolze Liebe beneidete!

Es ward ihr schwer, die feine Hand, die sie noch immer hielt, nicht zornig wegzuschleudern. Aufs neue erwachte der verzweifelte, wilde Jammer in ihr, als müßte sie aufschreien: Mich haben sie betrogen um das Feuer, um die Begeisterung, die in dir glüht! Mich hat er geliebt! Er hätte mein werden sollen, wenn ich nicht so schmählich getäuscht worden wäre! Du sollst mit deinen jungen Lippen nicht die Erinnerung an mich fortküssen!

Aber sie war in den letzten Wochen an Selbstbeherrschung, an Schweigen gewöhnt worden. Sie konnte mit ruhigem Tone erwidern:

»Ich meine, mein Fräulein, daß alle anderen Rücksichten zurücktreten müssen, wenn der Tod sein Machtwort spricht. Vielleicht brächte es auch für Ihre Zukunft eine Klärung, wenn Herr Kommerzienrat Harrach nicht aus dem Leben schiede, ohne seinen Stiefsohn noch einmal gesprochen zu haben.«

Da sie sich zwingen mußte, ihre Erregung zu verbergen, da es ihr so bitter und verdrossen zumute war, klangen ihre Worte kühl und nüchtern, als hielte sie es einfach als anständige Frau für ihre Pflicht, an ein Versäumnis zu erinnern in einer Angelegenheit, die sie selbst ja nichts anging, in die sie sich nicht weiter einmischen konnte. Es war gut so. Gerda sollte nicht ahnen, mit welchen Seelenqualen sie diese Unterredung Gangloffs mit dem sterbenden Mann durchzusetzen versuchte, wie angstvoll ihr Gewissen sie zu dieser Pflicht hindrängte, wie bang und zitternd sie den nächsten Tagen entgegensah.

Das junge Mädchen zögerte eine Weile mit einem ernsten, nachdenklichen Ausdruck auf dem weichen, warmbewegten Gesicht.

»Sie haben recht, gnädige Frau. Ich danke Ihnen. Ich werde schreiben, heute noch!« sagte sie dann. »Morgen kann der Brief in Berlin sein, wo Herr Gangloff eben ein Gastspiel gibt.«

Kaum eine Woche später sah Adelgunde, als sie abends einen Blick auf die Zeitung warf, mit heißem Schrecken die große, fast eine Seite füllende Anzeige: »Heute Morgen verschied nach langem Leiden Herr Kommerzienrat Friedrich Harrach.«

Die Nachricht hätte ihr vor wenigen Monaten noch keinen besonderen Eindruck gemacht, obwohl der Verstorbene, als der Chef ihres Vaters, als der Gönner und Geschäftsverbündete ihres Gatten eine gewisse Rolle in ihrem Leben gespielt hatte. Er war ein bejahrter Mann gewesen, sein Ableben hätte ihr daher als nichts besonders Tragisches erscheinen können. Nun aber fragte sie sich in heimlicher Erregung: »Kam sein Stiefsohn zur rechten Zeit? Wurde er in das Krankenzimmer gelassen? Haben die beiden sich ausgesöhnt vor dem großen Abschied?« – An wen sollte sie sich wenden, um die Wahrheit zu hören? –

Ihr Mann trug eine ernste Miene zur Schau, er spielte den Schwerbetroffenen; er ließ sich sofort einen breiten Flor auf den Hut nähen und band sich eine schwarze Krawatte um. Diese nach außen betonte, feierliche Trauer, die ihr so heuchlerisch erschien, sein Bestreben, sich als Freund des Verstorbenen zu zeigen, der einen großen Verlust erlitten, erweckte ihr einen solchen Ekel, daß sie unter einem gleichgültigen Vorwand vom Tische aufstand und sich in ihr Zimmer flüchtete, mit einem Gefühl, als könne sie es nicht tragen, länger dieses falsche Gesicht zu sehen und ihm nicht endlich mit dürren Worten zu sagen, wie sie ihn durchschaute.

So weit kannte sie sein Wesen, daß sie wohl sah: zu einer Aussprache zwischen Harrach und Gangloff war es nicht gekommen. Arnold war ganz seelenruhig. Es war ihm bei seiner Trauer ganz behaglich zumute. Bei einem Kondolenzbesuch, den sie bei dem Nachfolger ihres Vaters machte, erfuhr sie endlich, was sie so heiß zu wissen begehrte.

Ewald war sofort gekommen, nachdem er die Nachricht von der schweren Erkrankung seines Stiefvaters erhalten. Er hatte sich den Eintritt in das Schlafzimmer, den man ihm verweigern wollte, ertrotzt. Der Kommerzienrat hatte ihn eine Weile überrascht angeblickt, dann, wie sich besinnend, ihm mit müdem Lächeln zugenickt und mit schwacher Stimme geflüstert:

»Wie du deiner Mutter gleichst! Diese Augen, diese Brauen! O, sie war schön! Ich habe sie sehr lieb gehabt! Du sollst bei mir bleiben, Ewald! Ich werde deiner Mutter bald von dir Grüße bringen können! Bald!«

»Er war natürlich nicht mehr bei Besinnung! Er hatte vollständig das Gedächtnis verloren!« wiederholte man mit einem Seufzer, als man die Szene erzählte. Niemand unter den Nahestehenden schien an eine wirkliche Aussöhnung, an ein Verzeihen zu glauben. Ewald Gangloff blieb für sie der Missetäter und der Gebrandmarkte, von dem sich alle abwendeten, wenn man auch nach außen hin die einstigen Vorkommnisse in der Familie vertuscht und verschwiegen hatte.

Der Gedanke, daß Ewald Gangloff in einer Stadt mit ihr war, daß sie ihn begegnen konnte, wenn sie auf die Straße ging, hatte ihr etwas Aufregendes, und zuweilen, wenn eine Ähnlichkeit in der Erscheinung sie von weitem täuschte, gab ihr Herz einen wilden, raschen Schlag.

Auch Arnold war sichtlich nervös von der Beerdigung zurückgekommen, wo er Ewald gesehen haben mußte. Manchmal konnte sie nicht umhin, einen scharfen, durchdringenden Blick auf ihren Mann zu heften, als müßte sie ergründen, was in ihm vorging, wie es ihm zumute war, jetzt, da der Mann in der Nähe weilte, dem er so Schlimmes angetan, jetzt, da ein Wort sein feingesponnenes Lügennetz zerreißen, da jeden Tag eine Entdeckung bringen konnte.

Sie sah nur, daß er sich vor ihr fürchtete, daß er ihren Augen nicht standhalten konnte, daß er sich so eilig wie möglich von ihr fortdrückte.

Es war immer ein Aufatmen für beide.

»Wie soll das weiter gehen? Wie soll das enden?« fragte sie sich manchmal und preßte die Hände an die Schläfe in einer dumpfen Angst, sie würde den Verstand verlieren, wenn nicht eine Klärung käme. Und doch hatte sie nicht den Mut, an die wankende Mauer zwischen ihnen zu rühren.

An einem trübseligen Dezembertag war sie wieder in dem verlassenen Häuschen der Tante beschäftigt gewesen, wohl zum letztenmal. Die Möbel waren nun alle fortgeschafft, zum Teil verschenkt, zum Teil verkauft worden, nur das alte Schreibspind und ein paar besonders liebe Stücke, von denen sie sich nicht zu trennen vermochte, hatte sie bei sich untergebracht. Nun hatte sie, ehe der Abbruch des Hauses begann, noch einmal Abschied nehmen wollen von den stillen Räumen. Ein in die Wand eingelassenes Familienbild war aus der Mauer gelöst und verpackt worden, es sah häßlich und verstört aus auf der alten, lieben Veranda. Sie holte sich einige Efeuranken, um sie einzupflanzen, sie ging noch einmal durch den kahlen, schneebedeckten Garten. Als sie sich eben mit tiefer Wehmut losreißen wollte, hörte sie einen Schritt. Es mußte jemand durch das Gartenpförtchen eingetreten sein. Mit strenger Miene ging sie dem Eingang zu.

Sie stand Ewald Gangloff gegenüber.

Einen Moment sahen sie sich betroffen, etwas verlegen an.

»Verzeihung, gnädige Frau,« sagte er, den Hut abnehmend. »Ich bin hier ein gänzlich unberechtigter Eindringling. Aber ich kam bei einem Spaziergang vorüber, und da zog es mich unwiderstehlich da herein. Es sieht so aus, als müßte das liebe, alte Häuschen auch der sich ausbreitenden Großstadt, dem Neuen, Eleganten zum Opfer fallen. Ich freue mich, daß ich es noch einmal sehe!«

Ohne ihre Aufforderung abzuwarten, schritt er auf den Garten zu und blickte sich mit einem Kopfschütteln um:

»Ach, hier ist alles unverändert! Es berührt einen ganz seltsam, solch altes Winkelchen wiederzusehen! Mein Gott! Der Springbrunnen! Die gemütliche Veranda da oben! Waren wir damals jung!«

Sie faßte es kaum, wie er so ruhig und heiter sprechen konnte. Der wundersame Zufall, der sie gerade hier zusammengeführt, hier an diesem einsamen Fleckchen, an dem sich der Roman ihrer Jugend abgespielt, erschütterte sie dermaßen, daß sie nur stumm der Richtung seiner Augen folgen konnte, mit klopfendem Herzen, mit blassem Gesicht vor sich hinstarrte in den winterlichen Garten, als läge ihr ein Nebel über der Stirne und verschleierte ihre Gedanken.

Jetzt, da er neben ihr stand, fühlte sie erst, wie lebendig ihr in diesen letzten Monaten die Vergangenheit geworden. Dachte er an den Abend unter der herbstlich gelben Linde, als er nun den kahlen Baum betrachtete? An den feierlichen Schwur, den sie gebrochen? An die Leidenschaft, mit der er hier vor ihr auf den Knien gelegen hatte?

Ihr hemmte es den Atem, ihr raubte es alle Fassung, daß sie mit ihm in seiner Nähe hier Abschied nehmen sollte.

Sie fand ihn so wenig verändert. Noch größer schien er ihr, als sie ihn im Gedächtnis gehabt. In dem kalten Winterlicht sah man auf seinem Gesicht wohl die Spuren der Schminke, seine bartlosen Lippen waren stärker, die Züge mehr ausgearbeitet als früher. Aber sein schönes, edles Profil rief ihr doch so mächtig die einstigen Empfindungen zurück, daß ihr ein alltägliches Ende dieses herzbewegenden Wiedersehens unmöglich schien, daß sie meinte, nun müsse eine leidenschaftliche Aussprache kommen, nun würde er Rechenschaft fordern über ihren Treubruch und sie fragen, wie es geschehen konnte, daß sie nicht bester standgehalten.

O Gott! Sie war ja nicht vorbereitet auf diese Begegnung! Sie war zu verwirrt, um ihre Worte abzuwägen! – Wenn sie überhaupt von der Vergangenheit sprach, dann würde sich ihm gegenüber ihr ganzer Groll, ihre ganze Empörung, eine wilde Anklage gegen das Schicksal auf ihre Lippen drängen, und sie durfte doch die Wahrheit nicht verraten, wenn sie das Strafgericht nicht entfesseln wollte, das nicht bloß über das Haupt des Schuldigen, auch über ihr Haupt, über das ihrer Kinder hereinbrechen mußte. –

Aber Gangloff hatte in diesen vierzehn Jahren mehr erlebt als sie. Ihm waren die Erinnerungen, die das alte Gärtchen weckte, längst verblaßt. – Halb lächelnd, halb wehmütig dachte er an jene Verlobung unter dem Lindenbaum zurück wie an eine romantische Kinderei. Und dann – Adelgunde war ja immer noch eine hübsche Frau, gewiß! Aber sie war doch nur wenig jünger als er, und dem Sechsunddreißigjährigen erschien die fast Gleichalterige doch recht reif und mütterlich, so daß ihn bei diesem Wiedersehen kein tiefes Weh über den versagten Jugendtraum erfassen konnte.

Es ward ihm daher nicht schwer, in liebenswürdiger Gelassenheit an die Vergangenheit zu rühren:

»So findet man sich wieder, gnädige Frau, nicht wahr, nach so langer Zeit!« sagte er verbindlich, aber doch mit recht heiterer Seelenruhe. »Ich hoffe, es ist Ihnen recht, recht gut gegangen. Sie haben jedenfalls das Klügere gewählt: das sichere, sorglose Behagen in der Heimat, in unserem lieben München, in dem man sich doch wohl fühlt wie nirgends sonst.«

Sein Ton tat ihr weh. Sie nickte nur, während der bittere Zug um ihren Mund diese bejahende Bewegung Lügen strafte. Fast mechanisch schritt sie vorwärts, dem Ausgang zu, wie fliehend vor den Geistern dieses Heims.

Er öffnete ihr höflich das Gartenpförtchen, ließ sie vorangehen und fragte dann mit freundlichem Interesse, während er neben ihr durch die stille Kaulbachstraße weiterging: »Sie haben Kinder, nicht wahr, gnädige Frau?«

»Eine Tochter und einen Sohn,« erwiderte sie tonlos.

»Die heranwachsende Jugend wird Ihnen viel Freude machen. Es gibt doch nichts Schöneres als ein warmes Familienleben. Das mag wohl der am tiefsten empfinden, der wie ich solange ein Heimatloser gewesen, der nie rechtes Familienglück kennen lernte.« Er sprach in ruhigem, gesellschaftlichem Ton, wie man eben aus Höflichkeitspflicht ein Gespräch weiterführt. Aber der letzte Satz schien doch mehr als eine banale Phrase, schien wirklich seinem momentanen Empfinden entsprungen zu sein. – Sie zwang sich mit aller Gewalt, dem Gedankengang zu entrinnen, der sie im Banne hielt, sich aus den überwältigenden Erinnerungen zur Gegenwart zurückzuringen.

»Kommerzienrat Harrach war schon fast sterbend, als Sie hier eintrafen, nicht wahr?« fragte sie, die Augen zu ihm aufschlagend.

»Ja, so weit entrückt von allem Irdischen, daß er sich auf den einstigen Konflikt zwischen uns nicht mehr besann. Aber es ist mir doch lieb, daß ich ihm noch die Hand gedrückt habe. Dann hätte ich freilich wieder abreisen können. Doch es ist vielleicht gut, daß ich hier durch eine sehr unangenehme Schule gehen muß.«

Da sie ihn fragend anblickte, fuhr er fort:

»Sehen Sie, gnädige Frau, unsereiner wird verwöhnt, verzogen. Ein Schauspieler, der Erfolg hat, erntet ja mehr Schmeichelei, mehr spontane Anerkennung als jeder andere, vielleicht viel würdigere Künstler. Wenn ich mir auch immer wieder sage: Nur nicht eitel werden, mein Lieber! Nur keine lächerliche, alberne Einbildung! Die Begeisterung der Menschen gilt den edlen Rollen, die du spielst, mehr als dir selbst! – Man weiß doch nicht, wie sehr man sich an dieses süße Gift schon gewöhnt hat. So ist es denn eine recht gesunde Arznei, wenn man wieder Bescheidenheit lernen muß, wenn man so klein gemacht, so niedergedrückt wird wie ich hier.«

Sie fühlte, wie sie dunkelrot wurde. Nur um irgend etwas zu sagen, ihre Verlegenheit zu verber-gen, warf sie ein:

»Als Künstler kennt Sie hier niemand; Sie haben Ihrer Vaterstadt bisher geflissentlich den Rücken gekehrt.«

»O, aus der Bühne hätte ich wohl in München mein Publikum wie anderswo. Da wäre mir nicht bange!« unterbrach er sie. »Und wenn mein Selbstgefühl noch lange in dieser Weise niedergetreten wird, dann muß ich wirklich hier auftreten, ein paar meiner Glanzrollen spielen, um mir und anderen zu beweisen, daß ich mich nicht zu verkriechen brauche. Ich tat bisher keine Schritte, weil ich es nicht taktvoll fand, wenn mein Name gerade jetzt in den ersten Trauerwochen nach dem Tode meines Stiefvaters auf dem Zettel steht. Aber man behandelt mich ja wie einen Ausgestoßenen, der keinerlei Rechte hat, sich zur Familie und zur Verwandtschaft zu rechnen. Mein Stiefvater hat unzählige Legate hinterlassen, er hat alle wohltätigen Vereine in seinem Testamente bedacht. Mein Name ist in demselben gar nicht erwähnt. Gott sei Dank! ich brauche kein Geld von ihm. Es wäre mir nicht um ein Kapital zu tun gewesen. Nur dieses Totschweigen hat mich tief getroffen. Die Angestellten im Hause Harrach grüßen mich, als wäre ich ein bankrotter Kerl, der nächstens mit einem Bettelbrief ins Büreau treten würde. Die Verwandten, die alten Freunde, auch Ihr Gatte, gnädige Frau, haben mich bei der Beerdigung kaum erkannt. Keiner gab mir die Hand. Und ich will und werde doch ausharren bis Weihnachten. Dieses Fest, das mir jahrzehntelang so gleichgültig war, ich sehne es herbei wie die Kinder. Ich muß es in München feiern!«

Sie hatte unwillkürlich ihre Schritte beschleunigt. Das innere Unbehagen, die Angst vor einer direkten Frage trieb sie hastig vorwärts.

Er hatte sichtlich noch keine Ahnung, aus welchem Grund man ihm mit solcher Mißachtung aus dem Wege ging. Aber die Enthüllung konnte ja nicht ausbleiben. Sie fühlte, daß es nur ein feiges Hinauszögern der Katastrophe war, wenn sie sich einer Antwort entzog, aber es fehlte ihr aller Mut, alle Kraft, ihm jetzt Rede zu stehen. Ach, sie wußte ja, warum er diesem Weihnachtsfest mit solcher Sehnsucht entgegensah, warum er unter den peinlichen Umständen in München ausharrte. Er hatte die Probezeit bestanden, die Gerda ihm gestellt. Er war ihr treu geblieben, er hielt an seiner Liebe fest. Ihr lag das Herz krank und wund in der Brust. In die tolle Eifersucht, die sich in ihr aufbäumte, mischte sich der Schreckensgedanke:

»Zu Weihnachten fällt die Entscheidung. Zu Weihnachten kommt alles an den Tag!«

Sie gab ihm rasch die Hand, als sie nun die Ludwigsstraße erreicht hatten und sie den Wagen der Elektrischen kommen sah. Ein erstaunter Blick streifte ihr erregtes Gesicht. Vielleicht fiel ihm jetzt erst auf, wie stumm sie geblieben, wie verlegen sie seine Klagen mit angehört hatte.

»Ich habe mich sehr gefreut, gnädige Frau! Auf Wiedersehen!« sagte er mit einer höflichen Verbeugung.

Es war ihr fast unmöglich, das nötige Interesse für die Festvorbereitungen aufzubringen; sie beneidete die Damen, denen die Einkäufe, die Weihnachtsbäckereien so unendlich wichtig schienen. Nur um der Kinder willen suchte sie sich wenigstens am Weihnachtsabend aus ihrer Verstimmung herauszureißen. Sie war froh, daß ein paar Gäste kamen, daß sie nicht ganz unter sich »die glückliche Familie« spielen mußten, während sie und Arnold nun seit Wochen schon kein Wort mehr miteinander tauschten, das nicht unvermeidlich war. »Meine Frau hat auf alle Geschenke verzichtet,« sagte er, um die Leere auf ihrem Tisch zu entschuldigen, mit dem grinsenden Lächeln, das ihm eigen war, bei dem er die Oberlippe stark emporzog und ein paar scharfe Falten sich in seine Wangen gruben, – mit diesem Lächeln, das ihr nun so häßlich, so falsch erschien wie der ganze Mensch.

Am ersten Werktage nach Weihnachten, als die Kinder, die noch Ferien hatten, zum Schlittschuhlaufen fortgegangen waren und Arnold zur großen Erleichterung seiner Frau, der diese Feiertage eine unerträgliche Last gewesen, wieder sein Komtor aufsuchte, brachte das Zimmermädchen eine Karte herein: »Ewald Gangloff«.

»Der Herr läßt die gnädige Frau um eine kurze Unterredung bitten!«

Sie deutete nur mit einer Bewegung an, daß er hereingeführt werden sollte. Ihre Hand krampfte sich an die Stuhllehne. Sie mußte um Atem ringen, so klopfte ihr das Herz. Aber bis er draußen den Überzieher abgelegt, durch das Vorzimmer gegangen war, hatte sie ihre Ruhe wieder gewonnen und konnte ihn in leidlicher Fassung begrüßen und ihm einen Stuhl anbieten.

Er sah auffallend schlecht aus; wie ein Mensch, der lange keinen Schlaf gefunden hat, mit schweren Lidern und tiefen Ringen um die Augen.

»Sie müssen mir verzeihen, gnädige Frau, daß ich in meiner Ratlosigkeit zu Ihnen komme,« sagte er, und auch seine Stimme klang nicht so voll und klar wie sonst, als wäre sie von einem ernsten Kummer umschleiert.

»Ich habe hier so wenige Freunde, kaum nähere Bekannte. Die jungen Leute, mit denen ich als junger Mensch zusammenkam, sind zum Teil fortgezogen, zum Teil in eine ganz andere Sphäre geraten. Sie aber kannten mich damals, zu der Zeit, da ich die schweren Kämpfe mit meinem Stiefvater durchzumachen hatte. Sie waren hier. Sie lebten in dem Kreise, dem ich angehört habe, und ich darf Sie wohl nach all den Jahren daran erinnern, – Sie waren meine Vertraute gewesen. Sie selbst haben mit begeisterten Worten meine Freiheitssehnsucht, mein Verlangen nach der Bühne angefeuert. Sie haben sich dann freilich rasch von mir losgesagt. Es war meine erste, bitterste Erfahrung, es war das größte Opfer, das ich der Kunst bringen mußte. Aber nach der ersten, wilden Enttäuschung fand ich für Ihr Verstummen tausend Erklärungen. Sie waren so jung, so abhängig. Ihr Vater war unerbittlich in seiner Strenge. Man hatte Ihnen einfach verboten, meine Briefe zu lesen, man hatte Sie mit allen Mitteln, die Eltern zu Gebote stehen, zum Verzicht gezwungen. Mein Gott! so viel vernünftiges Einsehen hatte ich ja auch, daß ich, der durchgebrannte, junge Mensch, der angehende Schauspieler, gerade kein wünschenswerter Freier für ein wohlbehütetes, junges Mädchen aus gutem Hause war. Aber nun scheint mir plötzlich ein innerer Zusammenhang zu bestehen zwischen Ihrem raschen Abfall und der beleidigenden Mißachtung, der ich hier begegne. Du lieber Himmel! Nun bin ich doch was geworden! Nun habe ich mich aus eigener Kraft zu einem gewissen Ansehen durchgerungen! Die Zeiten sind doch vorbei, in denen man einen Schauspieler wie einen Seiltänzer oder einen Taschenkünstler aus der Gesellschaft ausschloß. Daß mein Stiefvater mir meine Flucht niemals verziehen hat, – nun ja, das kann ich zur Not begreifen. Er war ein alter Mann, und er hatte nun einmal den verbohrten Haß gegen das Theater. Aber wenn sein Neffe, der um so vieles jüngere Franz Harrach mir auf die Bitte um die Hand seiner Tochter erwidert: Er begreife nicht, wie ich, mit meiner Vergangenheit, es wagen könnte, vor ihn hinzutreten! Wie ich überhaupt den Mut haben könnte, mich in München blicken zu lassen, – dann wäre meines Erachtens ein Auflachen die einzige Antwort, die ich zu geben hätte.

Ich habe nicht gelacht. Ich war zu betäubt, zu empört von diesem Unerwarteten, um nur überhaupt etwas zu erwidern. Erst nach Tagen habe ich wieder nachzudenken vermocht. Und heute nacht, da wurde es mir mit einem Male klar: der Mann ist doch kein Narr! Er, der aus meiner Abneigung gegen das Geschäft, durch meine Flucht nur Gewinn zog, – denn dadurch wurde er ja der Nachfolger meines Stiefvaters, – er kann es nicht als eine unverzeihliche Schmach ansehen, daß ich den Beruf ergriff, zu dem ich Talent hatte. Es muß ihm anderes, Schlimmeres, irgend eine dunkle Verleumdung zu Ohren gekommen sein. Plötzlich schoß es mir wie ein Blitz durch den Kopf: auch Adelgunde hat sich ja damals ohne Lebewohl, ohne ein einziges, letztes, liebes Wort von dir abgewendet! Und nun erinnerte ich mich auch, wie verlegen Sie wurden, als ich bei unserer letzten Begegnung über das ablehnende Verhalten meiner Verwandten klagte. Seien Sie barmherzig, gnädige Frau! Sagen Sie mir rasch, rückhaltlos: Was soll ich so Entsetzliches getan haben, daß ich mich hier nicht blicken lassen dürfte?«

Er hatte lange genug gesprochen, daß sie ihre Antwort überlegen, sich auf einen Ausweg besinnen konnte. Aber seine Augen hingen mit solcher Spannung an ihren Lippen, seine Stimme hatte eine so zwingende Gewalt über sie, – sie war keiner Lüge fähig, es versagte ihr jeder Einfall. Und wenn alles um sie her zusammenbrach, sie mußte die Wahrheit gestehen.

»An dem Tage, an dem Sie das Haus Ihres Stiefvaters verließen, fehlten 20000 Mark in der Kasse des Geschäfts, und man glaubte, – man nahm ohne weiteres an, –« sagte sie leise stammelnd. Dann verstummte sie vor dem dumpfen, wilden Aufschrei, mit dem er emporsprang, verstummte in Angst und Schrecken vor seinem leidenschaftlichen, empörten Gesicht.

»Das! – das hat man von mir gedacht – all die Jahre! Ein Dieb, ein gemeiner Dieb! – Und Sie, – Sie, die mich geliebt hatten, Sie glaubten es auch –, und darum –« stieß er schwer atmend hervor.

Sie nickte todtraurig.

»Und jetzt, – heute? Halten Sie jetzt etwa den Diebstahl für verjährt, weil Sie mich überhaupt in Ihrem Zimmer empfangen, – mich nicht von Ihrem Stubenmädchen abweisen ließen, wie man's mit einem Menschen macht, der einmal gestohlen hat. – Oder sind Sie nun doch anderer Meinung geworden?« –

Eine wilde, zornige Bitterkeit grollte durch seine Stimme, die sie zittern machte, während sein heißbewegtes Gesicht, das im Affekt so jung, so schön erschien, ihr wieder die alte Bewunderung erweckte.

»Jetzt glaube ich, daß man Ihnen unrecht tat!« sagte sie leise.

»Seit wann, Adelgunde? Warum?«

Er hatte ihre Hände gefaßt; seine Augen glühten dicht vor den ihren. In einem dumpfen, wirren Angstgefühl klammerte sie sich an den Gedanken: Du darfst Arnold nicht verraten. Er würde ihn töten! Du kannst den Vater deiner Kinder nicht ans Messer liefern!

»Seit ich Sie wieder gesehen habe,« sagte sie, die Blicke senkend, als fürchte sie, daß er ihr die Wahrheit ablesen könnte.

»Also nur eine Gefühlssache! Wenn ich fort bin, werden Sie vielleicht wieder schlechter von mir denken! Mein Gott! mein Gott!« – Er griff sich an die Stirne. »Auch Gerda wird diese furchtbare Anschuldigung hören! Ihr Vater hat ihr gewiß schon gesagt, welchem Unwürdigen sie ihr Herz schenkte! Auch sie wird an mir irre werden, wie meine Jugendgeliebte an mir irre geworden!

Während ich als armer Teufel in Entbehrungen und Sorgen mich durchquälte, nichts besaß als den Notpfennig, den die gute Tante Wilhelmine mir mitgegeben hatte, hielt man mich für einen gewissenlosen Schurken, der seinen Stiefvater bestohlen hatte! – Und niemand, niemand fragte mich mit leisem Zweifel: Hast du es auch wirklich getan? Niemand schrieb mir: Komm, um dich reinzuwaschen! Damals wäre es mir wohl leichter geworden als heute!«

Er war mit aufgeregten Schritten im Zimmer auf- und abgegangen; dann plötzlich vor Adelgunde stehen bleibend, rief er: »O, nun verstehe ich den rätselhaften Brief, den Tante Wilhelmine mir schrieb, als ich ihr das geliehene Geld mit meinem Danke zurückschickte! O, wenn sie doch klarer, offener gewesen wäre!«

Er rang verzweifelt die Hände.

Adelgunde aber drückte die Zähne auf die Lippen, sie biß sich die Lippen wund, um sich mit keinem Wort zu verraten.

»Verzeihung, gnädige Frau,« sagte er dann, sich mit aller Gewalt zur Ruhe zwingend. »Ich war schon all die Tage in einer recht schlechten Gemütsstimmung. Ich glaube, ich habe seit dem verhängnisvollen Weihnachtsmorgen überhaupt kaum geschlafen. Nun hat mich die Erklärung, die Sie mir gaben, vollständig aus dem Geleise gebracht. Ich danke Ihnen trotz allem viel tausendmal, daß Sie mir die Wahrheit sagten. Es war wie ein Feuerbrand, der vor mir aufflammte; aber besser doch als das Dunkel, in dem ich bisher herumtastete. Nun heißt es eben kämpfen, um die Verleumdung niederzutreten, den Schimpf abzuschütteln. Und wenn auch alles gegen mich verschworen wäre, ich will und werde mich reinwaschen! Es ist ja einfach eine Frage um Tod und Leben für mich! Sie glauben es mir wohl, Adelgunde, daß ich nicht weiter leben möchte als Ehrloser, vor dem das Mädchen, das er liebt, sich verächtlich abwenden müßte. Das wäre auch »über die Kraft!«

Er drückte ihr noch einmal die Hand; sie fühlte, wie alle Pulse an ihm flogen. Dann war sie allein.

»Nur jetzt niemand sehen. Nur jetzt mit niemand sprechen müssen!«

Sie riegelte sich in ihr Zimmer ein. Sie ließ durch das Dienstmädchen ihrer Familie sagen, sie habe starken Kopfschmerz, sie könne nichts essen und verlange nur Ruhe.

Sie mußte sich erst langsam erholen von der Erschütterung, sich mühevoll durchringen zu klarer Besinnung.

Draußen fiel der Schnee in großen Flocken. An das Fenster gelehnt, schaute sie hinaus in das weiße Gewirr und drückte die brennende Stirn an die kalten Scheiben

»Wie er sie liebt! Wie er sie liebt!« murmelte sie mit zuckenden Lippen.

Dann blitzten ihre Augen triumphierend auf.

»Sie ist für ihn verloren, wenn ich schweige! Niemand wird erraten, wer der Schuldige ist, wenn ich nicht spreche. Wenn er mit tausend Eiden beschwört, daß man ihm unrecht getan, wer glaubt es ihm ohne Beweise? – Gerda, ja, sie vielleicht. Ihr Vater niemals! Es spricht zu viel gegen ihn, und der Verdacht hat sich in langen Jahren festgewurzelt, ist unausrottbar eingewachsen. Harrach wird ihm niemals sein Kind zur Frau geben, wenn ich schweige. – Und ich werde schweigen!«

Mit starren Augen, die Hände fest ineinander gedrückt, wie sich härtend und stählend zu einem finsteren Entschluß, blickte sie in das Schneetreiben. Eine lange Weile. – Und dann mit einem Mal erfaßte sie eine tiefe Beschämung.

Also nicht aus Schonung für ihren Mann, nicht aus Besorgnis für ihre Kinder ward sie zur Hehlerin, zur Mitschuldigen, – nein, aus Eisersucht, aus Neid auf sein Glück, das sie ihm nicht gönnen wollte!

Sie hörte wieder seine Stimme, die ihr so mächtig ans Herz griff, sie sah wieder den verzweifelten Ernst auf seinen Zügen: »Es handelt sich um Tod und Leben für mich! Sie glauben doch nicht, daß ich weiter leben könnte.« –

Und sie, – sie sollte ihn in den Tod jagen, – sie sollte stumm das Entsetzliche geschehen lassen!

Wie eine Gefolterte, hin- und hergerissen von Zweifeln und wirren Gedanken drückte sie stöhnend die Hände an die heiße Stirne.

Wer half ihr aus diesem furchtbaren Zwiespalt? Was mußte sie tun? O, wenn sie sich doch freimachen könnte von all dem Unklaren, Stumpfen, Engen, Kleinen, in das sie sich seit ihrer Ehe eingesponnen hatte, wenn sie nur einmal wieder mit so frischen, reinen, stolzen Augen in die Welt hineinschauen könnte wie in ihrer lichten, hochgestimmten Jugend! Damals war ein großer Zug in ihr gewesen! Etwas Leuchtendes, Kraftvolles, Freies! Ein kühner Trotz, ein wilder Wagemut! Sie sehnte sich namenlos danach, sich wieder emporzuschwingen zu jenem freudigen Selbstbewußtsein, zu dem energischen Wollen ihrer zwanzig Jahre!

Wie aus der Tiefe ihres Wesens, wie aus einem lange nicht mehr belauschten Untergrunde ihres Herzens klang es ihr zu:

Als du jung warst, hättest du nicht weiterleben können mit einer Lüge in deiner Nähe! Du warst so stark im Hassen, im Verachten des Unrechts, daß dir ein Pakt mit der Gemeinheit unmöglich gewesen wäre! Und du hattest noch eine stolze, große Liebe und hättest dich selber opfern können für den Geliebten, für sein Glück. Es war nichts Kleines in dir, keine Falschheit und kein Neid, und dieses armselige, weltkluge Vertuschen, dieses feige Zögern, du hättest es nicht zu ertragen vermocht! –

Sie richtete sich empor. Ein Ausleuchten ging durch ihre vergrämten Züge. Sie sah wieder ein Ziel vor sich; sie sah einen Lichtstrahl in dem traurigen Dunkel:

Sich selbst mußte sie retten, ihr besseres Ich wiederfinden!

Es blieb still um sie her, wie um eine Kranke, – die Kinder riefen schüchtern: »Adieu, Mama!« zur Türe herein und schlichen mit gedämpften Schritten an ihrer Türe vorüber. Vor dem Fenster fiel der Schnee wie ein dichter Flockenstrom nieder, und dann wurde es plötzlich klar und hell, und die Sterne an dem frühen Abendhimmel glitzerten über einer ernsten, weißen Winterpracht.

Stundenlang schaute sie hinaus in die kalte, schöne Landschaft und kämpfte um Entsagung und suchte sich zu härten und zu stählen für den Weg, den sie gehen mußte. Als sie in dem Zimmer ihres Gatten seine Schritte hörte, trat sie mit ernstem Gesicht bei ihm ein. Er blickte sie erstaunt an.

»Ich kann nicht länger schweigen, Arnold. Ich muß mit dir sprechen,« sagte sie. »Die Abrechnung über die Vergangenheit ist unaufschiebbar. Ewald Gangloff weiß, daß er verleumdet wurde, daß man ihn bezichtigt hatte, zwanzigtausend Mark aus der Geschäftskasse gestohlen zu haben. Ich habe es ihm gestanden. Aber er muß auch erfahren, wer ihm seine Ehre geraubt hat! Von mir, von der Einzigen, die jetzt die Tat durchschaut hat, die den Schuldigen kennt und für ihn zeugen kann. – Wenn du nicht selbst es vorziehst, ein offenes Bekenntnis abzulegen!«

»Ich glaube, du bist toll geworden!« stieß er zwischen den Zähnen hervor; aber sie sah, wie fahl er wurde, wie seine Augen unruhig flakkerten.

»Es ist nutzlos, mir auszuweichen, mich mit höhnischen Worten abschütteln zu wollen!« erwiderte sie mit großer Bestimmtheit. »Ich habe Beweise, Beweise, die jeder Untersuchungsrichter gelten lassen würde. Das alte Haus der Tante hat dein Geheimnis ausgeplaudert. Ich spreche nicht bloß von dem Tagebuche der Verstorbenen, das meinen ersten Verdacht weckte. – Es ist eine alte Erfahrung, – ich las das einmal in dem Aufsatze eines Kriminalbeamten, – daß der klügste und raffinierteste Spitzbube sich oft mit irgend einer Unüberlegtheit, mit einem ganz unbegreiflichen Leichtsinn verrät, so schlau er sich auch seine Tat ausgesonnen hatte. Es war sehr unvorsichtig, daß du den Brief Ewalds an seinen Stiefvater, den du jedenfalls unterschlagen hast, nicht vollständig verbranntest. Er lag noch zum Teil in dem Ofen deines alten Zimmers, das nach dir niemand bewohnt hat. Ich habe da auch ein bedeutungsvolles Stück Papier gefunden: ein Streifband um zehn Tausend-Markscheine.«

Er war auf seinen Stuhl niedergesunken. Er suchte sich allerdings durch eine Zigarette, die er sich angezündet, einen gewissen Schein von Gleichmut zu geben, – aber er sah erbarmungswürdig aus. Der Angstschweiß stand ihm auf der Stirne. Die Anklage traf ihn so wuchtig, daß er keinen Versuch mehr machte, sich zu verteidigen, zu leugnen. Der Brief Ewalds! – Er zermarterte sich das Gehirn, wie es möglich gewesen sei, daß er ihn nicht ganz zerstört habe. Er erinnerte sich wohl, daß er den Brief, den er aus den Postsachen heimlich an sich genommen, ein paar Tage in der Tasche herumgetragen, dann geöffnet und in den Ofen geworfen, mit der Absicht, ihn zu vernichten. Aber da er sich nicht mehr zu besinnen vermochte, ob er auch abgewartet habe, bis das Papier aufgeflammt war, konnte er nicht wissen, wieviel noch von diesem Schreiben erhalten geblieben. Wenn der Brief wirklich noch existierte, wenn seine Frau ihn noch besaß, dann hatte sie freilich eine Handhabe gegen ihn. – Ein Beweis seiner Schuld war das allerdings noch nicht. Aber er mußte doch einlenken, alles tun, um sie zum Schweigen zu bringen. Noch war es ja nicht zu spät. Allem Anschein nach hatte sie ihn noch nicht verraten.

Er sprang auf, goß sich ein Glas Wasser ein, denn die Zunge klebte ihm am Gaumen, dann blickte er Adelgunde mit vorwurfsvollem, traurigem Ausdruck an, nickte wie in tiefer Niedergeschlagenheit vor sich hin, als vermöchte er kaum zu sprechen vor Schmerz.

»Das also ist meine Frau!« seufzte er dann endlich auf. »Das ist die Frau, die ich seit meiner ersten Jugendzeit geliebt habe, der ich meinen Namen gab! – Die Mutter meiner Kinder! Sie stöbert in der Asche herum, um Schuldbeweise gegen mich zu finden. Sie steht nach einer zwölfjährigen Ehe wie eine Fremde vor mir und frohlockt, daß sie mich in die Enge treiben, daß sie mir ins Gesicht schreien kann, ich sei ein Spitzbube gewesen. Die eigene Frau will zur Angeberin, zur Verräterin für mich werden!

Nun gut! Wenn die Dinge so liegen, dann tu' nur, wozu dein Herz dich treibt! Dann ist ja ohnehin mein ganzes Leben verlorene Liebesmüh' gewesen. Umsonst habe ich gearbeitet, umsonst mich abgerakkert, um dir ein behagliches Leben zu schaffen. Umsonst diese eine dunkle Tat getan, die du jetzt ans Licht zerren willst!

Ja, nur deinetwillen bin ich zum Dieb geworden! Nur aus Zorn und Wut auf die Blicke, die du für Ewald hattest, für den Schönen, Talentvollen, für den »Götterliebling«, wie deine Tante Wilhelmine ihn einmal genannt hat. Weil ich dich nicht lassen wollte! Weil du mich mit deiner Bewunderung für ihn zum Wahnsinn getrieben hast! Ja, ja, du hast mich zum Spitzbuben gemacht! Du trägst die Mitschuld! Ich kann dir das nicht verhehlen, wenn du heute Abrechnung mit der Vergangenheit halten willst!«

Sie hatte erst, wie beschämt von seinen Vorwürfen, das Haupt gesenkt, dann aber, als er sich in die Gloriole einer schwärmerischen Liebe hüllen wollte, flammten ihre Augen wieder zornig auf:

»Nein, nein! Ich lasse mich nicht von diesen falschen Phrasen umstricken. Ich kenne dich jetzt besser. Daß du mich Ewald nicht gegönnt hast, daß du neidisch auf ihn warst, das glaube ich dir! Aber du hast bei deiner »Liebe« sehr wohl gewußt, daß ich ein wohlhabendes Mädchen war, und meine Mitgift hat gewiß keine gleichgültige Rolle gespielt! Es ist auch nicht wahr, daß du aus besinnungsloser Leidenschaft gehandelt hast. Aus Eifersucht ist man nicht so schlau und hinterlistig wie du! Du warst kein blind Verliebter, der in der Verzweiflung nach jedem Mittel greift! Du hast das Geld gewollt, du hast es gebraucht! Es kam dir nur sehr gelegen, daß du nebenher deinen Freund niederdrücken und in ein falsches Licht setzen konntest! Sonst hättest du das unrechte Gut nicht berührt. Du hättest es unangetastet zurückgegeben, als ich deine Frau war und mit stolzem Freimut eingestanden: »Ich wollte nur den andern aus dem Sattel heben. – Es war eine Kriegslist.« –

Er lachte höhnisch auf.

»Natürlich! Du hast ja keinen Begriff, du hast ja keine Ahnung, wie man sich nach Geld sehnen, wie man eine solche Bettelsumme als den einzigen Weg zur Freiheit, zum Glück ansehen kann! Ich habe eben nicht zeitlebens ein Angestellter bleiben wollen! Dein Vater hätte mir deine Hand nicht gegeben, wenn ich ihm nicht als Geschäftsherr gegenüber getreten wäre! – Was weiß denn solch ein in Wohlstand, in Gedankenlosigkeit und ästhetischer Duselei aufgewachsenes Mädel von den Qualen eines armen Kerls, der rings um sich her das Geld rollen sieht und selber mit leeren Händen an verschlossenen Türen steht. Wie einen der Ehrgeiz, das Verlangen nach Erwerb, nach Macht zermartert, bis man schließlich nach allen Mitteln greift, um nur überhaupt flott zu werden, um nur überhaupt mitzuzählen! Wenn du nur einmal, nur einen Tag lang das Gefühl materieller Abhängigkeit, der Armut empfunden hättest, du würdest verstehen und vergeben, was ich getan habe!«

Sie schüttelte traurig den Kopf.

»Ich könnte dir nie vergeben, was du mir angetan, wie du mir meine Jugend zerbrochen hast durch deine hinterlistige Täuschung!«

»Weil du nie aufgehört hast, dich nach jenem andern zu sehnen!« zischte er ihr heiser in das Gesicht. »Glaubst du, ich sähe es nicht, wie du nach ihm fieberst, seit er wieder in deiner Nähe ist! Ich soll fort jetzt – nicht wahr? Ich soll aus dem Weg! Daher dein plötzliches Zurückgreifen in die Vergangenheit, darum dein Suchen nach Beweisen gegen mich! Nun ja, – ich weiche vom Platz, ich gehe! Die Bahn ist frei für dich, du kannst dir als Preis für deinen Verrat den Heißersehnten gewinnen! Du kannst seine Frau werden, wenn du von mir los bist! Nur eines glaube nicht, daß ich ihm meine Kinder überlasse. Folge nur deiner neuerwachten Leidenschaft! Aber ich bestehe auf meinem Vaterrecht: die Kinder bleiben an meiner Seite!«

Er wußte, daß er sie schrecken konnte mit dieser Drohung; daß sie sich niemals von den Kindern trennen würde, und er zweifelte nicht an seinem Sieg über sie.

Sie hatte sich von ihm abgewendet. An das Fenster gelehnt, wie sich bergend in der Dämmerung, sagte sie tonlos:

»Du irrst dich. Ewald Gangloff begehrt nicht mehr nach mir. Er liebt eine andere. Er liebt Gerda Harrach. Ihr Vater hat ihn mit beleidigender Schroffheit abgewiesen, seiner Vergangenheit wegen. Du siehst, daß deine Tat nicht verjährt ist, daß sie weiter wirkt und ihre Konsequenzen nach sich zieht. Es sollen nicht noch einmal zwei Menschen auf ihr Glück verzichten.«

Er starrte sie sprachlos, verblüfft an. Aus dem Klang ihrer Stimme hörte er ja, wie schwer es ihr wurde, von Gangloffs Liebe zu einer anderen zu sprechen. Seiner Charakteranlage nach verstand er den entsagungsvollen Heldenmut nicht, mit dem sie sich dennoch für sein Glück opfern wollte.

Dann aber, als er sich erst über die neue Wendung der Dinge klar geworden, murmelte er einen grimmigen Fluch zwischen den Zähnen. Diese Verwicklung der Angelegenheit, – die Familie Harrach, die da mit im Spiel war, – das fehlte gerade noch! Er fühlte ja auch, daß es sich wirklich um eine bestimmte Entscheidung handelte, daß wirklich eine Gefahr der Entdeckung drohte. In seiner Verwirrung, in seiner Ratlosigkeit ward er immer bitterer, beleidigender, haßerfüllter.

»Dein Mitleid für Gangloff ist höchst überflüssig. Was hat es ihm denn geschadet, daß hier ein paar Menschen über ihn die Achseln zukken? Er ist ja doch der große Mann, der Gefeierte, der Berühmte! Hältst du es vielleicht für ein besonderes Unglück für ihn, daß er dich verloren hat? Eine schöne Jugendeselei wäre das für ihn gewesen! Und du darfst sicher sein, er wird sich mit der hübschen Gerda trösten, – oder, wenn sie es nicht ist, mit einer anderen! – Er hat sich jedenfalls schon mit manch einem schönen Kind getröstet über seinen großartigen Verlust vor vierzehn Jahren!«

Trotz seiner peinlichen Lage war es ihm ein Genuß, sie zu quälen, zu beobachten, wie seine Worte sie trafen.

»Seine Ehre ist ihm nicht so gleichgültig, wie du meinst!« sagte sie, den Kopf emporhebend, mit einem warnenden Blick. »Ich fürchte eines: Wenn er erfährt, daß du, sein Freund, sein Vertrauen mißbraucht hast, daß du es warst, der sich seine Flucht zunutze machte, seinen

Namen als Deckmantel nahmst, – dann wird er in seinem gerechten Zorn hingehen und dich über den Haufen schießen, wo er dich trifft. Er schien mir ganz in der Verfassung, um eine tolle Tat zu begehen. Er soll sich nicht seine Zukunft verderben; dein hinterlistiger Streich soll nicht mit einer Tragödie enden!«

Er war zusammengezuckt, er war noch bleicher geworden. Obwohl es ihm gar nicht nach Lachen zumute schien, lachte er doch höhnisch:

»Du bist köstlich in deiner Aufrichtigkeit! Für mich wäre es dir nicht leid, nicht wahr? Für mich wäre es weiter nicht schade! Du gibst das mit einer Unverfrorenheit zu!« –

»Ich will deinen Tod nicht,« sagte sie mit trauriger Ruhe. »Unsere Kinder sollen nicht so Düsteres erleben. Ich will ja gerade, daß jede tolle Auseinandersetzung, jeder wilde Racheakt vermieden werde. Aber ich sehe nur einen Ausweg: Du mußt selbst zu Harrach hingehen, ihm die Summe zur Verfügung stellen und ein offenes Bekenntnis ablegen. Du mußt ihn selbst bitten, Gangloffs Liebe zu seiner Tochter keinen Widerstand entgegenzusetzen.«

»Eine sehr rührende Szene, eine höchst reizvolle Unterredung, die du mir zumutest! Und wenn ich die mir zugedachte Vermittlerrolle nicht spielen will?« –

»Dann spreche ich selbst mit Harrach. Dann wird er durch mich erfahren, daß er Gangloff unrecht getan. Ich habe es mir geschworen, die Wahrheit an den Tag zu bringen, und es wird geschehen!« rief sie mit leidenschaftlichem Eifer.

Er knirschte vor Wut, – aber er fühlte, daß er machtlos war diesem klaren, bestimmten Willen gegenüber. Sie war die Stärkere, weil es für sie kein Wanken mehr gab, weil sie sicher den Weg vor sich sah, den sie gehen mußte.

»Und wie denkst du dir dann unsere Zukunft?« fragte er bebend. »Die Geschichte wird sich natürlich herumreden. Gangloff erzählt sie selbstverständlich seinen Freunden und Bekannten. Man hat ja genug Neider, die sich ein Vergnügen daraus machen, sie auszuschmücken, zu übertreiben. Man wird sich von uns zurückziehen, man wird über uns die Achseln zucken. Die Angestellten im Geschäft, bis zum untersten Bediensten herab, werden mir mit einem frechen Grinsen ins Gesicht lachen. Die eigene Frau hat ihn verraten! Die eigene Frau hat's herausgebracht! Das ist doch ein Skandal, an dem sich jeder weiden muß! Mein Gott – das Geld! – Diese elenden zwanzigtausend Mark, die werfe ich ihm ja gern vor die Füße. Sie sind jetzt keine Lebensfrage mehr für mich, Gott sei Dank! Es handelt sich um mehr; um meine Stellung, mein Ansehen, um meine gesellschaftliche Geltung! Besinne dich, Adelgunde, was du aufs Spiel setzen willst, auch für dich, – um eines Fremden willen!«

»Ich habe mich besonnen. Ich werde alle Schmach mit dir tragen. Wir müssen ja nebeneinander ausharren, nur der Kinder wegen.«

»Und du meinst, daß ich es dir jemals verzeihen könnte, wie du dich gegen mich gewendet hast! Wie du mir das Messer auf die Brust gesetzt?«

»Auch ich habe dir viel, viel zu verzeihen, – mehr, als du ahnst! Aber wir müssen die Vergangenheit auslöschen, ehe wir das Leben weitertragen können. Ich verspreche dir, daß ich dich nie mehr an das Geschehene erinnern will, – mit keinem Wort, daß ich versuchen werde, das Beste aus der Zukunft zu machen, die noch vor uns liegt, wenn ich nur erst wieder frei die Stirne erheben kann.«

Er hatte sich wieder eine Zigarette hervorgeholt, nachdem er die erste ein paarmal in Brand gesteckt, zerbissen und dann zornig weggeworfen hatte. In grübelndem Nachdenken blies er die Rauchwolken vor sich hin.

»Es ist Mitternacht jetzt. – Bis morgen wirst du mir wohl die Entscheidung gnädigst überlassen, nicht wahr?« stieß er dann spöttisch hervor. »Die Nacht wird nach deinen liebenswürdigen Eröffnungen nicht sehr gemütlich werden, – aber ich habe Lust, mich ruhig hinzulegen. – Auf morgen also, nicht wahr?«

Er saß am Morgen mit verschlossenem Gesicht beim Frühstück, erwiderte kaum ihren Gruß.

Des Abends rief er sie in sein Zimmer. Er hatte Hut und Stock in der Hand, er war schon offenbar auf dem Sprung, um wieder wegzugehen. Er sprach auch mit einer gewissen nachlässigen Hast, als handle es sich um Gleichgültiges, nur vermochte er die heftige Aufgeregtheit, die ihn beherrschte, doch nicht ganz zu verbergen.

»Also, ich bin mir über eines klar geworden: Wie ein armer Sünder vor Harrach hintreten und vor ihm Reue und Leid machen, – das tu' ich einfach nicht; um keinen Preis. Da ich aber auch keine Lust habe, mit Gangloff zusammenzustoßen, und du mir ja so gütig in Aussicht gestellt hast, daß du mich auf alle Fälle verraten willst, so habe ich folgendes vor: Ich muß ohnedies nach England verreisen, ich werde früher gehen, als ich vorhatte. Von dort schreibe ich an Harrach einen Brief. Schriftlich macht sich so etwas viel leichter. Bis ich wieder zurückkomme, können sich dann die Gemüter beruhigt haben. Hoffentlich hat Gangloff dann sein Jawort und kann wieder dahin gehen, wo man den großen Mimen wahrscheinlich sehnsüchtig erwartet.«

»Mit anderen Worten: Du willst dich aus dem Staub machen, Arnold!« sagte sie mit einem Aus-druck der Verachtung. »Glaube nur nicht, daß ich allein nicht den Mut hätte, den Sturm der Ent-rüstung heraufzubeschwören. Und wenn meine Beweise, meine Anklage nicht überzeugend genug wirken sollten, so kann man ja immer noch nach jener Erbschaft forschen, die du zu jener Zeit von einem Onkel gemacht haben sollst! Ja, im Notfalle bist du nicht aus der Welt! Gangloff wird dich in England zu finden wissen, um dir ein Geständnis zu entreißen, wenn es sein muß.«

Er hatte wütend sein Scheckbuch aus der Tasche gerissen und unterschrieb einen Schein.

»Hier, – hier – hast du das Geld!« Zornbebend schob er ihr das Blatt hin. »Meinetwegen schreibe ich auch von hier aus einen Brief, den du an Harrach schicken kannst, sobald ich in der Bahn sitze. – Nur Ruhe will ich haben! Nur ein Ende! Und ein paar Tage Zeit, bis ich die Neujahrsbilanz fertig habe! So lange wirst du dich wohl noch gedulden und deine Wahrheitsliebe zügeln können!«

Ohne ihre Antwort abzuwarten, rannte er aus dem Zimmer und warf die Türe ins Schloß.

Der Silvesterabend, die ersten Tage des Jahres waren in einer fast unerträglichen Schwüle vorüber-gegangen. Arnold Moser kam nur zu den Mahlzeiten in seine Wohnung, aß und trank hastig und eilte dann wieder weg, wie gejagt von einer fieberhaften Unruhe.

Eines Abends schob er Adelgunde einen Bogen hin, auf dem er in lakonischer Kürze, in trockenen, kaufmännischen Wendungen seine Schuld bekannte.

»Herrn Franz Harrach. – Privat« schrieb er auf das Kuvert. »Hier! – das wird meiner strengen An-klägerin und Richterin wohl genügen!«

Sie wollte ihm die Hand geben. Sie suchte nach einem Wort des Dankes; es war ihr, als müßte sie jetzt, da er sich das Geständnis abgezwungen, ihren guten Willen zeigen, in ein besseres Verhältnis einzulenken, Frieden zu schließen, die Vergangenheit zu begraben. Aber er sah sie so feindselig an, es war ein so spöttischer Zug um seinen Mund, fast etwas Triumphierendes, als dächte er: »Ich bin doch der Klügere! Ich werde dich doch überlisten!« – Ihre freundliche Regung verflog; sie nahm schweigend den Brief und schloß ihn ein.

In der Nacht hörte sie ihn in seinem Zimmer herumarbeiten, Schiebfächer öffnen. Er packte seinen Koffer. Früh morgens sollte er geweckt werden. Der Wagen war bestellt. Er küßte die noch ganz verschlafenen Kinder: »Adieu! Seid brav!« Ihr gab er vor dem Dienstmädchen die Hand, ließ sie noch ein paar Grüße bestellen, als handelte es sich nur um eine kurze Reise. Im Sturmschritt sprang er die Treppe hinab. Dann wurde es still im Hause.

Nach der hochgradigen Anspannung der letzten Tage ließen Adelgundens Kräfte nun plötzlich nach. Sie war so müde und zerbrochen, daß sie sich eine kurze Ruhepause gönnen mußte, ehe sie mit ihrer Enthüllung neue Aufregungen, neue angreifende Szenen heraufbeschwor.

Es fiel ihr auf, daß die Angestellten im Geschäft sie so seltsam anblickten, halb neugierig, halb mitleidig; der erste Buchhalter, dem sie auf der Treppe begegnete, schien sehr bedrückt und verstimmt. Er zuckte so merkwürdig mit den Achseln, als sie von der Geschäftsreise ihres Mannes sprach.

Noch konnte doch kein Mensch ahnen, welch inhaltschweres Dokument in ihrem Schreibtisch lag!

Was bedeuteten diese wunderlichen Mienen?

Am Dreikönigstage trug sie selbst das versiegelte Schreiben in Harrachs Wohnung. Sie wagte nicht, es einem Bedienten anzuvertrauen.

Bei ihrer Rückkehr fand sie einen Brief ihres Mannes, der von Hamburg datiert war.

»Du wirst in deiner hellseherischen Weisheit, die durch alles Dunkel dringt, jedenfalls erraten haben, daß dies ein Abschied auf Nimmerwiedersehen war, daß ich nicht zurückkehren werde. Du warst zwar großmütig genug, mir ein gnädiges Verzeihen, ein Ausharren an meiner Seite in Aussicht zu stellen. Aber ich muß danken für das gütige Angebot. Ich kann die Märtyrermienen nicht ertragen auf die Dauer. Zum Glück hat sich ein zahlungsfähiger Käufer für mein Geschäft gefunden, ein Konkurrent, der mir einen sehr anständigen Preis bar auf den Tisch legte. Du wirst bei deinem Bildungsfanatismus deinen Sohn ja doch weiter studieren lassen wollen, – es wäre also überflüssig gewesen, auf seine Zukunft in diesem Punkt Rücksicht zu nehmen.

Eine Hypothek, die auf dem Haus bleibt, soll den Kindern gehören. Vielleicht, wenn es mir glückt, kann ich ihnen einmal noch mehr hinterlassen. Da deine Mitgift im Geschäft steckte, so vermag ich sie nicht herauszugeben. Ich brauche natürlich Kapital, um in dem andern Weltteil, in dem ich ein neues Leben zu beginnen denke, nicht als armer Schlucker zu landen. Du bist ja geborgen durch das Erbteil der Tante, den Verkauf des lieblichen Hauses. Es wird dir wohler sein, wenn du von mir nichts anzunehmen brauchst. Da ich voraussetze, daß du die Scheidung einleiten wirst, erkläre ich sofort, daß ich dir keine Schwierigkeiten machen werde; ich habe dir ja durch meine böswillige Verlassung den schönsten Grund gegeben. Um meine Zukunft. ist mir nicht bange. Wenn man genügende Mittel in der Hand hat, kommt man mit meinen kaufmännischen Erfahrungen überall empor. Und mein Gewissen macht mir keine Vorwürfe: Du hast es ja gewollt. Adieu!«

Im ersten Momente war es ihr, als wälze sich eine Last der Verantwortung auf ihre Schultern, unter der sie zusammenbrechen mußte. – Allein! Das Dach über dem Haupte hatte er ihr verkauft, den festen Boden, auf dem sie eingewurzelt war, unter den Füßen weggezogen. Dann aber wich die Bestürzung, der Schrecken, und es überkam sie ein Gefühl der Befreiung und Erlösung. »Allein mit ihren Kindern!« – Sie dachte es mit Stolz und mit freudigem Mute. All das Schwere, Dumpfe, in dem sie während ihrer Ehe dahingelebt, fiel von ihr ab und sie ward sich der Kraft wieder bewußt, die in ihr schlummerte. Als atmete sie reinere Luft, als wäre ein lähmender, hemmender Druck von ihrem Herzen gewichen, so frei hob sich ihre Brust.

Ein leises Bangen ergriff sie, als sie mit ihren Kindern am Mittagstische saß. Sie wollte ihnen keine Unwahrheit sagen:

»Euer Vater ist fort auf eine lange Reise. Er wird viele Jahre nicht zurückkehren. Er hat das Geschäft hier günstig verkaufen können und gedenkt sich im Ausland niederzulassen.«

In ernster Spannung blickte sie auf die jungen Gesichter. Aber sie bemerkte wohl ein gewisses neugieriges Erstaunen, doch keinen Schmerz, keine Enttäuschung in ihren Mienen.

»Ich habe mir's wohl gedacht, daß Papa etwas Besonderes vorhat!« rief Otto. »Es war ja in der letzten Zeit bei uns immer wie vor einem Gewitter! Furchtbar ungemütlich! – Und nun haben wir dich ganz für uns allein, Mama!« fügte er mit einem freudigen Aufblitzen seiner klaren Knabenaugen hinzu.

»Ja, Mutti, wenn du nur bei uns bist!« schmeichelte Mimi, sich an sie schmiegend.

Nein! Er nahm kein Stück ihres Herzens mit. Er hatte sich die Seelen seiner Kinder nicht zu erobern gewußt. Sie gehörten ihr, ihr!

Mit einem heißen Dankgefühl, mit feuchten Augen schlang sie ihre Arme um die beiden, drückte sie das Glück an sich, das ihr geblieben war.

Tags darauf hörte sie draußen an der Türe lebhaftes Sprechen; die volle, wohlklingende Stimme, die ihr Herz erbeben machte, schlug an ihr Ohr.

Sie hatte Befehl gegeben, niemand einzulassen.

Die Dienerin brachte die Karten herein.

»Ewald Gangloff. Gerda Harrach.«

»Die Herrschaften hätten sehr bedauert. Sie wollten der gnädigen Frau selbst ihre Verlobung mitteilen. Es wäre ihr erster Besuch.«

Einen Moment überlegte sie. Nein, sie hatte nicht die Kraft, sie zurückzurufen, diesen bräutlichen Jubel zu sehen. Sie trat an das Fenster und blickte dem jungen Paare nach, das Arm in Arm in der freudigen Hast der frisch Verlobten in dem schönen Wintersonnenschein dahinschritt.

Es war ihr, als sähe sie ihr eigenes, verlorenes Glück, als schaute sie sich selbst – als schlankes, lachendes, seliges, junges Mädchen an seinem Arm! – So wie sie es geträumt, so wie sie es ersehnt, so ging nun die andere, die Junge, die Glücklichere hin, – in Licht und Freude, und sie, – sie stand allein, im Dunkel, im traurigen Winter, und die Jugend kehrte ihr für immer den Rücken.

In tiefer Niedergeschlagenheit folgte sie mit den Blicken den beiden wie beschwingt dahinschreitenden Gestalten.

Dann aber richtete sie sich auf mit starkem, festem Willen. Nun sollte es kein Rückwärtsschauen mehr für sie geben! Kein weiches Träumen um das Verlorene! Ihre Liebe und ihre Wünsche, ihre ganze Kraft und ihr ganzes Denken gehörte der Gegenwart: ihren Kindern. Nur das Beste aus ihrer Jugend mußte sie sich zurückrufen und bewahren: ihren heiligen Ernst und ihre warme Empfindung, damit sie den Seelen ihrer Kinder nicht verständnislos gegenüberstand, damit ihre alten Ideale in ihrem Heim wieder auflebten und sie mit den jungen Herzen erglühen konnte in Begeisterung, in rechter Liebe und in rechtem Haß.

Die Trennung

Karl von Falkenberg hatte eben seine junge Frau mit dem dreijährigen Söhnchen zur Bahn gebracht. Dieselben sollten sich nun ein paar Wochen bei seiner Mutter vergnügen, die in schöner, waldreicher Gegend ein Gut besaß, während er selbst wieder einmal frei und einsam in die Berge wandern wollte. Es war eigentlich die erste Trennung von seiner Frau, seit ihrer fünfjährigen Ehe; denn bisher hatte auch er die sommerlichen Urlaubstage bei seiner Familie zugebracht. In diesem Sommer aber hatte ihn, wenn er Tag für Tag in sein Büreau ging – er war im Staatsarchiv angestellt – wenn er vor den hohen vergitterten Fenstern den blauen Junihimmel leuchten sah, eine unbändige Sehnsucht ergriffen, nach einem Ausblick von weiter Höhe, nach wirklichem Hochland, nach kühnen Felsspitzen, statt der zahmen Waldberge, die um das elterliche Gut lagen. »Klärchen,« hatte er eines Tages zu seiner Frau gesagt, »diesmal mußt Du allein mit dem Jungen nach Warnhof fahren. Ich aber, – ich will wieder einmal laufen, mit dem Ränzel auf dem Rücken, wie in meiner Junggesellenzeit. Dieses ewige Stillsitzen, – es taugt nichts.«

Er brauchte bei seiner Frau keine stürmischen Szenen zu fürchten, wenn er ihre Wünsche kreuzte. Sie war von sanfter, liebevoller Gemütsart. Aber sie wußte, wenn irgend etwas sie verstimmte, die schönen, dunklen Augen zu ihm aufzuschlagen, mit einem feuchten, rührenden Schimmer, der einen eindringlicheren Vorwurf ausdrückte, als alle Worte.

Dieser Blick, gegen den Karl so schwach und machtlos war, hatte ihn auch bei der unerwarteten Mitteilung, die er hingeworfen, getroffen.

»Aber Deine Mutter freut sich während des ganzen Sommers auf Dein Kommen. Du kannst ihr doch nicht diese Enttäuschung bereiten, Karl! – Von mir rede ich gar nicht,« sagten die Lippen leise und bittend, in Begleitung der warmen Augensprache.

Karl aber war fest geblieben.

»Eben weil die Mutter sich freut und weil sie mich in den paar Wochen mit Güte verwöhnt und Hühner und Enten und alle guten Dinge für meinen Besuch aufspart, gerade darum will ich, wenigstens eine kurze Zeit, dem Sybaritenleben auf dem Gute aus dem Wege gehen. Ein Mann braucht wirklich Strapazen, Schatz; er muß einmal seine Muskeln wieder gebrauchen in scharfer, mühevoller Bewegung. Dieses Stadt-, dieses Kulturleben mit seiner Verweichlichung ist naturwidrig und wenigstens einmal im Jahre sollte man sich stählen in der Wildnis.«

»Du kannst ja auch von Warnhof aus weite Spaziergänge machen; es giebt wunderhübsche Ausflüge und ich gehe gern mit.«

»O, das kenne ich! Einmal regnet's und ein andermal ist's zu heiß und dann werden Gäste erwartet! Oder, wenn wir endlich marschbereit an der Thüre stehen, ruft die Mutter voll Erbarmen: »Wozu laufen, Kinder? Die Pferde haben Zeit? Fahrt doch!« Der Lockung widersteht natürlich auch unsereiner nicht und setzt sich bequem in die Kissen des Einspänners. Schatz! Auf diese Weise wird man zum trägen Philister! Ich bin schon viel weniger schlank als vor sechs Jahren. Die Uniform, die ich mir als Bräutigam machen ließ, ist mir viel zu eng geworden.«

Klärchen lächelte. »Nun, wenn Du von Deiner einsamen Wanderung wirklich schlank zurückkommst – und nicht bloß schlank, nein, auch so lieb und vergnügt und lustig, wie als Bräutigam, dann will ich Dir gerne Urlaub geben. Es ist wahr, – Du wirst ein rechter Philister, Karl! Und das mag ich gar nicht. Nein! Du sollst mein junger Mann bleiben! Und wenn eine Gebirgstour ein Jungbrunnen für Dich ist, o, so fliehe die Fleischtöpfe Ägyptens bei der Mutter in Warnhof. Wir verhätscheln Dich zu sehr, sie und ich. Du schmachtest nach Bitternissen. Also hole sie Dir! Es wird Dir dann bei uns wieder um so besser gefallen.«

So hatte Karl denn seinen Willen durchgesetzt. Wie er nun aber von dem Bahnhof zurückkam in die einsame Wohnung und anfing, seine Sachen einzupacken, da bereute er fast seinen Entschluß. Das ganze Heine war so durchhaucht von Klärchens anmutigem Wesen; überall sah er ihre sorgsame, ordnende Hand. Wie er auf den leeren Platz vor dem Nähtischchen blickte, da ergriff es ihn plötzlich mit einer wahren Begeisterung, was seine Frau doch für ein liebes Geschöpf sei. Warum trennte man sich, wenn man sich so gut war? War's nicht schade um jede versäumte Stunde des Zusammenseins?

Er war so lange nicht allein gewesen, daß er sich in der Einsamkeit gar nicht mehr zurecht fand. Noch während der Fahrt, die ihn ein paar Stunden später von der Stadt fort, den Bergen näher und immer näher brachte, hatte er das unbehagliche Gefühl: Was machst du hier unter den fremden Leuten? Daheim in Warnhof setzen sie sich nun zu Tisch. Die Mutter lacht über die drolligen Bemerkungen unseres lieben Jungen und Klärchen neckt sich mit meinem Bruder; sie stoßen an und lassen den Abwesenden leben. Warum bin ich eigentlich fern von ihnen? In freiwilliger Verbannung aus dem weichen, mütterlichen Nest?

Auch der Abend in Partenkirchen in einem unfreundlichen Gasthauszimmer war ihm langweilig. Am Morgen aber hatte er sich, zu früher Stunde, einen Führer auf die Zugspitze bestellt und marschierte durch den noch schlummernden Markt, über dem die großartigen Felsmassen des Wettersteins aufstiegen im rosigen Hauch der ersten Sonnenstrahlen. An einem wildschäumenden Bergbach ging es entlang durch Morgenschatten und Morgentau. Nachdem Karl ein paar Stunden gewandert war, kam auch die rechte Stimmung über ihn. Der Hochlandszauber packte ihn, den alle Sinne einsaugen beim Anblick leuchtender Firnen, blauer sprudelnder Bergwasser, von rauschenden Tannen, von Alpenrosen und Bergenzian. Ob Klärchen nicht auch ein heißes Entzücken empfunden hätte, wäre sie an seiner Seite gewesen? Eine wahre Verachtung überkam ihn für sich selber, in seinem städtischen Alltagstrab, wenn er, Tag für Tag, durch dieselben Straßen lief, dieselben Menschen grüßte und am Abende noch im raucherfüllten Caféhaus am selben Tische die alten Bekannten traf, um zur Erholung eine Spielpartie zu machen; – in trägen Gewohnheiten, ohne einen freien Hauch der großen Natur, die doch so überwältigend schön war.

An den blauen Gumpen, zwei kleinen Seeen, die mitten in der starren Wildnis des Felsthales wie ein Wunder auftauchten, als seien plötzlich in dem leblosen Gestein zwei tiefe rätselvolle Augen geöffnet, machte er eine kurze Rast. Er ließ sich auf einen Felsblock nieder und spielte gedankenlos mit dem Stock in den Steinen herum. Da fiel plötzlich sein Auge auf ein kleines graues Buch, das, halb verdeckt vom Felsen, auf dem Boden lag und einem Wanderer, der hier gesessen, aus der Tasche geglitten sein mochte.

Er hob es auf, blätterte ein wenig, um einen Namen zu finden. Es waren ein paar Notizen eingetragen; meistens aber füllten die Seiten flüchtige Skizzen, die auf einen recht geschickten Dilettanten schließen ließen. Auch der Ausblick, der sich vom Felsen aus darbot, war mit einigen kühnen Strichen zu Papier zu bringen versucht und darunter standen die Verse Scheffels:

Hier prangen Gottes Wunder
In still beredter Pracht.
Fahr' ab, verfluchter Plunder,
Der elend mich gemacht!

Karls Neugierde ward durch das Buch erregt, um so mehr, als ihm die Schrift die Vermutung weckte, daß es einem weiblichen Wesen angehören müsse.

Als sie wieder eine Wegstrecke zurückgelegt hatten, trafen sie denn auch einen Führer, der im Schatten eines Felsvorsprungs saß und rauchte.

»Grüß Dich Gott, Spadillweber!« rief Karls Begleiter. »Bist Du heut' schon heroben. Ganz allein doch nicht? Wen hast denn?«

»Ein Fräulein muß ich morgen auf die Spitz' führen,« erwiderte der Gefragte etwas übellaunig. »Bis daher ist sie wacker g'laufen; aber jetzt sitzt sie seit einer halben Stund' da unten und schaut den Fall an. Mich hat's gefroren. Ich bin wieder herauf.«

»Ich will auch da hinunter, an den Fall!« rief Karl lebhaft, neugierig, die Touristin zu sehen.

»Dort links, Herr. Aber knöpfen Sie sich den Rock fest zu.«

In der That wehte ihnen, sobald sie eine Strecke weit abwärts gegangen waren, eine eisige Luft entgegen, und ein scharfer Windhauch zwang Karl den Hut festzuhalten, der ihm fast entrissen worden wäre.

Aus einem Felsloch hervor schießen in einem gewaltigen Strom die Wasser der Partnach, mit furchtbarer Wildheit, mit gigantischer Kraft, mit donnerähnlichem Brausen und Tosen.

Ein paar Schritte tiefer noch als Karl, umstiebt von dem Staubregen, der die Umgebung des Falls durchfeuchtete, stand eine weibliche Gestalt. Sie hatte ein rotes Tuch um die Schultern geschlungen und hob die Arme in die Höhe, um ihren breitkrämpigen Hut an den Schläfen festzudrücken. Regungslos blickte sie auf die tollen, schäumenden Wasser; sie hatte auch die Schritte hinter sich, in dem Lärmen des Sturzes, nicht vernommen. Karl betrachtete sie eine Weile, und die einsame Dame inmitten der Bergwildnis, die wie fest gebannt schien an die kalte, düstere Stelle, erweckte sein Interesse. Neugierig, ihr Gesicht zu sehen, ließ er, den Fuß vorwärts setzend, ein paar Steinchen den Abhang hinunter kollern. Sie wendete sich um. Mit ganz weltentrückten Augen starrte sie auf den blonden Männerkopf, der plötzlich über ihr aufgetaucht war, auf Karls große, gerade Gestalt, die in dem Touristenanzug mit den kurzen Beinkleidern und den langen grauen Strümpfen recht vorteilhaft zur Geltung kam. Dann wurden ihre Züge heller, sie lächelte und rief mit einem lebhaften, herzlichen Gruße:

»Wie seltsam, daß wir gerade hier wieder zusammentreffen!«

Er nahm die ihm dargebotene Hand, recht vergnügt und freundlich, aber nicht ohne Verwirrung, denn er konnte sich absolut nicht entsinnen, wo er der Dame vorgestellt worden sei. Sein Gedächtnis ließ ihn häufig im Stich, und er konnte Menschen, die ihm da und dort schon in der Gesellschaft begegnet waren, völlig vergessen. Nun schien es ihm aber geradezu beleidigend für die Dame, wenn er nach ihrer freudigen Überraschung, ihn hier zu sehen, die Frage geäußert hätte: »Bitte, wer sind Sie denn eigentlich? Woher kennen wir uns?« Er hoffte, daß im Laufe des Gesprächs ihm die Erinnerung an ihr Gesicht wohl wieder auftauchen würde.

Daß sie ihn kannte, unterlag keinem Zweifel. Sie nannte ihn bei seinem Namen, als sie sich aus dem lautverschlingenden Gebrause entfernt hatten und wieder in die wärmere Höhe gelangt waren.

»Sie haben sich von dem Anblick des Falls nicht loszureißen vermocht, mein Fräulein?« bemerkte Karl. Er war froh, daß er durch den Führer gehört hatte, daß sie ein Fräulein sei; sonst hätte er keine Ahnung gehabt, wie er sie anreden sollte.

»Ist er nicht großartig?« rief sie begeistert. »Schon vor Jahren habe ich einmal an derselben Stelle gestanden, und der mächtige Wassersturz hatte mir einen so starken Eindruck hinterlassen, daß ich mir seitdem, wenn mir irgend etwas Schweres im Leben geschah, wenn eine Sorge auf mir lastete, das Bild dieses milden Strudels vor die Seele rief und mir dachte: Warum sich quälen und ängstigen und die Zukunft fürchten? Ein Sprung in die eisigen Partnachwasser und alles Sehen, alles Hören, alles Fühlen vergeht in einer übermächtigen Betäubung. Man wird besinnungslos fortgewirbelt, wie ein losgerissener Zweig, wie ein welkes Blatt! Ja, wenn man die schöne Selbstmordstelle immer in der Nähe hätte! In der Stadt wäre man vielleicht einmal in der verzweifelten Stimmung, die man zu diesem Sprung brauchte! Aber hier! Hier gefällt einem die Welt zu gut in ihrer ernsten Größe, hier wird man so durchströmt von Lebensfreudigkeit und Kraft, daß man nur zufrieden ist, zu schauen, zu atmen und das Aufhören nicht mehr wünscht. Ich glaube, auch wenn ein Mensch von einem wirklichen Unglück, von einem ernsten Todesentschluß hierhergeführt würde, das Brausen würde seine Schmerzen einlullen, die kalte Luft ihn stählen mit Mut, er hätte gar nicht nötig, wie Faust die Osterglokken zu hören; er sagte dennoch: das Leben hat mich wieder!«

Sie hatte den Hut etwas zurückgeschoben, und er konnte nun ihr Gesicht deutlicher sehen. Es schien ihm, trotz seinem mangelhaften Physiognomiengedächtnis, doch unfaßlich, daß er diese Züge jemals erblickt, diese Stimme je schon gehört und wieder vergessen haben könnte. Sie war nicht gerade schön zu nennen; aber sie hatte so merkwürdig kluge Augen. Über die allererste Jugendblüte war sie wohl hinaus, sie mochte in der zweiten Hälfte der zwanziger Jahre stehen; aber ihre Wangen waren frisch und glatt; nur um ihren feingeschnittenen, sehr roten Mund zogen sich ein paar leise Fältchen, die verrieten, daß sie schon eine Weile gelebt und einige Bitterkeit erfahren habe. Es schien, als wäre der ernste Ausdruck ihren Zügen erst durch die Verhältnisse aufgedrängt und die ursprüngliche Heiterkeit ihres Naturells gleichsam von einem Frosthauch niedergehalten worden, so daß der angeborene Humor, der in ihr schlummerte, nur ein wenig Sonnenschein gebraucht hätte, um zu erwachen und über dieses energische Mädchengesicht seinen verjüngenden Schimmer zu breiten. Sie setzten nun gemeinschaftlich ihren Weg fort, bis zu dem nächsten Unterkunftshaus des Alpenvereins, der Angerhütte, wo man Mittagrast halten wollte. Versengend brannte die Sonne. Die Wangen des Mädchens aber behielten ihre gleichmäßige Farbe; nur ihre blaugrünen Augen wurden dunkler, glänzender. Sie hielt gut Schritt mit den Führern und wenn Karl bei einem besonders schwierigen Auf- und Abwärtssteigen durch Geröll oder über ein Bachrinnsal unwillkürlich stehen blieb und hilfebereit die Hand ausstreckte, dann sprang sie gewandt an ihm vorüber und rief:

»Wenn das mich erschreckte, wie sollte ich morgen auf dem Felsgrat bestehen?«

Er staunte über die Sicherheit ihres Tritts, über die anmutige Kraft, mit der sie vor ihm herschritt mit ihrer großen, sehr schlanken Gestalt, in dem bis an die Knöchel reichenden Rock und der grauen Bluse, die ein schwarzer Ledergurt zusammenhielt; einfach und doch mit jener Eleganz in der Erscheinung, die durch Wuchs und Bewegungen bedingt wird, welche die prächtigsten Gewänder nicht zu verleihen vermögen.

»Wie vortrefflich Sie zu Fuß sind, Fräulein!« rief er bewundernd. »Ich wollte nur, meine Frau könnte sich an Ihnen ein Beispiel nehmen.«

Sie blieb plötzlich stehen, wendete den Kopf zu ihm zurück und frug, ihn fest ansehend, mit einem Ton der Überraschung, durch den es wie leise Enttäuschung klang:

»Also – Sie haben sich mittlerweile verheiratet?«

»Ja, allerdings«, nickte er, während er sich immer ungeduldiger den Kopf zerbrach, wo er schon mit ihr zusammengetroffen sein mochte. Vor seiner Verheiratung also? Vor fünf Jahren? Er hatte keine Ahnung. Diese Unsicherheit erschwerte ihm einigermaßen das Gespräch.

Aber sie saßen dann vor der kleinen Hütte am Fuße der starren, himmelhochragenden Felsmauern; vor ihnen plätscherte das blaue Bergwässerlein, hier ganz zahm und friedlich, durch den grünen Anger.

Man wird rasch vertraut, wenn man sich in so weltferner Einsamkeit zusammenfindet. Das Mädchen plauderte mit ihrer klaren, sehr wohlthuenden Stimme mit größter Unbefangenheit, und als Karl sie frug, ob sie noch weitere Touren vorhabe, erwiderte sie lachend:

»Ich weiß es nicht. Ich bin nämlich ganz planlos von zu Hause fort; das heißt, ich habe gar kein so rechtes ›zu Hause.‹ Ich gehöre zu den Menschenkindern, die gänzlich vogelfrei und überflüssig in der Welt herumlaufen und eigentlich gar nirgends hingehören. Es war nicht immer so. Ich habe als einzige Tochter verhältnismäßig sehr junger Eltern eine sehr frohe, heitere Kindheit gehabt. Aber mein Vater ist gestorben; und meine Mutter, die während ihrer Witwenzeit mich mit Liebe überschüttet und verwöhnt hatte, hat sich vor ein paar Jahren wieder verheiratet. So bin ich ein lästiges Stück Hausrat geworden. Man hat natürlich getrachtet, für mich einen legitimen Beschützer zu finden. Es giebt ja nichts Praktischeres, eine Tochter aus dem Wege zu räumen, als indem man sie in die Ehe einschachtelt. Aber die Wünsche meiner Eltern scheiterten, wie man mir oft versichert hat, an meinem eigenwilligen, unliebenswürdigen Wesen. Vor kurzem hat sich nun ein Freier für mich gefunden; allerdings in Amerika, ein Geschäftsfreund meines Stiefvaters, der mich nur nach der Photographie kannte. Drum hatte er auch Kourage, der Unglücksmann! Mir hat sein Bild nicht geradezu mißfallen; auch seine Briefe weckten mir wenigstens so viel Sympathie, daß ich es nicht geradezu als Verbrechen ansah, mich an ihn verheiraten zu lassen. Er ist sehr vermöglich, nicht mehr besonders jung, was mir eher wie ein Vorzug erschien, in anbetracht der höchst nüchternen Verbindung, die wir eingehen wollten. Ich war halb und halb entschlossen, mein Jawort zu geben, nur aus Stolz, um nicht länger in einem Heim zu bleiben, aus welchem man mich so gerne los sein möchte. Aber – vor etwa einer Woche war's – da erwachte ich früh des Morgens und vor meinen Fenstern sang eine Amsel. Ich weiß nicht, wie's da über mich kam! Ein Rückerinnern an Jugendträume; eine Sehnsucht nach irgend etwas Unfaßlichem, geheimnisvoll Lockendem – nur nicht nach dem Leben, das mich ›drüben‹ erwartete. Ich ahnte plötzlich, welches Heimweh mich in Amerika zermartern würde und mit einem Male war's mir klar: noch konnte ich meine Freiheit nicht fortgeben, noch konnte ich nicht weg von Deutschland, von meinen heimatlichen Bergen. Ich packte meinen Koffer und erklärte, daß ich mir einige Wochen Bedenkzeit erbitte, allen Vorwürfen entfliehend durch rasche Abreise. Nun will ich fortbleiben, allein herumwandern, rasten, wo es mir gefällt und nicht daran denken, was hinter und vor mir liegt, vergessen, daß wieder der Winter kommt.«

Trotz des Ernstes ihrer Worte klang durch die Schilderung ihres Schicksales keine Verbitterung; man fühlte ein kraftvolles Naturell, das sich nicht beugen und unterdrücken läßt und es war nicht so eigentlich Mitleid, was Karl empfand, es war mehr ein bewunderndes Interesse, zugleich mit dem Bedauern: »Schade, daß der Zufall sie nicht mit dem rechten Manne zusammengeführt hat! Wie glücklich mancher wäre, mit dieser Gefährtin!«

»Überlegen Sie sich's nur recht gründlich, ehe Sie sich entschließen, der alten Welt Valet zu sagen. Ich fürchte, Sie werden nicht Wurzel fassen in Amerika. Es gefällt mir von Ihnen, daß Sie in diese Wildnis eilten, um sich Ihrer Freiheit recht bewußt zu werden. Nicht wahr, Fräulein, mit einem trotzigen Blick in den blauen Himmel haben Sie während Ihrer Wanderung die traurigen Gedanken fortgeworfen und mit Scheffel gerufen:

»Fahr' ab, verfluchter Plunder,
Der elend mich gemacht!«

Sie sah ihn überrascht, fast erschrocken an.

»Wie kommen Sie gerade auf diese Worte?« –

»Ich bin ein unheimlicher Gedankenleser, nicht?« lachte er. »Doch ich will nicht Schwindel treiben, wie's heutzutage so vielfach Mode ist. Hier ist mein Schlüssel zu Ihren Empfindungen!«

Er überreichte ihr das graue Buch, das sie dankbar begrüßte:

»O, ich wußte gar nicht, daß ich es verloren hatte!«

Eine Photographie fiel heraus, die sich in seiner Tasche zwischen den Umschlag geschoben haben mochte.

»Das gehört nicht mir,« sagte sie, indem sie ihm das Bild des kleinen Knaben zurückgab.

»Nein, freilich nicht! Das ist ja mein Junge! Mein Hermann!«

Sie warf nun erst einen Blick auf das Kindergesicht.

»Wie alt ist der Kleine?«

»Drei Jahre. Im September wird er vier.«

Sie hatte den Kopf mit dem dichten, dunklen Haar etwas zurückgeworfen mit einer raschen, unwilligen Bewegung.

»Diese offenen, klaren Augen! Wie treuherzig er aussieht!« sagte sie mit einer düstern Falte auf der Stirne, die Photographie betrachtend. »Ob er wohl auch in etwa dreißig Jahren schon das Lügen so gut gelernt hat und von der Welt so verdorben worden ist, daß er Frau und Kind verleugnet, wie sein Vater es that?«

»Ich?« rief Karl. »Ich hätte jemals Weib und Kind verleugnet? Aber mein verehrtes Fräulein!« – Er machte wirklich ein ganz albernes Gesicht vor Befremdung über ihren Vorwurf.

»Mein Herr! Vor drei Jahren, als wir zusammen über den Brenner fuhren, muß doch Ihr Söhnchen schon auf der Welt gewesen sein und doch sprachen Sie während der langen Stunden der Reise so viel von Ihrem Leben, erzählten von den verschiedensten persönlichen Interessen – von Ihrem Kind, von Ihrer Frau sagten Sie kein Wort. Ich erinnere mich, Sie spotteten sogar über einen jungen Mann, der nebenan im Wagen saß und in Abwesenheit der Mutter sich bemühte, ein schreiendes Balg zu beruhigen. Das hätte Ihnen gar nichts so Fremdes sein müssen, als Sie sich den Anschein gaben.«

Karl hatte sie mit immer erstaunterem Gesicht angeblickt:

»Aber liebes Fräulein, ich bin vor drei Jahren nicht über den Brenner gefahren. Ich habe überhaupt seit meiner Verheiratung keine Reise ohne meine Frau gemacht. Gestern trennten wir uns zum erstenmal.«

Nun flutete eine tiefe Röte über ihre Wangen.

»Aber Sie schienen mich doch auch wieder zu erkennen« –

»Verzeihen Sie, Fräulein. Ich besann mich in der That nicht gleich, wo wir uns schon begegnet seien. Aber es ist mir das schon öfter so gegangen, und da Sie mich beim Namen nannten, so dachte ich, – es würde wohl so gewesen sein; wir hätten uns getroffen in einer Gesellschaft.«

Sie machten beide so verblüffte, verlegene Gesichter, daß sie plötzlich lachen mußten.

»Aber haben Sie denn einen Doppelgänger, Herr von Falkenberg, der zugleich denselben Namen wie Sie führt?«

»Denselben Namen führt allerdings mein Bruder.«

»Und er sieht Ihnen auffallend, zum Verwechseln ähnlich?«

»Ich weiß das nicht. Er würde diese Ähnlichkeit für kein besonderes Kompliment halten; denn er ist nicht bloß um vier Jahre jünger als ich, er behauptet auch, daß ich als Aktenmensch ganz aus der Art schlage und den Typus der Falkenbergs verderbe, die seit Generationen Gutsbesitzer und Forstleute gewesen seien, die nicht von des Gedankens Blässe angekränkelt wurden. Übrigens hat mein Bruder Erich einen blonden Vollbart, wie ich, dieselbe, nicht eben zierliche Nase, wie Figura zeigt, und grüngraue Augen, wie die meinen.«

»Also dann war es Ihr Bruder, mit dem ich über den Brenner fuhr. Wir haben uns sehr gut miteinander unterhalten. Es war ein so reizender Tag im ersten, knospenden Frühjahr und ich habe oft an die Stunden zurückgedacht, weil sie mir in einer so lebensfreudigen Stimmung in Erinnerung standen. Ihr Bruder entwickelte einen Humor, der auch einen Melancholiker hätte mit fortreißen müssen, und ich war damals noch sehr zum Lachen aufgelegt. Hoffentlich hat nicht auch Ihrem Bruder das Leben die Laune verdorben ?«

»Nein, danke. Ihm geht's vortrefflich. Er ist Gutsherr in Warnhof, läßt sich in der Umgebung von den kleinen Leuten anstaunen, wie einen Großfürsten und von der Mutter verwöhnen. Nach meiner Meinung hat er eigentlich gar nichts zu thun; er behauptet natürlich, er wisse oft vor Arbeit nicht, wo ihm der Kopf stehe.«

Er sprach fast ein wenig gereizt gegen den Bruder. Es ärgerte ihn, ohne daß er es sich so recht eingestehen mochte, daß der herzliche Gruß, das freundliche Lächeln des Mädchens, ihre vertrauliche Offenheit während des Gesprächs eigentlich einem andern gegolten hatten.

Endlich erfuhr er auch ihren Namen. Der Führer brachte das Buch, in dem sich die Touristen, die das Unterkunftshaus betreten, einzuzeichnen haben.

»Angela Dorner« schrieb sie mit einer klaren, energischen Schrift.

»Welch hübschen Namen Sie haben, Fräulein: Angela – der Engel.«

»Der Name paßt gar nicht für mich – das wollen Sie wohl sagen. Ich glaube, man gab ihn mir, weil man hoffte, daß das Kind Segen bringen würde über die Ehe meiner Eltern, die am Anfange keine recht glückliche gewesen ist. Ich glaube, ich habe die beiden auch vereint, aber ich selbst machte meinem Namen sehr bald Unehre als wilder, eigensinniger Wildfang. Man hieß mich deswegen, um nicht gerade ironisch zu werden, mit Vorliebe: Gela.«

Sie sprach's, während sie ihr Plaid zusammenrollte, denn der Führer hatte, mit einem zweifelnden Blick aus den Himmel, zum Aufbruch gemahnt.

»Es ist besser, wir sitzen in der Knorrhütte und sind nicht unterwegs, wenn's etwas geben sollte.«

»Sie fürchten ein Gewitter?« frug das Mädchen.

»Ei, mein Fräulein, Sie werden doch nicht die Kourage verlieren?« neckte Karl.

Sie strich die lockigen Haare aus der Stirne und band den Hut fest. »Was fällt Ihnen ein? Sie haben wohl einige Scheu vor der Damenbegleitung? O bitte, bekümmern Sie sich nur gar nicht um mich. Wenn ich Ihnen nicht folgen kann, so gehen Sie nur ruhig weiter. Ich habe ja meinen Führer und in der Knorrhütte finden wir uns wieder.«

Karl bemerkte aber bald, daß er Mühe hatte, der schlanken Mädchengestalt nachzukommen. Das Gespräch war verstummt. Schweigend klommen sie höher, den Blick auf die kolossalen Felswände gerichtet, die vor ihnen sich emportürmten. Nur das Einsetzen des Bergstockes mit der eisenbeschlagenen Spitze klang über das Gestein und der Tritt der festen, genagelten Schuhe.

Zuweilen flog ein Raubvogel in die Höhe; die einsame Stille der Bergwelt mit ihrem starren Ernst hielt sie umfangen.

Sie waren nicht mehr weit von ihrem Ziele für diesen Tag entfernt, da erhob sich plötzlich ein dumpfes, finsteres Grollen. In dem Gestein schien ein wildes Leben zu erwachen. Es rauschte über ihnen – und dann ein Donnerschlag, daß der Boden zitterte und ein Lärmen und Widerhallen, das nicht enden wollte. Sand flog vor ihnen auf; der Sturm peitschte kleine Steinchen in die Höhe.

Dicht hintereinander schritten sie, zuweilen still stehend, sich beugend vor einem Windstoß, der ihnen den Atem raubte, von einem Feuermeer überflutet, kämpfend gegen die Gewalt, die sich drohend gegen sie erhoben. Es war, als ständen die vier Menschen, die, so winzig und klein in der großen Felsenöde, sich den schmalen Weg empormühten, einem Riesenungeheuer gegenüber, das plötzlich aus dem Schlummer geschreckt, nun die Eindringlinge in sein Bereich mit seinem vernichtenden Atem anwehte.

Karl blickte ein paarmal in das Gesicht des Mädchens. Es war bleicher als vorher; aber auf dem ernsten Mund lag ein Ausdruck kraftvollen Mutes, und ihre Augen schauten mit einem wilden Trotz, wie in stolzem Frohlocken auf das wilde Wolkenheer, das unter, über ihnen heranjagte, als wüchse ihre Seele in der Gefahr, als wäre diese wutentflammte Natur ein Schauspiel, das sie mit Begeisterung genoß. – Ein Schrei von Karls Lippen und im selben Moment hatte er die Arme nach Angela ausgebreitetet und sie an sich gerissen.

An die Steinwand gelehnt, stand er, sie umklammernd. – Dicht neben ihnen aber rollte ein losgelöster Felsbrocken in die Tiefe. Der jüngere der Führer war eine Strecke voraus, der andere, der ihnen folgte, war noch im letzten Moment zur Seite gesprungen; er hatte, nach dem Weg spähend, die Gefahr, die über ihnen drohte, nicht bemerkt. Angela wäre ohne Karls Geistesgegenwart in den Abgrund geschleudert, zertrümmert worden.

Sie verstand nicht gleich, was geschehen; sie fühlte nur seine Nähe, hörte sein Herz laut klopfen, dicht an ihrer Brust; eine Blitzesflamme zuckte über sie hin, während er wortlos, mit entsetzten Augen ihren Kopf an sich drückte und seine Hände um ihren Nacken geschlungen hielt. Dann atmete er tief auf, und die vier Augenpaare blickten schauernd die abfallende Wand hinab, an welcher der Felsblock hinabprasselte, dumpf, schwer, Geröll und Gestein mit sich fortreißend.

Sie begriff nun, aber sie konnte ihm nicht danken. Eine Menschenstimme war nur mehr ein verhallender, hilfloser Laut in diesem Urweltslärmen. Dunkel breitete sich über sie. Sie mußten sich unter einem vorspringenden Felsen bergen; der Sturm raubte ihnen den Atem; er hätte sie zu Boden geworfen. Während sie niedergekauert, mit den Händen an das Gestein geklammert, kaum mehr ihrer Sinne mächtig, nur dem Instinkt der Erhaltung folgend, in der Finsternis Schutz suchten und dann wieder die Augen bargen vor dem grellen Lichtstrahl der

Blitze, während unaufhörlich das gewaltige Dröhnen durch die Luft zitterte, dachten Karl und Angela, daß dies ihr Ende sei.

Das Bild seiner Frau, seiner Kinder zog an ihm vorüber – –

In ihrem Herzen war eine trotzige Empörung gegen das Zugrundegehen, das sie sonst so ruhig ins Auge gefaßt, zuweilen ersehnt hatte. Sie fühlte zum erstenmal, daß sie noch nicht gelebt habe – mit Titanenkraft wollte sie sich wehren gegen das Aufhören.

Dann trat eine plötzliche Pause ein. Feuchtes Grau zog über sie hin; es triefte in kühlenden Tropfen auf ihre heißen Wangen. Durch das Halbdunkel sah man ein rötliches Licht.

Das Licht in der Knorrhütte.

Geführt und gefolgt von den zwei Wegkundigen, Hand in Hand, erreichten Karl und das Mädchen das schützende Dach. Ein paar Studenten waren bereits hier anwesend und jubelten voll Übermut den sturmzerzausten, von Regen triefenden Wanderern zu, als dieselben in die Hütte traten, mit Schatten unter den Augen, die dem Tode ins Angesicht geschaut hatten.

Dem Ernste machte aber bald eine sehr wohlige Stimmung Platz, als in dem kleinen Raum, der inmitten der brausenden Gewalten ein so behagliches Asyl bot, die Kleider trockneten, warmer Thee duftete, und ein ganz leckeres Mahl bereitet war. Angela fand sich mit so anmutigem Takt in ihre seltsame Stellung als einzige Dame unter einem halben Dutzend Männern, daß alle, selbst die Führer, mit Bewunderung auf ihr Gesicht blickten, das von der Anstrengung und dem erlittenen Schrecken nur verschönt und verjüngt schien.

Die Studenten, die sie zusammen mit Karl hatten kommen sehen, nannten sie »Gnädige Frau,« und einer rief, zu Karl gewendet:

»Sie können stolz darauf sein, daß Ihre Frau sich so tapfer gehalten hat!«

Angela wurde rot, auch Karl bemerkte mit einiger Verlegenheit:

»Die Dame ist nicht meine Frau. Wir trafen vor der Angerhütte zusammen.«

Während es draußen noch stürmte und der Regen schwer auf das Hüttendach niederplatschte, legte man sich zur Ruhe auf den Matratzen und hüllte sich, vor Kälte schauernd, fest in die wollenen weißen Decken, in die, um sie vor Dieben zu sichern, das Wort: »gestohlen« in roten Buchstaben eingewirkt war.

Angela hatte in der Ecke ihren Platz gefunden, in einiger Entfernung von den Herren. An Schlaf war nicht wohl zu denken; denn sobald die Augen sich schließen wollten, zuckte ein leuchtendes Blitzfeuer über sie hin, so daß man unwillkürlich auffuhr und wartete, ob in dem wilden Krachen nicht die Hütte zusammenbreche. Karl schaute dann immer wieder auf das Mädchengesicht, das sich von der dunklen Holzwand abhob; sie hatte sich die dunklen Zöpfe im Kranz um den Kopf gesteckt und sah sehr jugendlich aus mit der veränderten Frisur. Ihr energisch gezeichnetes Profil erinnerte ihn in dem weißen Lichte an die Statue eines römischen Jünglings in der Klypthotek, die er oft mit Interesse betrachtet hatte.

Er vermochte seine Gedanken nicht nach Hause zu schicken; sie blieben immer wieder an Angela haften.

Endlich, gegen Mitternacht, ward's ruhiger. Ferner rückte das Grollen und verklang allmählich wie das letzte Brummen eines in Schlaf sinkenden Ungetüms. Auch in der Hütte hörte man nunmehr gleichmäßiges Atemholen und das Abfallen der Tropfen an der Dachtraufe.

Schon um zwei Uhr aber mahnten die Führer zum Aufbruch. Vor der Hütte leuchteten die Sterne. Im Fackelschein begann das mühevolle Emporklimmen durch das Gestein, in dem alle Vegetation verschwunden ist, in dem keine Legföhre und kein Grashalm mehr Wurzel gefaßt hat, über Schneefelder, auf die in der Sturmnacht eine neue, weiße Hülle herabgesunken war, empor zum Grat, wo dann der Weg am Drahtseilgeländer weiterführt in schwindelnder Höhe.

Aber alle schweren Atemzüge, alle Beschwerden und jeder Moment des Zagens sind vergessen, wenn jenes nicht wiederzugebende Frohlocken durch die Seele zieht, das nichts in der Welt zu schaffen vermag, wie der endlich erkämpfte freie Ausblick von einem stolzen Gipfel, dieses Hinabschauen auf die kleine Welt in der Ebene und das Eindringen in die große, gewaltige Alpenregion mit ihrer trotzigen Wildheit, mit ihrem geheimnisvollen Zauber, die sich endlich da oben aus ihren Schleiern löst und sich bestaunen läßt.

Die Führer zogen sich bald in das Hüttchen zurück, das an besonders stürmischen Tagen die Bergfahrer vor dem allzu rauhen Atem der Höhe schützt, und zündeten sich die Pfeifen an. Die Studenten trugen ihren Namen in das unter dem Kreuz verwahrte Fremdenbuch ein und stürmten dann rasch wieder abwärts, um morgen »einen neuen Gipfel zu nehmen.« Ihnen war's die Hauptsache, droben gewesen zu sein.

Karl und Angela blieben allein in der erhabenen Einsamkeit. Sie waren beide stumm geworden. Sie hätten hinausjauchzen mögen in die wunderschöne Welt und zugleich überkam sie eine feierliche Rührung, die ihnen die Augen feuchtete.

Zusammen schauten sie das Aufsteigen der Sonne, das Siegen des Lichtes, das mit den süßesten, rosigen Tönen erst nur die höchsten Zacken überfloß und auf weite unendliche Schneefelder seinen Zauber ausgoß und dann immer breiter und weiter sich entfaltete, während nur noch über den bläulichen fernen Streifen der Ebene der Dunst der Dämmerung lagerte.

Sie wußten beide, daß diese Stunde ihnen unvergeßlich bleiben würde.

Karl suchte trotz seiner tiefen Bewegung einen leichten Ton anzuschlagen:

»Ich bin doch recht froh, daß uns gestern der Sturm nicht in den Abgrund gerissen und kein Blitzstrahl sich uns als Objekt ausgesucht hat. Es wäre doch jammerschade.«

»Ja, ich hatte eben dieselbe Empfindung,« erwiderte Angela ganz weich und ernst. »Es ist doch so schön in der Welt! Ihnen muß ich danken, daß ich lebe! Ich that es noch gar nicht.«

Sie reichte ihm die Hand.

Ein tiefes Rot zog über ihre Wangen, wie er die Hand nun mit festem Druck umschloß und in der seinen behielt, als dünkte es ihm selbstverständlich, daß zwei Menschen, die durch die Gefahr nahe gerückt worden, nun wie Freunde nebeneinander säßen in dieser Abgeschiedenheit.

Sie stand plötzlich auf und trat von ihm weg zu ihrem Führer. Unterwegs hatte dieser bemerkt, daß eine so gewandte und schwindelfreie Touristin wie sie, sich ruhig den kürzeren, steileren Weg gegen den Eibsee zu hinunterwagen dürfe, den auch Karl einschlagen wollte. Nun schien sie aber in ihrem vorherigen Entschluß wankend geworden.

»Unsere Wege trennen sich hier, Herr von Falkenberg,« sagte sie. »Ich gehe zurück, woher ich gekommen.«

»Aber warum, Fräulein? Ich hatte mich schon so gefreut, noch eine Weile Ihre Gesellschaft genießen zu können und nun –«

»Es ist besser so,« unterbrach sie ihn rasch. »Ich darf doch meinem Vorsatz, allein zu wandern, nicht gleich in den ersten Tagen treulos werden.«

Sie sagte es mit einem Lächeln, aber doch in einem Ton, der ein gewisses Bedauern über die Trennung ausdrückte. Er fühlte wohl, daß sie Bedenken trug, noch länger die Weggenossin des jungen Ehemanns zu bleiben, mit dem ein Tag sie so vertraulich zusammengeführt hatte.

Mit einiger Befangenheit schieden sie. Es that ihm bitterlich leid, sie einsam weiter ziehen lassen zu müssen.

Auf seinem beschwerlichen, aber interessanten Weg thalabwärts mußte er zu vorsichtig seiner Schritte achten, zu energisch gegen das Grauen vor den jählings abstürzenden Wänden kämpfen, um für Empfindungen der Sehnsucht Zeit übrig zu haben. Aber sobald er unten am Eibsee saß, sich gestärkt hatte und seine Wangen sich wieder kühlten, seine Füße sich erholten, fühlte er eine große Leere. Er ärgerte sich, daß er das Mädchen nicht um ihren Reiseplan gefragt, nicht zu erfahren gesucht habe, wohin sie sich wenden wollte. Er wußte nicht einmal, aus welcher Stadt sie war. Sobald sie also aus Partenkirchen, wohin ihr Weg sie zurückführte, entschwunden war, war sie wohl für immer seinen Blicken entzogen. Seinem Reiseplan nach aber hatte er Partenkirchen nicht mehr zu berühren.

»Es ist besser so; sie hat recht,« murmelte er halblaut vor sich hin, holte seine Landkarte hervor, um seine Route zu verfolgen und schrieb ein Billet an seine Frau, um sich eine Nachricht nach Hohenschwangau zu erbitten, wohin er sich wenden wollte, um von dort dem Allgäu zuzustreben.

Die Karte war fort; sein Zimmer für die Nacht bestellt, aber plötzlich warf er seine Siebensachen in den Rucksack, zahlte seine Rechnung und lief trotz seiner müden Füße nach Partenkirchen. Ein unbezwingliches Verlangen hatte ihn gepackt, Angela noch einmal zu sehen. Aber so eifrig er auch in dem von Reisenden überfüllten Orte nach ihr suchte, er konnte sie nicht entdecken. Erst am nächsten Morgen erfuhr er, daß sie in einem Privathaus übernachtet, sich zu einer frühen Stunde einen Wagen bestellt habe und nach Lermos gefahren sei. Er stampfte zornig mit dem Fuß. Warum hatte ein Zufall ein kurzes Wiedersehen vereitelt? Er wollte, er mußte ihr noch ein letztes Lebewohl sagen.

Klärchen wäre wohl sehr verwundert gewesen, hätte sie ihren Gatten, der nur zu Fuß und immer zu Fuß hatte laufen wollen, der das Fahren so sehr verachtete, in Partenkirchen in einen Einspänner steigen sehen. – Er fuhr plötzlich auch nach Lermos, in der Richtung nach Innsbruck, statt ins Allgäu, wie er den Seinen geschrieben.

Sein sorgfältig ausstudierter Reiseplan war in einem Moment über Bord geworfen worden.

Aber er hatte Pech. Trotz ihres geringen Vorsprungs war Angela immer fort, wohin er kam. Er fand ihren Namen ein paarmal in einem Fremdenbuche und erschrak selbst über die erregte Stimme, mit der er jedesmal frug: »Ist die Dame noch hier?« über seine zornige Enttäuschung, wenn ihm stets eine verneinende Antwort zu teil wurde. Angela schien förmlich wie ein Irrlicht vor ihm her zu fliegen, und gerade dieses Verfolgen einer entschwindenden Gestalt schuf ihm eine grübelnde Ungeduld, ein wahres Sehnsuchtsfieber.

Er schalt sich einen Thoren; er lachte:

»Unsinn, Karl! Was soll das heißen? Was willst Du von dem Mädchen?«

Er seufzte wohl auch: »Wenn Klärchen wüßte –«

Manchmal meinte er die rührenden, großen Augen seiner Frau ganz lebendig und nahe vor sich zu sehen, mit einem Ausdruck traurigen Befremdens.

Er hatte keinen Moment die Empfindung, daß seine Frau ihm weniger teuer wäre als sonst; dennoch schrieb er nur kurze, eilige Kärtchen in seinem Ungestüm der Fremden nachzujagen.

In Innsbruck erfaßte ihn eine große Verstimmung.

Einen Brief, in dem er Klärchen seine veränderte Reiseroute mitgeteilt, fand er unbestellt in seiner Überziehertasche; folglich konnte er gar keine Nachrichten von zu Hause erwarten. Er war ehrlich beschämt über seine Zerstreutheit. Dazu kam, daß ihm hier, wo die Wege in die verschiedensten Thäler abzweigten, wenig Hoffnung blieb, die einsame Touristin wiederzufinden. Die Stadtstraßen Innsbrucks langweilten ihn, und doch konnte er sich nicht entschließen, es wieder zu verlassen. Er schaute auf jeden Balkon, in jeden Garten, in jeden vorüberfahrenden Wagen. Er war auf dem Bahnhof, so oft ein Zug über den Brenner abging. Umsonst. So vergingen zwei Tage, und er sah endlich ein, daß er ein Phantom suche. Mißmutig fuhr er am nächsten Morgen an die nächste Station, in das alte Städtchen Hall, dessen Baulichkeiten ihm als interessant geschildert worden waren. Aber er ging gelangweilt an den grauen, verwitterten Mauern, auf welche die Sonne brannte, vorüber.

Da sah er plötzlich das Mädchen vor sich.

Sie saß in einem Obstgarten und zeichnete das alte Gewinkel, das gegenüber lag, über das sich ein originelles Türmchen im Zopfstil in den blauen Himmel hob.

In diesem Augenblick hatte er nicht mehr daran gedacht, sie zu finden, gerade hier zu finden. Ganz sprachlos starrte er sie an. Auch sie erschrak, als der Schatten der Männergestalt neben ihr über das Grün huschte und rief verwirrt, errötend:

»Wie kommen Sie hierher? Ich dachte doch –«

Er antwortete nicht. Er hatte nur ihre Hand gefaßt und drückte sie mit warmer Bewegung.

»Ich bin Ihnen nachgefahren. Endlich habe ich Sie gefunden! Es fiel mir ein, daß es doch viel hübscher wäre, wenn wir zusammen wanderten. Es beunruhigte mich, Sie so ganz allein im Gebirge zu wissen. Lassen Sie mich Ihr Begleiter, Ihr Beschützer sein. Wollen Sie, Fräulein?«

Sie hatte ihr Skizzenbuch zugeschlagen und sah einige Augenblicke lang mit gesenkten Augen vor sich hin.

»Seien Sie ganz aufrichtig, Herr von Falkenberg. Glauben Sie, daß Ihre Frau mit dem Vorschlage, den Sie mir machen, einverstanden wäre? Ich weiß wohl, ich bin weder so jung, noch so schön, bin auch zu ungefährlich für Männer, um einen Anlaß zur Eifersucht zu geben. Aber es ist im allgemeinen nicht Sitte, daß ein Ehemann mit einem fremden Mädchen, das doch noch keine grauen Haare hat, über die Berge wandert, und da Ihre Frau mich nicht kennt, so bin ich überzeugt, der originelle Einfall ihres Gatten würde sie nicht entzücken.«

Wie sie die klaren, klugen Augen so offen zu ihm aufschlug, da wich die krankhafte Unruhe, die leidenschaftliche Ungeduld, mit der er sie verfolgt hatte; er war wieder einer ruhigen Besinnung fähig. Eine Weile schwieg er.

»Ja, Sie haben recht, Fräulein. Es würde meiner Frau weh thun, wenn sie wüßte –. Ich bin ein recht abscheulicher Mensch! Und dann – woher nehmen Sie die Überzeugung, daß Sie gleichgiltig und ungefährlich auf Männer wirken?«

»O, meine Erfahrung spricht dafür. Ich bin niemals gefeiert, niemals ausgezeichnet, wohl niemals so recht geliebt worden. Lag's an den Verhältnissen oder an meinem Wesen, ich weiß es nicht. Es ist nun so. Während andere Frauen und Mädchen mit Liebe überschüttet, auf Händen getragen werden, gehe ich wie ein Schatten durch die Welt, fremd, verlassen, einsam, zusammenhanglos mit all den tausend

Banden, die sie durchweben. Niemand braucht mich, niemand frägt nach mir.«

»Und ich? Ich kenne Sie nur einen Tag und verfolge Sie seitdem und suche und suche nach Ihnen und vergesse alles andere, in dem Verlangen, Ihnen noch einmal zu begegnen –«

»O, still, still! Reden Sie nicht weiter!« flehte sie fast angstvoll. »Warum sagen Sie das alles? Sie wissen doch, daß es unrecht ist, – daß Sie uns beiden nur das Herz schwer machen. Warum thun Sie das? Wozu? Wozu?«

»Ist es Ihnen ein wenig leid, daß Sie nicht mit mir wandern dürfen?« frug er leise, mit warmen Augen, von dem Gedanken, auf das Mädchen Eindruck gemacht zu haben, wonnig durchschauert.

Sie blickte mit ihrem ernsten, offenen Gesicht in das seine.

»Ich sagte Ihnen ja: ich bin einsam; vielleicht auch im allgemeinen menschenscheu und verschlossen. Gerade mit Ihnen war ich, gleich im ersten Moment, durch die Verwechslung mit Ihrem Bruder, durch die frohe Erinnerung, die Ihr Gesicht mir erweckte, so ungewöhnlich vertrauensselig. Es thut wohl, einmal das auszusprechen, was man denkt in tiefster Seele. Ich kann das nicht immer. Mit Ihnen da konnte ich's. Darum aber – gerade darum – lassen Sie uns Abschied nehmen, heute, gleich jetzt, recht rasch. Sie dürfen mir den Geschmack an meinem Alleinsein nicht verderben, das mir ja doch beschieden ist.«

Ihr Ernst ergriff ihn. Er fühlte ein Brennen im Herzen, einen schweren Druck. War's Mitleid mit sich, mit ihr; er wußte es nicht. »Fräulein,« begann er nach einer Weile, »Sie sollen Ihren Willen haben. Ich gehe aus Ihrer Nähe. Es mag ja sein, daß die guten, herzlichen Gesinnungen, die ich für Sie hege, zum Unglück werden könnten, für uns beide und für andere mit uns. Aber daß Sie einen Freund an mir haben, – nicht wahr, das glauben Sie. Und sagen Sie mir wenigstens, wo Sie leben. Ein Neujahrsgruß wird ja wohl gestattet sein? – Meine Frau soll darum wissen. Und wenn Sie nach München kommen, dann besuchen Sie uns, – nicht mich – die Meinen! Ich möchte, daß wir uns nicht aus den Augen verlören.«

Sie lächelte. »Wie bald werden Sie auch mich vergessen haben!« Dann riß sie aus ihrem Skizzenbuch das Blatt, das sie in der Angerhütte gezeichnet hatte, mit dem Tisch, an dem sie zusammengesessen, mit seinem ganz wohlgelungenen Porträt, – ihren eigenen Kopf hatte sie ein wenig karikiert – und auf die Rückseite schrieb sie ihre Adresse. »Das heißt,« fügte sie mit einem bitteren Lächeln hinzu, »künftig werden Sie mich ja wohl über dem Ozean zu suchen haben. Sie glauben gar nicht, wie oft ich zu Hause mit Heine seufze:

»Ihr Wolken droben nehmt mich mit.
Gleichviel nach welchem fremden Ort,
Nach Lappland oder Afrika –
Und sei's nach Pommern – fort, nur fort!«

Er stand vor ihr mit traurigem Gesicht und stocherte mit seinem Stock im Grase herum.

»Ich werde Ihnen noch das Geleite geben,« sagte sie, aufspringend, um diesem schwülen Abschied ein Ende zu machen. »Solange die Allee reicht, gehe ich mit Ihnen. Dann kehre ich zurück in meinen Schatten und Sie schreiten weiter im Sonnenlicht.«

Er hatte ihr den Arm angeboten. Sie nahm ihn auch. Schweigend gingen sie eine Weile dahin. »Dort unten, dort, wo die Rauchsäule der Lokomotive aufsteigt, habe ich vor drei Jahren von Ihrem Bruder Abschied genommen,« bemerkte sie leise mit weicher Stimme. »Damals sagte ich voll Zuversicht: Auf Wiedersehen! Ich zweifelte gar nicht, daß wir bald wieder zusammentreffen würden. Seitdem weiß ich, daß das Leben viel öfter trennt, als vereint; darum spreche ich das Wort gar nicht mehr aus. Nein! Ich sage nur: Leben Sie wohl! Küssen Sie Ihren lieben Jungen und vergessen Sie die Einsame!«

»Angela, es thut mir weh, recht weh, von Ihnen zu scheiden. Ich weiß – ich sollte nicht, – mein Herz darf ja keine Wünsche mehr haben – aber Ihr Bild wird nicht aus meiner Erinnerung schwinden.«

Sie waren stehen geblieben unter einem Ahornbaum an der Wegkreuzung. Verscheuchte Schwalben flogen in die Höhe. Die gelben Blumen am Straßenrande leuchteten grell in der Sonne, und der Duft von trocknendem Gras mischte sich mit dem Holzgeruch frischgesägter Bretter, die hier aufgeschichtet lagen.

Er hatte ihre Hände gefaßt.

»Ich habe Ihnen das Leben gerettet und fordere meinen Lohn nun beim Scheiden,« sagte er leise, sich zu ihrem Gesicht herabbeugend.

Sie antwortete nicht; sie schüttelte nur leise, wie flehend, das Haupt. Aber er küßte sie auf den Mund. Dann ging er hastig, mit einem bewegten »Leben Sie wohl!« von ihr fort.

Sie stand regungslos, nachdem er sie verlassen, und blickte in den flimmernden Sonnenglanz, in dem er verschwand. Dann wischte sie sich über die Augen, als habe der Schimmer sie geblendet und seufzte auf. Es war so still in dem alten Städtchen; alles schien tot, sie die einzig Lebende, die durch die leeren Straßen zurückwandelte, sie wußte nicht wohin. Sie war ganz planlos, ganz ziellos in der Welt, und ein Entsetzen vor ihrer Einsamkeit durchfröstelte sie trotz der Sommerglut.

Karl schrieb an seine Frau, sobald er nach Innsbruck zurückgekehrt war, und zeigte ihr an, daß er nach Warnhof kommen würde in den nächsten Tagen. Er behauptete, Klärchen gegenüber, er sei wandermüde; aber er flüchtete nur zu ihr, um bei ihr wieder Frieden zu finden. Er hätte nimmer geglaubt, daß über sein Herz, das er so sicher geborgen geglaubt, noch einmal ein Sturm hereinbrechen könnte. Einen Tag wollte er in seinem Stadtheim in München zubringen, in den Zimmern, die von so viel Glück erzählten. Das schien ihm die beste Heilquelle, um wieder ein braver Ehemann zu werden und die treulosen Gedanken zu verscheuchen.

Er war aber nur wenige Stunden zu Hause, als er zu seiner Überraschung ein Telegramm von seiner Frau erhielt:

»Ich reise heute von Warnhof fort nach München.«

Was bedeutet das? Warum kam sie?

Er hätte gerne noch eine Frist gehabt, um die Unruhe, die Angela in seinem Wesen wachgerufen, verklingen zu lassen; er würde Klärchen lieber draußen, auf dem Gute, in der heiteren Umgebung wiedergesehen haben, als hier, wo sie so völlig unter vier Augen waren.

»Was ist denn geschehen in Warnhof? Warum diese Abreise?« frug er, fast ungeduldig, als er sie am Bahnhof begrüßte.

Sie vermied seinen Blick; sie sagte nur kurz: »In der Nähe ist eine Scharlachepidemie ausgebrochen. Ich fürchtete für Hermann!«

»Wir sollen also nun Hierbleiben, in der öden, heißen Stadt?« rief er ärgerlich.

Als sie zu Hause angelangt waren und der kleine Junge eilfertig in sein Stübchen lief, um die verlassenen Spielsachen hervorzukramen, schlang Klärchen die Arme um den Hals ihres Gatten, leidenschaftlich, mit einer fast feierlichen Rührung, als wären sie endlos lange getrennt gewesen, und blickte ihn mit ernsten, feuchten Augen unverwandt an, als müßte sie ihn wieder kennen lernen, Zug für Zug. Er hatte Vorwürfe erwartet über seine kurzen Briefe, seine mangelhaften Nachrichten; aber diese forschende, betrübte Miene, dieser stumme, bebende Mund beängstigten, bedrückten ihn. Eine ausgesprochene Klage hätte er zu beschwichtigen vermocht; dieser wortlose Schmerz legte sich ihm wie eine schwere Last auf das Gewissen. Es war ihm, als durchschauten ihn ihre Augen, als ahnte Klärchen jede treulose Regung, die ihn durchzittert hatte.

Sie sprachen sanft und liebevoll zu einander; aber es schien fast, als käme das friedliche Einverständnis gar nicht so von selbst, wie sonst, als gäben sich beide Mühe, keinen Mißton einreißen zu lassen. Auch das Gespräch war schleppend; jedes folgte seinem eigenen Ideengang.

Nach Tisch ertrug Karl diese unbehagliche Stimmung nicht länger. Er wollte das Geheimnis, das ihn bedrückte, wenigstens teilweise vom Herzen haben. »Denke Dir, Klärchen,« sagte er möglichst unbefangen und blies aus seiner Zigarre eine Rauchwolke, die sein Gesicht einhüllte, »denke Dir, ich bin mit einer Dame auf die Zugspitze gestiegen. Ein flottes Mädchen! Wenn Du nur auch so gut marschieren könntest!«

»Mit einer Dame?« frug sie, von dem Klang seiner Stimme, die sie so genau kannte, beunruhigt. »War sie allein?«

»Nein, sie hatte den Führer bei sich.«

»Nun, also doch allein!«

»Ja, allerdings. Sie hat keinen Mann, keinen Bruder. – Was soll sie anders?«

»Ich finde das immerhin recht seltsam. Du hast die ganze Tour auf die Zugspitze mit ihr gemacht?«

»Nein; sie ging einen anderen Weg zurück.«

»Du sahst sie nicht wieder?«

Diese Frage war Karl etwas unbequem. Er nahm erst einen Schluck aus seinem Glas. »Ich bin ihr später in Innsbruck noch einmal begegnet.«

»Ah! – also ihr zuliebe hast Du Deinen Reiseplan geändert!«

Klärchens schöne, braune Augen hatten sich angstvoll, in heißem Schrecken auf den Gatten gerichtet. Es wurde ihm sehr schwül vor dieser ernsten Inquisitormiene.

»Was fällt Dir ein, Kind? Ich sah sie flüchtig wieder; sprach ein paar Worte, – das war alles!«

»Lüge nicht, Karl! Ich kenne Dich zu genau. Ich höre aus Deiner

Stimme, ich lese aus Deinem Gesicht, was Du mir verheimlichen willst! Dieses Mädchen, diese emanzipierte Bergsteigerin hat Dich interessiert! Darum hast Du mich ganz und gar vergessen! Mir nur armselige Kärtchen in Eile hingeworfen; – ohne ein einziges, liebes Wort! Hast meine Briefe gar nicht abgeholt! Das ist schrecklich, Karl! Wir sind kaum mehr als eine Woche getrennt und gleich, gleich in der ersten Stunde ist Dein Herz einem neuen Eindruck zugänglich. Die nächste beste kann es mir stehlen. Sag' selbst: Ist das nicht eine traurige Erfahrung? – O! Ich habe allen Glauben an unser Glück verloren!«

Sie sprach mit einer ganz ungewöhnlichen Leidenschaftlichkeit. Klärchen gehörte sonst nicht zu den Frauen, die übertreiben; sie war stets so ruhig, klar und maßvoll. Gerade weil sie nicht ganz unrecht hatte, gerade weil ihn sein Gewissen anklagte, befremdete und erzürnte es ihn, daß sie sein Geständnis so tragisch aufnahm.

»Wenn ich geahnt hätte, daß Dir meine harmlose Mitteilung zu einer Szene Anlaß giebt, so würde ich geschwiegen haben,« sagte er heftig. »Das nächste Mal werde ich, wenn mich ein Zufall mit einer Dame zusammenführt, meinen Hut ziehen und erklären: Wenn Sie nicht umkehren, meine Gnädige, so zwingen Sie mich, einen anderen Weg einzuschlagen; denn meine Frau gestattet mir nicht, einem weiblichen Wesen in die Nähe zu kommen.«

Es klang gereizt, und Klärchen fühlte sich gekränkt. Die Verstimmung war da und blieb da. Sie nahm zu in den darauffolgenden Tagen. Das nachdenkliche, niedergeschlagene Wesen seiner Frau schuf Karl ein beständiges Unbehagen. Er gehörte zu den Menschen, die Kopfhängerei in ihrer Umgebung zum Trotz reizt. Wäre Klärchen lieb und heiter gewesen wie sonst, er würde recht tiefe Reue empfunden haben; ihre Märtyrermiene aber ließ ihn die Bergwanderung und die Begleiterin auf der herrlichen Höhe in ganz verklärtem Lichte erscheinen. Wie frei hatte er geatmet in der Felsenwildnis. In seinem Heim dagegen war ihm die Brust wie von einem Alp beengt. Eines Morgens, als Klärchen in seinem Zimmer Ordnung machte, fand sie Angelas Zeichnung von der Angerhütte, mit dem Tischchen, an dem Karl und sie gesessen hatten.

Karl hörte seine Frau plötzlich aufseufzen, in schwerem Leid. Er wendete sich ungeduldig zu ihr. Mit entsetzten Augen, mit verschleierter Stimme deutete sie auf das Blatt:

»Die reine Idylle! O, darnach sehnst Du Dich! Gesteh' es nur!«

»In der That! Heiterer bin ich damals gewesen, und froher als jetzt war mir zu Mute!« gab er zurück, fast mit einem zornigen Wunsche, sie zu kränken.

Er fühlte sich grenzenlos unbehaglich in der Stadt und wußte nicht, was er mit seiner freien Zeit anfangen sollte. Er ärgerte sich über sich selbst, daß er aus überängstlicher Treue, um ja nicht mehr in die Gefahr zu geraten, das fremde Mädchen zu verfolgen, seine Wanderung so rasch beschlossen hatte. Er ärgerte sich über Klärchen, daß sie Warnhof verlassen. Seine Mutter, die sehr betrübt darüber war, die Ihren nicht, wie sonst im Sommer, zu vereinen, hatte ihm geschrieben, die Abreise ihrer Schwiegertochter sei gänzlich unmotiviert; von einer Scharlachepidemie könne nicht die Rede sein. Das Gerücht lasse sich auf zwei Erkrankungen in einem Dorfe zurückführen, das aber so weit von Warnhof entfernt liege, daß der kleine Hermann wohl in der Stadt beständig einer größeren Ansteckungsgefahr ausgesetzt wäre.

Daraufhin schlug Karl seiner Frau mit größter Lebhaftigkeit vor, daß sie auf das Gut zurückreisen wollten. Aber sie weigerte sich auf das entschiedenste. »Geh Du allein, Karl! Ich bleibe hier.«

Sie hatte anfänglich nur wenig von den in Warnhof verlebten Tagen erzählt; nachdem aber der Kleine mit einer großen Beharrlichkeit täglich, stündlich von »Onkel Erit« plauderte, erwähnte auch sie zuweilen ihres Schwagers.

»Ontel Erit spielt viel schöner mit mir, als Du, Papa,« sagte der kleine Junge.

»Dein Bruder Erich singt so hübsch, Karl. Schade, daß Du Dein Talent so vernachlässigt hast,« bemerkte die junge Frau.

Karl mußte so oft seinen Bruder rühmen hören, daß er einmal heftig ausrief:

»Mein Bruder ist das Familienjuwel! Das ist eine alte Geschichte! Ein Unglück für Dich, Klärchen, daß Du den falschen Falkenberg erwischt hast!«

Klärchen ward dunkelrot und sprach nie wieder von ihrem Schwager.

Bald darauf aber kam von diesem ein kurzer Brief, worin er seinen Besuch anzeigte.

»Du scheinst Dich gar nicht zu freuen,« bemerkte Karl, als er seiner Frau die Nachricht mitgeteilt hatte. »Du machst ein Gesicht, als hätte ich Dir ein Unglück angekündigt.«

»O doch! doch!« erwiderte sie verwirrt und ging aus dem Zimmer, um das Fremdenstübchen herrichten zu lassen. Sie sorgte mit Aufmerksamkeit für den erwarteten Gast; aber sie war noch verschlossener, noch ernster als vorher; ihr Wesen drückte eine beständige ängstliche Erregung aus. Karl kannte sein harmonisches Klärchen gar nicht mehr. Er lief aus dem Hause fort, grollend über ihre sentimentale Laune. Gegen seine Gewohnheit brachte er den Abend unter Freunden im Gasthause zu. Als er nach Mitternacht heimkam, brannte zu seiner Überraschung noch Licht in der Wohnstube, und Klärchen saß auf dem Sofa und hatte ein Buch vor sich; aber sie schien nicht gelesen zu haben, denn es war noch auf der ersten Seite aufgeschlagen.

Als er eintrat, stand sie auf und erwiderte auf seine Frage: warum sie denn nicht zur Ruhe gegangen? zärtlicher, als sie in den letzten Tagen zu ihm gesprochen hatte:

»Ich habe auf Dich gewartet. Ich muß mit Dir reden; ich kann den Morgen nicht herankommen lassen; – ich hätte ja doch keinen Schlaf gefunden vor Angst!«

Ihr warmer Ton machte ihn weich. Er zog sie erschrocken auf das Sofa zurück und setzte sich neben sie:

»Was ist denn, Kind? Was hast Du? Du machst mir bange.«

»O, ich hätte schon lange gerne ein recht vertrauliches Gespräch mit Dir gehabt; aber ich wagte nicht – Du warst auch gar nicht so lieb wie sonst.«

Karl wurde es wieder schwül. Er fürchtete eine Gewissensfrage; Klärchens sanftes Schmeicheln erschien ihm die Einleitung zu einer von ihm geforderten Beichte über die Tage der Trennung. Sie hatte ihren Arm durch den seinen geschlungen; sie schmiegte sich an ihn; er wußte, wenn sie jetzt die Augen zu ihm aufschlug, dann war er in ihrer Macht und mußte reuig um Verzeihung flehen. Aber sie hielt die Blicke gesenkt und begann leise:

»Ich muß Dir gestehen – nicht die Angst vor dem Scharlach, nicht die Sorge um unsern Hermann hat mich von Warnhof fortgetrieben. Es war – doch ich will vom Anfange an erzählen.

Du weißt doch, daß Dein Bruder Dir sehr ähnlich sieht, Karl, wenn Ihr nebeneinander steht, bemerkt man ja Eure individuellen Verschiedenheiten mehr; mir ist die Ähnlichkeit wenigstens nie so aufgefallen, wie in diesem Sommer –«

Karls Miene hatte sich verfinstert.

»Sonst, wenn Du mit mir in Warnhof warst, hatte ich ja auch weniger Gelegenheit, mit Deinem Bruder allein zu verkehren. Dieses Mal aber mußte er mir als Begleiter dienen. Er war recht liebenswürdig gegen mich, Karl. Er erwies mir alle die kleinen ritterlichen Aufmerksamkeiten, auf die ein Ehemann der eigenen Frau gegenüber verzichtet.«

»Ich denke, Du hast Dich über mich nie zu beklagen gehabt,« warf Karl gereizt ein

»Nein, gewiß nicht. Aber Du mußt doch zugeben, daß Du mir nicht mehr den Hof machst, wie früher.«

»Und mein Bruder hat das gethan? O, das ist ja sehr geschmackvoll!«

»Aber Karl – sei doch vernünftig! Er war nur so aufmerksam und höflich, wie sich's geziemt gegen einen lieben Gast. Mach' doch kein so böses Gesicht, sonst verliere ich ja allen Mut, weiter zu reden.«

»O bitte! bitte! Fahr' nur fort!«

Recht freundlich klang die Aufforderung nicht; aber Klärchen suchte wieder den Arm, den er ihr entzogen hatte, und fuhr fort:

»Ich kann nicht dafür, daß Erich mich beständig an Dich erinnerte, wenn wir zusammen durch die Umgebung Warnhofs spazieren gingen; an Dich in den Bräutigamstagen, in dem ersten Sommer unserer Ehe. Es war förmlich, als wachte die schöne, selige Zeit wieder auf, als wir beide als Verlobte und dann als jung verheiratet, dieselben Wege gewandelt sind. Diese Erinnerung ist mir so unsagbar teuer, daß ich Deinem Bruder dankbar dafür war, daß er sie mir so lebhaft auffrischte. Wenn er vorauslief, um einen Zaun für mich zu öffnen, über eine Hecke sprang, um eine Blume für mich zu holen, dann sah er genau so aus, wie mein verjüngter Karl. – Ich lebte ordentlich die Vergangenheit, den Beginn unserer Liebe noch einmal durch. Du brauchst keine so finsteren Falten zu machen, Karl. Es war wirklich nur meine Liebe für Dich, die die Person Deines Bruders mit einem Nimbus umgab und diesen Waldwegen eine gewisse Poesie verlieh. Ich bin allerdings auch mit Erich näher, freundschaftlicher bekannt geworden, als früher, eben weil wir zum erstenmal so aufeinander angewiesen waren. Er hat mir recht vertraulich von sich selbst erzählt, wie einsam er sich fühle, besonders im Winter, wenn der Schnee förmlich eine Mauer aufrichtet zwischen ihm und der übrigen Welt. wenn die Mutter einnickt über dem Strickstrumpf und es so still um ihn ist, daß er sein eigenes Herz klopfen hört.

Anfänglich neckte ich ihn dann, warum er nicht heirate und zankte ihn über seinen Egoismus, ein Leben ertragen zu können, ohne jemand lieb zu haben. Er wurde aber so furchtbar traurig, – daß ich mit ihm nie wieder darüber gesprochen habe.«

Klärchens Stimme war bei den letzten Worten immer leiser geworden; eine rechte Beklommenheit schien ihr die Brust zusammenzuschnüren; ihre Wangen brannten; sie vermied die Augen ihres Gatten.

»Erich that mir so leid, als ich als seine Vertraute einen Einblick in sein Herz gewann,« begann sie nach einer Weile etwas zögernd, wieder. »Es gefiel mir, daß er Dich so um Dein Glück beneidete. – An dem letzten Abend aber« –

Karl hatte sich von ihrem Arm befreit und war aufgesprungen. In großer Erregung schritt er im Zimmer auf und ab.

»Am letzten Abende war ich schon zur Ruhe gegangen und hatte wohl auch eine Weile geschlafen. Ich wohnte wieder, wie sonst, in den zwei Zimmern im Erdgeschoß, entfernt von den andern. Ein Rauschen und Rascheln vor den Fenstern mußte mich geweckt haben. Ich fuhr auf mit heftigem Herzklopfen und horchte, sehr erschreckt. In der Laube schien sich etwas zu bewegen, vorsichtig, wie mit gedämpften Schritten. Ich suchte mir einzureden, es sei nur eine Täuschung meiner erregten Nerven; es sei die Katze, die auf Vögel lauere. Aber das Geräusch kam immer deutlicher an mein Ohr; es war ein Tritt von Menschenfüßen, nicht von leisen Katzenpfoten. Ich hielt mich nicht länger; mit Angstschweiß auf der Stirn, schlüpfte ich in mein Morgenkleid, in meine Schuhe und machte das Fenster auf. Da sah ich ein Gesicht mir entgegengrinsen – o Karl, ein schreckliches Gesicht! Wie eine Spukgestalt aus der Hölle! Stiere Augen, wirres Haar über einer roten heißen Stirn. Ein böses dämonisches Lachen klang mir entgegen, in Lauten, die ich noch nie gehört hatte; und der Mensch stand in Fensterhöhe, bereit, sich hereinzuschwingen. Ich begreife noch nicht, daß ich nicht ohnmächtig wurde vor Schrecken.. Wie eine Verzweifelte habe ich Deinen Namen gerufen, – ich wußte nicht mehr, daß Du so fern von mir seist! Dann riß ich das Kind aus seinem Bettchen und flüchtete aus dem Zimmer, die dunkle Treppe empor, wie von den Furien gejagt. In meiner Todesangst besann ich mich kaum, wo ich war, an welcher Thür ich klopfte. Ich schrie und flehte nur nach Menschen. Im Finstern meinte ich, das schreckliche Gesicht hinter mir zu sehen, – das furchtbare Lachen klang mir noch im Ohr. Es dünkte mir eine Ewigkeit, bis sich endlich jemand regte:

»Was giebt's?« Es war Erichs Stimme. Gleich darauf trat er heraus. Er war noch nicht zu Bett gewesen; aber er hatte meinen Schrei nicht gehört, da sein Zimmer auf der entgegengesetzten Seite liegt. Ich erzählte ihm, kaum meiner Worte mächtig, was mir geschehen sei. Hermann war erwacht und weinte jämmerlich. Das ganze Haus geriet in Bewegung. Mich lief sofort mit einem Knecht in den Hof, in den Garten, um nach der Ursache meines Schreckens zu forschen. Ich glaube, er hielt meine Erzählung für ein Märchen, für eine Ausgeburt meiner Phantasie und ging nur, um mir meinen Willen zu thun, und um mich zu beruhigen. Aber es fand sich bald, daß ich alle Ursache gehabt hatte, voll Entsetzen zu fliehen. Man entdeckte einen Mann, der eben unter wilden Drohungen mit einem Lichte auf die Scheune zustürzen wollte. Er hatte sich mit einer Sense bewaffnet. Vier Männer mußten ihre Kraft aufwenden, um ihn zu fesseln und in sicheren Gewahrsam zu bringen. Ein Knecht war's, der von Kindheit auf etwas schwach im Kopf gewesen; er hatte bei dem heißen Sonnenbrand mit unbedecktem Haupte gearbeitet und war plötzlich irrsinnig geworden. Er schrie mit tollen Geberden: »der Tag des Verderbens wäre gekommen; alles müsse zu Grunde gehen« –

Du kannst Dir denken, Karl, wie ich zitterte, wie meine Nerven in Aufruhr gekommen waren. In meine einsamen Zimmer wagte ich mich nicht mehr zurück. Ich legte das Kind in der Wohnstube auf das Sofa; es schlief gleich wieder ein. Ich trat auf die Veranda und schaute in die Sterne. Die Schönheit der Sommernacht sollte mich beruhigen. Hier wollte ich warten, bis es tagte. Nach einer Weile kam Erich, drückte mir, sehr erregt über den Vorfall, sein Bedauern aus, daß ich als Gast in seinem Hause die nächtliche Störung hatte erleben müssen, zankte mich über meinen Leichtsinn, im dünnen Morgenkleid im Freien zu bleiben und bat mich dringend, mich wieder zur Ruhe zu legen. Da ich mich weigerte, holte er mir einen Shawl, hüllte mich ein und setzte sich neben mich. Er suchte mich zu beruhigen, zu erheitern, zu zerstreuen, wie ein krankes Kind. Er war sehr lieb und gut zu mir. Als ich ihm dankte, daß er um meiner Furchtsamkeit willen seinen Schlaf opferte, faßte er meine Hand und sagte mit warmer Empfindung: »Es ist so süß, jemand beschützen zu dürfen. Eure Schwäche, Klärchen, das ist ein holder Reiz für uns.«

Ach, Karl, – ich weiß nicht, wie ich Dir meine Stimmung erklären, meinen Gemütszustand beichten soll. Kann man denn überhaupt Gefühle schildern, das Unfaßbarste, das Geheimnisvollste, das über uns kommt, wie aus einer rätselhaften Tiefe empor. Es ist furchtbar, es zu sagen, aber die Wahrheit bleibt es dennoch: im Herzensgründe regte sich mir eine warme Empfindung für Deinen Bruder, wie er so leise mit mir plaudernd im Dunkel neben mir saß, während die Rosen im Garten dufteten, und die Sterne in ihrer feierlichen Nachtschönheit zu uns herableuchteten. Wir waren endlich ganz stumm geworden, beide. Eine schwere Beklemmung ergriff mich. Und plötzlich stand ich auf und sagte: Gute Nacht, Erich! Ich will nun doch schlafen gehen.

»Gute Nacht,« sagte auch er fast dumpf und neigte nur den Kopf, ohne mir die Hand zu reichen. Ich wendete mich noch einmal zu ihm, um ihm den Shawl, den ich von den Schultern nahm, zurückzugeben; da neigte er sich zu mir und küßte mich auf den Mund. Du weißt, Karl, wir haben uns immer geküßt, beim Kommen und Gehen – ich kann nicht sagen, warum mich dieser Kuß so heiß erschreckte! Warum er mir wie eine Schuld erschien. Ich hatte seine Lippen mit einem Schauder auf den meinen gefühlt; ich hatte ihren Druck erwidert.

Dann freilich eilte ich in die Wohnstube, nahm mein schlafendes Kind und trug es in mein Zimmer und verriegelte die Thüre. Ich dachte nicht mehr an den wahnsinnigen Knecht; eine viel heißere Seelenangst war in mir; – ein Grauen vor mir selber.

Am anderen Morgen bin ich fortgereist. Erich war ausgeritten. Ich sagte ihm nicht mehr Lebewohl.«

Karl schritt noch immer auf und ab mit düsteren Augen, in wachsendem Groll. Klärchen sah ihm nach mit angstvollem Ausdruck.

»Begreifst Du nun meine Bestürzung, Karl, als ich erriet, daß auch an Dich während der kurzen Trennung eine fremde Empfindung herangetreten war? Sind wir denn der Spielball einer Macht, die stärker ist, als unser Wille? Wir haben uns doch so innig lieb, wir beide, und doch – und doch« –

Karls Erinnerung an Gela, sein Schuldbewußtsein waren in diesem Augenblicke von einem gewaltigen Gefühl fortgespült, verwischt; von der Eifersucht, die sich brennend, ätzend, einschraubend wie keine andere Empfindung auf die Brust legt.

»O, das ist reizend, diese Ähnlichkeit mit meinem Bruder! Man spricht nur mehr von Erich! Mir klingen beständig die Ohren von Erich! Meine eigene Frau verwechselt mich mit ihm. Die reinste Komödie der Irrungen!« rief er zornig auflachend. »Nein, Klärchen, das ist keine Komödie! Das ist bitterer Ernst! Das also war die Klage, die ich seit meiner Rückkehr in Deinen Augen lese, die innere Unzufriedenheit, die Du unter Mißtrauen gegen mich zu bemänteln gesucht hast! Du bist unglücklich, weil ich Dein Mann bin; nicht Erich. Du hast die Brüder verglichen und sehnst Dich nun nach dem jüngeren, der so hübsch singt, der so amüsant, so galant ist! O, gesteh' es nur! Aber ich werde morgen Erich zu verstehen geben, wie taktvoll ich sein Benehmen finde.«

»Um Gottes willen, Karl, Erich kommt als Dein Gast« –

»Du bist der seine gewesen. Wie ein Heiligtum sollte ich ihm meine Frau anvertrauen dürfen, und er hat es passend gefunden. Dich anzuschwärmen« –

»Das habe ich nicht gesagt, Karl,« stammelte sie, sehr verwirrt.

»O, ich lese zwischen den Zeilen. Er hat Dich verwöhnt mit Bewunderung, überschüttet mit Artigkeiten. Es war ihm ein hübscher Zeitvertreib, der Frau seines Bruders den Kopf zu verdrehen. Seitdem bin ich nicht mehr lieb und höflich genug! Du erscheinst Dir als vernachlässigte, unglückliche Frau! Getrost, getrost, morgen kommt ja der Idealmensch; der schickere, bessere, edlere Falkenberg! Aber ich werde ihm den Standpunkt klar machen!«

»Karl – um Gottes willen! denke an Eure Mutter! Ein Streit zwischen Euch würde ihr das Herz brechen. O, bitte, bitte, sage ihm keine harten Worte, dem armen Erich!«

»Warum »der arme«? Er hat Dein Mitleid nicht nötig, so viel ich weiß.«

Klärchens Wangen waren immer heißer, ihre Miene immer verlegener geworden.

»In welchen Konflikt stürzest Du mich, Karl. Ich habe Dir gebeichtet, weil es mir wie Unrecht erschien, nur das geringste treulose Gefühl vor Dir zu verheimlichen, weil Mann und Frau sich alles sagen sollen. Aber ich muß mein Geständnis bitter bereuen, wenn Du mein Vertrauen mißbrauchen willst. Ich sprach auch nur von mir, von mir allein – nicht von Erich. Und ich schwöre Dir, er hat kein Wort zu mir gesprochen, über das Du ihm zürnen müßtest. – Ich weiß gar nicht, was Du ihm vorwerfen wolltest –

»O sorge Dich nicht!« rief Karl mit flammenden Augen und verließ das Gemach. Klärchen hatte ihren Gatten nie so heftig aufgebracht gesehen, nie geahnt, daß solche Wildheit und Leidenschaft in ihm schlummere.

Es war ihr sehr bang zu Mute. Sie hatte gehofft, daß die Unruhe von ihr weichen würde, sobald sie ihrem Gatten gebeichtet, von welch wunderlicher Stimmung sie einmal ihrem Schwager gegenüber erfaßt worden. Nun hätte sie doch alles drum gegeben, das Geständnis ungeschehen zu machen. Sich selbst hatte sie anschuldigen und anklagen wollen, nicht Erich. Eines hatte sie ja ihrem Gatten verschwiegen: das Traurigste. Sie konnte in der That nicht daran zweifeln, daß ihr Schwager eine unglückselige Leidenschaft fühle für sie, für die Frau seines Bruders.

Der Moment war ihr unvergeßlich, als sie ihn gefragt, warum er keine Frau genommen habe, und er ihr so tieftraurig erwidert hatte:

»Es ist ein eigen Ding um die Sympathie; um jenes höchste Vertrauen, das man »Herzensliebe« nennt. Ich kenne der hübschen Mädchen genug, die ich achte, die mir gefallen, die ich für fähig halte, einen Mann zu beglücken, aber der Wunsch, mein ganzes Leben mit einem dieser Mädchen zu teilen, erwacht nicht; es regt sich nichts in meinem Herzen. Die eine aber, für die ich diese Sympathie, dieses höchste Vertrauen empfunden hätte, die eine, die mein Herz wollte, – sie ist unerreichbar für mich, – ist für mich verloren!«

Dabei hatte er sie angeblickt, so ernst, so wehmutsvoll, mit solchem Seelenschmerz. Mit einem schweren Seufzer hatte er hinzugefügt:

»Das ist mein Mißgeschick, liebes Klärchen. Karl hatte Glück, ich hatte keins –«

Seit dieser Stunde war's ihr so weich und traurig ums Herz; seitdem nannte sie ihn in Gedanken den »armen Erich.« Um seinetwillen war sie aus Warnhof geflohen. Aber sein Entschluß, in die Stadt zu kommen, in ihre Nähe, in ihr Heim, hatte sie erschreckt. In wahrer Angst vor der Herzerschütterung, die ihr bevorstand, wenn er nun um sie weilte mit seiner hoffnungslosen Liebe, war sie zu ihrem Gatten geflüchtet. Und nun hatte sie selbst ihm einen schlimmen Empfang bereitet. Sie sah ihn wieder vor sich, wie er mit seinem frischen Gesicht und seinen glänzenden Augen in den Hof ritt, dem kleinen Hermann ein lustiges Wort zurief und ihr in seiner herzlichen Art einen guten Morgen wünschte. Jedesmal hatte sie dann gedacht:

»Was für ein lieber Mensch er ist.«

Und nun sollten sich um ihretwillen die Brüder entzweien, ihr Söhnchen den geliebten Onkel verlieren, – sie den Freund. –

Sie schlief gar nicht in dieser Nacht und stand am Morgen auf mit bleichem Gesicht, in dem die Augen größer noch und dunkler als sonst erschienen.

Erst gegen Abend sollte Erich ankommen. Karl verließ gleich nach dem Frühstück das Haus; er hatte nur mit dem Kind gescherzt, an seine Frau kaum das Wort gerichtet. Klärchen begann sich wie sonst zu beschäftigen; aber sie war so zerstreut, daß sie beständig die Schlüssel verlegte und trotz der musterhaften Ordnung in ihren Schränken nicht fand, was sie suchte; daß sie Hermanns Baukasten in die Küche trug und das Früchteglas in das Kinderzimmer.

Ein Besuch wurde gemeldet, – eine Dame.

»Ach Gott,« seufzte sie. »Wer denn, wer ist's« frug sie ungeduldig die Dienerin.

»Ich kenne die Dame nicht. Sie war nie bei Ihnen, gnädige Frau.«

Nachdem Klärchen versäumt hatte, sich verleugnen zu lassen, mußte sie doch in den Salon treten und sehen, wer ihrer wartete, so wenig sie sich auch in der Stimmung fühlte, höfliche Gespräche zu tauschen. Eine hohe weibliche Gestalt in einer einfachen, aber sehr geschmackvollen Sommertoilette verneigte sich vor ihr. Sie blickte sie befremdet an.

»Mit wem habe ich das Vergnügen« –

»Mein Name ist Angela Dörner. Ich weiß nicht, ob Sie denselben schon gehört haben. Ich bin mit Ihrem Manne auf der Zugspitze gewesen und da ich durch diese Stadt reiste, empfand ich ein so lebhaftes Interesse, Sie kennen zu lernen, gnädige Frau, daß ich alle Bescheidenheit hintansetzte und zu Ihnen kam.«

Klärchen war zusammengezuckt; mit nicht eben freundlicher Miene deutete sie auf einen Stuhl. Feindselig prüfend, betrachtete sie die schlanke, große Gestalt. So sehr sie dazu geneigt war, sie konnte nichts Unweibliches, Emanzipiertes an der Erscheinung finden, und das energische Gesicht weckte ihr sogar ein gewisses Wohlgefallen. Auch Gela sah die junge Frau forschend an.

»So also bist Du?« schienen die sich begegnenden Augenpaare zu sagen.

»Ich bedaure nur, daß mein Mann nicht zu Hause ist,« bemerkte

Klärchen dann etwas spitz. »Ich denke, Ihr Besuch wird mehr ihm als mir gegolten haben.«

»Nicht doch – im Gegenteil. Ich sah Ihren Mann an dem Hotel, in dem ich abgestiegen bin, vorübergehen. Weil ich ihn abwesend wußte, darum kam ich.«

Wieder eine kurze, unbehagliche Pause. Man hörte aus dem Nebenzimmer ein Kinderlachen.

»Das ist wohl das Stimmchen Ihres Kleinen, gnädige Frau? Darf ich ihn nicht sehen?« bat Gela.

Hermann wurde hereingeführt, und das Mädchen faßte seine Händchen und blickte ihn mit sichtlicher Bewunderung an.

»Deine Photographie sah ich schon, mein kleiner Mann –« sagte sie, ihm über die blonden Härchen streifend. »Ein so offenes, treuherziges Gesicht, – das zeigte sich auch auf dem Bilde,« fügte sie, zu der Mutter gewendet, hinzu.

»Wo hast Du mich gesehen?« frug der Kleine, ihr recht vertraulich auf den Schoß kletternd.

»O, auf einem hohen Berg, auf den Du auch einmal steigst, wenn Du groß bist!«

»Ja, mit dem Papa! Ich weiß schon, wie der Berg heißt: die Zugspitze« –

»Sie sind mit meinem Manne in einem Unterkunftshause zusammengetroffen?« frug Klärchen, welche die Zärtlichkeit des Mädchens für ihren Sohn etwas milder stimmte.

»Nein, schon unterwegs. Es war ja so drollig – hat Ihr Mann Ihnen nicht davon erzählt? – daß ich ihn mit seinem Bruder verwechselte und wie einen Bekannten begrüßte?«

Klärchen war sehr rot geworden, als die Rede auf ihren Schwager kam. Ihr Erstaunen über diesen unerwarteten Besuch, die Neugier, der Groll, die Unruhe, welche ihr die Fremde weckte, hatten für einige Augenblicke den Gedanken an Erich in den Hintergrund gedrängt.

»Sie kennen meinen Schwager?«

»Nur flüchtig. Ich traf ihn auf einer Reise. Es ist drei Jahre her, und ich bin ihm seitdem nicht wieder begegnet. Sie finden doch auch, gnädige Frau, daß die Brüder sich zum Verwechseln ähnlich sehen?«

»Allerdings.«

Klärchen war zu verwirrt über diese Frage, um mehr zu erwidern. Angela aber ersah aus den kurzen Antworten, die sie erhielt, daß ihr

Besuch unwillkommen sei. Sie ließ den Kleinen von ihrem Schoß gleiten und stand auf.

»Leb' wohl, mein lieber kleiner Kerl,« sagte sie.

Hermann gab pflichtschuldigst sein rechtes Händchen, machte einen Knix, und da er sich als entlassen betrachtete, lief er wieder zu seinen Bleisoldaten.

»Ich fühle wohl, daß ich nicht hätte kommen dürfen,« bemerkte nun Angela, indem sie der jungen Frau, die ihr etwas verlegen gegenüber stand, mit einem traurigen Blick die Hand reichte. »Wer so allein in der Welt steht, wie ich, der gewöhnt sich allzu sehr daran, den Eingebungen des Moments, einem plötzlichen Wunsche zu folgen. Ich habe mit Ihrem Gatten eine sehr ernste und eine sehr schöne Stunde erlebt. Vielleicht hat er Ihnen erzählt, daß ich ohne seine Geistesgegenwart in den Abgrund geschleudert worden wäre?«

Klärchen nickte, obwohl Karl von diesem Zwischenfall kein Wort erwähnt hatte.

»Der klare, herrliche Morgen – das ist die frohe Erinnerung nach der düsteren. Mein Leben ist nun im allgemeinen so grau und farblos, so leer an Eindrücken, daß mir dieser eine Tag recht ereignisreich erscheint. Können Sie nun vielleicht das Verlangen begreifen, die Frau des Mannes kennen zu lernen, mit dem ein Zufall mich gerade bei dieser Bergwanderung zusammengeführt hatte? Verzeihen Sie mir, wenn Ihnen das unpassend, zudringlich scheint.«

In der Stimme, in den Augen des Mädchens war ein Ausdruck, der Klärchens Feindseligkeit besiegte. Im ersten Moment, als sie den Namen gehört, hatte ihre Phantasie, die schon durch die Szene am letzten Abend, durch die schlaflose Nacht sehr erregt war, ihr die tollsten Schreckbilder vor die Seele gerufen; daß das Mädchen nur hergekommen sei, um ihr den Gatten zu rauben, sie aus ihrem Heim zu verdrängen, daß die Fremde ihr mit einem lebhaften Triumphe erzählen würde, wie sehr ihr Mann während seiner Reise sein Heim und sein Weib vergessen habe.

Aber aus dem ernsten Gesicht sprach viel mehr Trauer als Triumph; viel eher eine müde Resignation, als keckes Selbstbewußtsein. Jede Bewegung, jedes Wort des Mädchens verriet ihr, daß sie wohl eine freie, nicht nach dem gewöhnlichen Maß zu beurteilende Natur vor sich habe, aber sicherlich keine kokette Intrigantin.

Vielleicht sah Klärchen auch in dem scharfen Licht, das zum Fenster hereinfiel, daß die Fremde jenen allerersten, rosigen Jugendduft nicht mehr besaß, der ihr als eine allzu gefährliche Konkurrenz erschienen wäre. Jedenfalls regte sich in ihr plötzlich eine Anwandlung von Größe. Sie wollte ihren Gatten beschämen, gründlich beschämen. Er hatte dem eigenen Bruder Vorwürfe, Zank, Streit geschworen, aus Eifersucht; sie aber würde sich erhaben zeigen über solch kleinliche Regungen. Mit verändertem Tone wendete sie sich an das Mädchen:

»Liebes Fräulein, Sie müssen meinen frostigen Empfang entschuldigen. Man hat mir oft zum Vorwurf gemacht, daß ich gegen Fremde scheu und zugeknöpft sei. Es liegt das in meiner Art. Aber Sie sollen mich näher kennen lernen und dann werden Sie sehen, daß mein Mann keine ganz unliebenswürdige Gefährtin besitzt. Machen Sie mir die Freude, heute Abend bei mir zu essen. Ich möchte meinen Mann mit Ihrer Gesellschaft überraschen. Er wird sich freuen, Reiseerinnerungen mit Ihnen zu tauschen, und ich höre doch auf diese Weise auch eine recht genaue Schilderung der schönen Bergtour. Nicht wahr, Sie nehmen an und ich darf Sie um acht Uhr erwarten?«

Wenn Klärchen lieb sein wollte, so hatte sie eine sehr bestrickende Art zu bitten.

»Ich danke Ihnen, gnädige Frau, daß Sie meinen barocken Einfall, Ihnen ins Haus zu laufen, so freundlich aufnehmen,« erwiderte Angela. »Ich komme gern. Ich werde nach diesen Stunden freilich für lange, wohl für immer von Ihnen Abschied nehmen müssen, denn morgen früh reise ich fort – und in wenigen Wochen bin ich über dem Ozean.«

»Ach!« sagte Klärchen bedauernd. Aber im tiefsten Grunde des Herzens fühlte sie eine Erleichterung.

»Auf Wiedersehen aber heute,« bat sie noch einmal sehr herzlich.

Jetzt, nachdem sie wußte, daß Angelas Besuch nur von so kurzer Dauer sein würde, konnte sie sich erst ganz unbefangen ihrer Einladung freuen. Obwohl ihr noch immer ein rechter Druck auf dem Herzen lag, mußte sie doch lächeln, über den Trumpf, den sie gegen ihren Gatten ausspielen konnte. Ob er wohl verlegen werden würde bei Angelas Anblick?

Jedenfalls konnte die Gegenwart der Fremden nur wohlthuend wirken, wenn die Brüder wirklich in Streit gerieten.

Vor allem mußte die Überraschung gewahrt bleiben. Während des Mittagessens beschäftigte sie sich auf das lebhafteste mit dem kleinen

Hermann, um diesen zu hindern, an den Besuch der Dame zu denken und denselben zu erwähnen. Karl war düster und wortkarg.

»Ich gehe nun zur Bahn, um Erich abzuholen,« sagte er, als die Zeit herangekommen war.

Klärchen erschrak über seinen Gesichtsausdruck. Es schien ihr sehr unbehaglich, die Brüder gleich in der ersten Viertelstunde allein zu lassen.

»Aber Hermännchen hatte sich so gefreut, den Onkel am Bahnhof zu empfangen,« warf sie schüchtern ein.

»O ja, o ja, Papa!« beteuerte der Kleine und fing, wie schwer in seinen Rechten gekränkt, zu weinen an.

Karl war ein schwacher Vater – wie mancher andere Trotz seiner üblen Laune, dem Kinderwunsche konnte er nicht widerstehen.

So fuhren denn alle drei mit dem Pferdebahnwagen zum Bahnhof.

Klärchen hatte heftiges Herzklopfen, als der Zug in die Halle einrollte; auf Karls Zügen stand keine freudige Erwartung geschrieben, nur Ungeduld, seinem Groll Luft zu machen.

Als aber die Wagenthür geöffnet wurde und der blonde junge Mann heraussprang, dem Bruder herzlich die Hand schüttelte, seine Schwägerin unbefangen begrüßte und dann den ihm entgegenjubelnden Neffen emporhob, da schienen vor seinem sonnigen Wesen alle drükkenden Schatten fortzuweichen.

Wenn die Brüder nebeneinander schritten, zeigte sich, trotz aller Ähnlichkeit, doch die Verschiedenheit, die besonders der Beruf ihren Erscheinungen aufprägte. Karl wirkte bleicher, zarter, neben dem gebräunten, wie von Landluft durchfrischten jungen Gutsbesitzer. Auch Erichs Gang war nicht der des Stadtmenschen, der immer geradezu läuft, seinem Ziele nach, ohne rechts und links zu blicken. Er sah in den Straßen hunderterlei Dinge, die seine Neugierde, seinen gutmütigen Spott hervorriefen. Ein lustiger Mensch ist wie ein von Kopf zu Fuß Gepanzerter. Jedes böse ernste Wort, das als scharfer Pfeil gegen ihn abgesandt wird, prallt wie an einem Schilde an seiner heiteren Laune ab und verliert die Spitze, weil sein Lachen es pariert. Karl erregte mit seinem frostigen Benehmen gegen den Bruder anfänglich nur dessen Mitleid.

»Bist Du ein Grillenfänger geworden? Das kommt davon, weil Du stets in der Stadt bleibst. Die Mutter ist natürlich sehr böse über Dich, daß Du Dich nicht in Warnhof blicken läßt. Du brauchtest Dein Erstgeburtsrecht gar nicht mehr für ein Erbsenmus zu verkaufen, wie's der haarige Esau gethan haben soll – er muß schon sehr hungrig gewesen sein, der arme Kerl – in ihrem Herzen bist Du nicht mehr Majoratsherr,« spottete Erich.

»O, das ist eine alte Geschichte,« gab Karl nicht eben freundlich zurück, »daß nicht die Erstgeborenen, sondern die Nesthäkchen die Lieblinge der Mütter sind. Du brauchst darauf gar nicht zu pochen.«

»Fällt mir auch gar nicht ein. Ich weiß, Mütter sind wandelbar wie alle Frauen. Wenn Du heute oder morgen nach Warnhof fahren würdest, so wärst Du der Gefeierte, der Bevorzugte, und man schlachtete um wieder biblisch zu reden – wenn auch kein Kalb, so doch einen fetten Indian Dir zu Ehren.«

Als man zu Hause angelangt war und Karl seinen Bruder in das Gastzimmer führte, hatte Klärchen wieder große Angst, der gefürchtete Moment des Streites könne jetzt heranrücken. Sie horchte gespannt, ob keine lauten Stimmen vernehmbar wurden, und rief dann mit einem plötzlichen Einfall:

»Hermännlein, lieber Schatz! lauf' doch in Onkels Zimmer und bring' ihm den Strauß, den Du für ihn gepflückt, und frag' ihn nach dem lieben, braunen Füllen in Warnhof und nach dem Bello und der weißen Miez.«

Höchst wichtig trippelte der Kleine fort. Sie wußte, nun wurden die beiden den kleinen Plagegeist nicht so leicht wieder los und in Gegenwart des Kindes konnte Karl doch den Zank mit Erich nicht vom Zaune brechen. Die Brüder traten denn auch nach einer Weile mit ganz ruhigen Gesichtern ein. Sie kannte Karls Miene ganz genau: noch hatte er nichts gesagt; er lauerte noch auf eine Gelegenheit. In der That, der Groll auf den Bruder prickelte ihm durch alle Adern; er war ärgerlich, ihn so heiter zu sehen; er zürnte Erich, weil er ihn selbst ganz liebenswürdig finden mußte. Aber es ward ihm schwerer, als er gedacht, mit einem Vorwurf gegen ihn herauszuplatzen. Er konnte ihm doch nicht ins Gesicht schreien: Unverschämter, wie kannst Du wagen, meiner Frau zu gefallen? Aber er widersprach dem Bruder beständig, und Klärchen fühlte, daß allmählich Erichs Heiterkeit erlahmte, daß der Unfrieden wie ein graues Gespenst in einem Winkel lauerte, bereit, an sie heranzukriechen. Sie überbot sich an Lebhaftigkeit, um dem Gespräch immer wieder eine harmlose Wendung zu geben. Karls Eifersucht aber steigerte sich, weil er bemerkte, wie ungewöhnlich seiner Frau die Zunge gelöst war, wie ihre Wangen sich röteten, wie erregt sie wurde durch die Nähe ihres Schwagers. Man fing an über Politik zu reden. Ein gefährliches Thema, denn die Brüder hatten von jeher verschiedene Ansichten vertreten. Es ward immer schwüler. Klärchen mischte sich absichtlich mit naiven Fragen ein, um das Gespräch nicht ernst werden zu lassen.

»Ich bitte Dich, Kind, kümmere Dich nicht mit Politik,« sagte Karl ungeduldig. »Davon verstehen Frauen nichts, brauchen auch nichts davon zu verstehen.«

»Laß Dir das nicht gefallen, Schwägerin. Kluge Frauen verstehen alles,« warf Erich hin.

Eine galante Redensart. Aber Karl griff die Phrase auf.

»Ja, das ist bei Euch Junggesellen beliebte Manier, den Damen Schmeicheleien zu sagen, an die Ihr selbst nicht glaubt. Schöne Worte reden – das ist gar keine Kunst! Aber die Frauen halten jedes Kompliment für bare Münze und bilden sich ein, wunder wie edel und gut Ihr von ihnen dächtet. Wenn's Euch Ernst wäre mit Eurer Huldigung, warum zeigt Ihr das nicht durch die That? Warum nimmst Du Dir nicht eine Frau, Erich, wenn Du glaubst, daß sie alles verstehen?«

»Hör' einmal, Karl, das war doch wirklich kein Anlaß, Dich zu ereifern!« erwiderte Erich mit einem fragenden Blick auf Klärchen und mit einem großen Befremden. Dann, von Karls Gesichtsausdruck gereizt, fügte er hinzu:

»Ich meine, ob ich eine Frau nehme oder nicht, – das ist doch meine Sache!«

»Natürlich!« rief Karl höhnisch. Nun, da er einmal den Vorwand gefunden, hämmerte ihm das Blut zu heiß an die Schläfen, um ihm noch eine maßvolle Zurückhaltung, ein Verschweigen seines eifersüchtigen Grolls möglich zu machen.

»Meine Sache aber ist's, mir zu verbitten, daß Du meine Frau gegen mich aufhetzest; daß Du ihr mit höflichen Phrasen den Kopf verdrehst und ihr Verhaltungsmaßregeln giebst, was sie sich von mir gefallen lassen soll oder nicht.«

Was Klärchen seit gestern als Schreckbild vor sich gesehen, war nun Wirklichkeit geworden. Die beiden Brüder standen sich gegenüber mit heißen, finsteren Gesichtern und ihre Augen funkelten sich ganz feindlich entgegen. Auch Erich hatte seine Ruhe verloren.

»Sag's gleich heraus, Karl, wenn Dir mein Besuch unlieb war,« rief er gekränkt. »Ich hab's schon am Bahnhof an Deinem eiskalten Empfang gemerkt, daß ich Dir nicht willkommen sei. Du hättest mir ja nur zu schreiben brauchen, daß ich wegbleiben soll. Übrigens kann ich ja sogleich wieder gehen – es giebt Hotels in der Stadt!«

Im selben Moment wurde an die Thür geklopft. Klärchen hatte in ihrer Herzensangst während der letzten peinlichen Minuten ihren Gast ganz vergessen gehabt und sich verzweifelnd den Kopf zerbrochen, wie sie diesem Wortwechsel eine Ende machen könnte. Nun mußte sie förmlich einen Jubelruf unterdrücken, als sie die Fremde auf der Schwelle sah und es kostete ihr keinerlei Überwindung, Angela mit warmer Herzlichkeit zu begrüßen. Sie erschien ihr wirklich wie ein guter Engel, gerade in diesem Augenblicke.

Die plötzliche Erscheinung des Mädchens wirkte geradezu verblüffend.

Die beiden Herren, die eben so lebhaft und hitzig gesprochen hatten, standen scheu und stumm und starrten sie an. Karl traute wirklich seinen Augen kaum. Er blickte bald auf seine Frau, bald auf die schlanke Gestalt Angelas, die in dem glatten, schwarzen Seidenkleide etwas Hoheitsvolles, Fürstliches hatte, und fand nicht allsogleich ein Wort der Begrüßung. Klärchen brach zuerst das beklommene Schweigen.

»Nicht wahr, Karl, – diese Überraschung ist mir einmal gelungen! Das Fräulein hat mich heute Morgen besucht, und ich forderte sie auf, uns abends das Vergnügen zu machen. Wunderbarer Weise habe ich mich diesmal mit keiner Silbe verraten, – zu Weihnachten passiert mir das nämlich immer, wenn ich meinen Main überraschen möchte.«

»Das ist wirklich eine unerwartete Freude!« rief Karl, nun erst Angela die Hand reichend. Auch seiner Frau warf er einen warmen, dankbaren Blick zu. Er fühlte sich wirklich von ihr beschämt; auch wollte er sich vor Angela von seiner liebenswürdigsten Seite zeigen. Ein Moment hatte genügt, um den streitsüchtigen, übellaunigen Ehemann in den heitersten, gastfreundlichsten Gesellschafter zu verwandeln.

Erich aber blieb stumm und ernst im Hintergründe.

Angela war zusammengezuckt, als sie beim Eintreten die beiden Brüder vor sich gesehen. In einer ihr ungewohnten Befangenheit hatte sie kaum gewagt, Erich anzublicken, sondern eine Weile mit rascher klopfendem Herzen gewartet, daß er auf sie zutreten, sie begrüßen würde. Er hatte auch im ersten Moment eine Bewegung gemacht, ihr entgegen – sich aber dann, wie vor ihrer Miene zurückgeschreckt, nur tief vor ihr verneigt.

Da Karl und Klärchen voraussetzen mußten, daß ihre beiden Gäste sich schon getroffen hatten, wurden sie einander nicht vorgestellt und bei der zwischen den Brüdern herrschenden Verstimmung erwähnte Karl auch nicht, auf welche Weise er das Fräulein kennen gelernt habe.

Man ging bald darauf zu Tisch. Erich bot seiner Schwägerin den Arm; Karl führte das Fräulein. Er war sehr aufgeräumt und munter, während die drei übrigen Mühe hatten, ihre innerliche Gedrücktheit zu verbergen. Klärchen fand ihren Gatten zuvorkommender und aufmerksamer gegen die Fremde, als ihr lieb war und überdies bebte in ihrem Gemüt noch der Nachhall der eben stattgehabten Szene zwischen den Brüdern. Nach Erichs Miene ließ sich wohl schließen, daß er sich schwer beleidigt fand und die Worte des Bruders nicht vergeben und vergessen wollte. Er saß gegen seine sonstige Art steif und wortkarg am Tische und berührte die Speisen kaum. Angela aber fühlte sich durch sein Benehmen gekränkt. Es machte sie geradezu verlegen, daß sie so offen von ihrer warmen Erinnerung an den jungen Mann gesprochen hatte, der ihrer früheren Begegnung mit keinem Wort erwähnte, der sich den Anschein gab, als habe er sie nie gesehen. Aber wenn er auch ihre gemeinschaftliche Fahrt vergessen hatte, warum ließ er sich ihr dann nicht vorstellen? Warum sah er sie nur beständig mit so ernst forschenden Augen an, ohne wenigstens der Höflichkeit zu genügen, die in einem kleinen Kreise es jedem zur Pflicht macht, zur Unterhaltung beizutragen? Ein für gewöhnlich wortkarger Mensch, der schweigsam am Tische sitzt, pflegt das Behagen der anderen nicht zu stören. Wenn aber ein sonst heiterer Gesellschafter plötzlich in einen steinernen Gast verwandelt ist, so lastet ein Bann, ein Frost auf den übrigen, der sich nicht abschütteln läßt.

Klärchen setzte sich nach Tisch ans Klavier und sang ein paar muntere Lieder, ohne Erfolg für die Stimmung. Sie hatte selbst ein paarmal gegen Thränen zu kämpfen gehabt.

»Wie schön ist es gewesen vor zwei Wochen auf der Zugspitzhöhe!« seufzte Karl, zu Angela gewendet.

»Ja, ich freue mich so, daß ich die Berge noch einmal in ihrem vollen Zauber gesehen habe. Es war ja mein Abschied von ihnen. Ich habe mich nun doch entschlossen, noch im nächsten Monat nach Amerika zu reisen. Es sind weitere Briefe von dort gekommen; meine Mutter wünscht so dringend, daß ich gehe – es ist besser, ohne langes Besinnen ein Ende zu machen.«

Sie sprach mit einer schwermütigen Ergebenheit, die Karl eigentümlich ergriff. Hatte sie die Begegnung mit ihm zu dem raschen Entschluß getrieben, wollte sie den Ozean zwischen sie beide legen, als ewige Kluft?

Er hätte ihr gerne ein warmes Wort gesagt, aber Erichs und Klärchens Augen waren auf sie gerichtet.

Angela stand auf, um sich zu verabschieden. Es trat wieder eine etwas schwüle Pause ein. Einer der Herren mußte der Dame das Geleit geben. Karl hätte das natürlich mit größter Freude gethan; er scheute sich nur, vor seiner Frau seine Ritterdienste anzubieten. Da aber Erich während des ganzen Abends in seinem düsteren Schweigen verharrt hatte und auch jetzt nicht die Lippen öffnete, sagte Karl doch endlich:

»Sie gestatten, Fräulein, daß ich Sie in Ihr Hotel bringe?«

Er hatte den Satz noch nicht vollendet, als ihm einfiel, daß auf diese Weise Erich mit Klärchen zurückbleiben würde, der beleidigte Bruder und die Frau, die heute zum allerersten mal Grund hatte, ihm zu zürnen. Der Gedanke war ihm doch sehr unbehaglich.

Klärchen aber hatte, als ihr Mann sich der Dame als Begleiter anbot, in dem Gesicht ihres Schwagers einen Ausdruck gesehen, der ihr zu denken gab.

»Ach, es ist so schön draußen,« rief sie; »ich hätte eigentlich noch die größte Lust, einen Spaziergang zu machen. Wir wollen alle zusammen gehen – ist es Dir recht, Erich?«

»O ja, gewiß!« erwiderte dieser zerstreut und gedankenabwesend, wie er den ganzen Abend gewesen.

Als man aus der Thür trat, suchte Karl an Angelas Seite zu kommen, aber Klärchen hing sich an den Arm ihres Gatten und sagte, ihn etwas boshaft anlächelnd:

»Man geht viel besser paarweise, findest Du nicht auch, lieber Karl?«

Erich hatte auch sofort dem Fräulein seine Führung angeboten und sobald er ihre Hand auf seinem Arm fühlte, beschleunigte er seine Schritte, sodaß sie außer Hörweite der anderen kamen. Und nun sah er ihr plötzlich mit einem heißen Blick in die Augen und frug mit einer vor Erregung bebenden Stimme:

»Nun endlich sollen Sie mir sagen, ob Sie denn wirklich vergessen haben, daß wir uns schon einmal im Leben begegnet sind?«

Angela sah ihn überrascht an und verbarg ihm ihre Gereiztheit nicht.

»Ich meine, Herr von Falkenberg – es wäre an Ihnen gewesen, mich als Bekannte zu begrüßen. Ich würde Sie dann nicht verleugnet haben. Ich besitze leider ein ausgezeichnetes Gedächtnis. Da Sie aber das Ihre im Stiche zu lassen schien –«

»Fräulein, stellen Sie sich vor, ein Mensch hätte, sagen wir auf einer Reise eine Melodie gehört, die ihm das Herz ganz wundersam bewegte, die er gar nicht vergessen und doch nicht wiederfinden konnte. Er suchte, suchte nach diesem ersehnten Klang, ziellos, hoffnungslos, bis er sich endlich gestehen mußte, daß er eben so gut nach einer einzelnen Welle im Meere, nach einem einzelnen Sterne am Sommerhimmel begehren könnte, wie nach diesem verhallten, verlorenen lieben Laut. Und plötzlich, als er längst den Glauben an das Wiederfinden aufgegeben hat, in einer ganz prosaischen, in einer unerfreulichen Stunde sogar, klingt die Melodie wieder an sein Ohr. Können Sie begreifen, daß der Mensch vor holdem Schrecken ganz sprachlos, ganz starr wird?«

Sie antwortete nicht; sie ging mit gesenktem Haupt neben ihm. Man hörte Klärchens Lachen hinter ihnen. Gerade weil diese bemerkte, daß ihr Gatte das Gespräch der Voranschreitenden gerne belauscht hätte, plauderte sie auf das lebhafteste und es machte sie lustig, mit argloser Miene diese kleine Rache an Karl auszuüben.

»Der Vergleich kann Ihnen vielleicht einigermaßen meine Empfindung erklären, als ich Sie so unerwartet vor mir sah,« begann Erich wieder. »Sie haben ja keine Ahnung, wie unvergeßlich mir die Reise über den Brenner in Ihrer Gesellschaft gewesen ist, mein Fräulein. Wir hatten ja gar nicht ernst, nein, sogar sehr ausgelassen miteinander gesprochen, aber der Eindruck war doch ein unbeschreiblich tiefer für mich. Ich kann wirklich sagen: mit Schnellzugsgeschwindigkeit war ich mit Ihnen bekannt und vertraut geworden; aber so rasch war leider auch der Abschied. Da stand ich auf dem Perron, hörte die Lokomotive pfeifen; der ganze Übermut des wunderbaren Frühlingstages war noch in mir; ich betäubte meinen Trennungsschmerz mit dem lieben Worte »Auf Wiedersehen,« das Sie mir zuletzt gesagt; vergnügt winkte ich mit dem Hut, sah Ihr Gesicht sich noch einmal herausneigen, – und mit einer ganz versteinerten Bestürzung fällt mir ein, – erst in dem Augenblicke, als der Zug sich in Bewegung setzt: Ich weiß ja gar nicht, wie sie heißt, nicht, wo sie lebt!«

»Wo findet man ein Menschenkind wieder im großen Deutschland, dessen Namen man nicht kennt?«

»Sie sehen ja, wir haben uns dennoch wiedergefunden. Die Welt ist rund,« gab sie mit einem ruhigen, kühlen Ton zurück, der gegen seine hastige, von innerer Ergriffenheit zeugende Rede merkwürdig abstach. »Ich gestehe, daß ich mir das Wiedersehen mit Ihnen heiterer gedacht hätte. Heute Abend ärgerte ich mich über Sie. Ihr Benehmen hat mir sogar gänzlich die Stimmung verdorben. Ich erschien mir lächerlich vor Ihrem Bruder, weil ich wie von einem Bekannten von Ihnen gesprochen hatte!«

»Wie ein Bekannter konnte ich Sie nicht begrüßen; das war viel zu wenig, war viel zu alltäglich. Ich vermochte auch aus Ihrem Gesichte nicht zu entnehmen, ob Ihnen die Erinnerung an unsere Begegnung angenehm sei oder nicht. Mir aber ist sie ein so teurer, schmerzlich gehüteter Schatz, daß ich vor anderen nicht daran rühren wollte, daß es mich ganz aus der Fassung gebracht haben würde, eine kühle Antwort von Ihren Lippen zu bekommen. Aber glauben Sie mir, Fräulein, auch wenn mir diese Minuten des Alleinseins nicht vergönnt worden wären, ich hätte mir doch heute noch eine Unterredung ertrotzt, auch auf die Gefahr hin, Ihnen in Ihr Hotel nachlaufen zu müssen. Der tollste Schritt würde mich nicht zurückgeschreckt haben. Heute noch mußte ich aus Ihrem Munde vernehmen, ob ich recht gehört habe, ob Sie wirklich meinem Bruder erzählten, daß Sie fort wollen – nach Amerika?«

Er sah ihr mit heißer Ungeduld in das Gesicht, das sehr bleich erschien, in dem Schein der Gasflammen.

»Ja! es ist so!« gab sie zurück.

Sie fühlte, wie der Arm zuckte, auf dem ihre Hand lag.

»Warum gehen Sie? Was wollen Sie in Amerika?« stieß er hervor mit verschleierter Stimme.

»Ich werde mich dort verheiraten.«

Ein heiserer Laut entfuhr seinen Lippen.

»Sich verheiraten? An einen geliebten Mann? Also Ihr Herz zieht Sie über den Ozean?« sagte er dann mit verändertem Tone, anscheinend sehr ruhig und gelassen.

»Nein, ich werde einen Mann heiraten, der mir fast fremd ist. – Eine Vernunftehe.«

»Das können Sie? Das wollen Sie?«

»Ich will es nicht. Ich weiß auch kaum, ob ich es können werde,« erwiderte sie mit ihrer müden Resignation. »Aber das Leben zwingt einen zu mancherlei, besonders ein Mädchen. Ich weiß nicht, wo ich einmal den naiven Vers gelesen habe, der mir nun oft im Kopfe klingt: »Das kleinste Sternelein hat seine feste Bahn – Drum giebt's so mildes Licht – Nimm Dir ein Beispiel dran.«

»Damals, als ich Sie kennen lernte, war ich noch ein kleines Sternelein, das seine feste Bahn besaß. Ich hatte meine Mutter, der ich unentbehrlich schien, meine steten Pflichten, unseren Bekanntenkreis. Seitdem hat meine Mutter in einer zweiten Ehe ein neues Glück gefunden, ein Heim, ein Kind. Ich aber bin aus meiner Bahn herausgeschleudert, bin ein Komet, der haltlos herumirrt. Wie sehr ich das bin und wie sehr die Menschen geneigt sind, solch irrenden Kometen für einen Unglücksboten anzusehen, ich habe es nie so deutlich empfunden, als heute morgen, da ich Ihre Schwägerin besuchte. So gut sie ist – mir gegenüber empfand sie Mißtrauen, Entsetzen. Der Komet will keine fremde Bahn kreuzen. Er muß sich eine neue feste Bahn suchen und wenn sie auch in sehr kühler Region liegt.«

Sie schwiegen beide eine Weile.

»Darf ich noch eine Frage an Sie richten? Ich bedeute ja freilich zu wenig in Ihrem Leben, um Ihr Vertrauen beanspruchen zu können, aber da unsere Wege sich denn doch noch einmal gekreuzt haben –« begann Erich dann, wieder seine Schritte beschleunigend.

»Bitte, fragen Sie nur.«

»Haben Sie noch an jene Fahrt über den Brenner zurückgedacht? Würden Sie mich wiedererkannt haben, auch nach Jahren noch?«

»So gut oder so schlecht, daß ich Ihren Bruder mit Ihnen verwechselte,« erwiderte sie mit leisem Lachen. »Gerade in der Stunde aber, die mich mit ihm zusammenführte, hatte ich lebhaft an jene sonnige Fahrt über den Brenner gedacht. Es war am Partnachfall. Ich schaute auf den wilden Wassersturz, in dem sich eine so großartige Vernichtung finden ließe, und überdachte mein Leben; ob es die Mühe lohne, es weiter zu tragen. Die paar wirklich frohen Stunden, die es mir gebracht, zogen an meiner Seele vorüber, ihnen allen voran jener Frühlingstag auf dem Brenner. Als ich Ihren Bruder sah, da erschien mir sein Gesicht wirklich wie ein Gruß des Daseins, wie eine freudige Lebensbejahung – um jener Erinnerung willen.«

Er hatte ihren Arm fester in den seinen gezogen und sagte ganz leise:

»Wenn Sie nun in der Heimat die verlorene, feste Bahn wiederfinden könnten, wenn Sie nicht bloß ein mildes Sternelein – nein, eine leuchtende Sonne zu werden vermöchten für eine kleine, bescheidene Welt – würden Sie dann bleiben?«

»Es geschehen keine Wunder!« erwiderte sie verwirrt von dem Blick, mit dem er sie ansah, von dem Tone seiner Stimme, die ihr ein solches Zittern im Herzen wachrief.

»Glauben Sie wirklich? War's nicht ein Wunder, wie wir beide wieder zusammengeführt wurden?«

»Ein Zufall! Solche Dinge geschehen sehr oft.« Sie wußte nicht, was sie zur Antwort gab. Er hatte ihre Hand so fest an sich gedrückt; sie hörte sein rascheres Atmen; sein Gesicht kam immer näher an das ihre heran. Eine sinnverwirrende Beklemmung hatte sich ihrer bemächtigt.

»Ja, Sie haben recht – solche Dinge geschehen öfter,« fuhr er wieder fort in der heißen Erregung, die auch ihr alle Ruhe raubte. »Das Wunder ist nur, daß die Sehnsucht nach diesem Wiederfinden so groß und mächtig in mir geblieben ist, daß sie mir jedes andere Glück vergällte, das mir erreichbar gewesen wäre; daß ich frei blieb, obwohl ich mich einsam fühlte und darnach verlangte, ein Weib zu besitzen. Das Wunder ist nur, daß ich das Mädchen, das ich einen einzigen Tag gesehen, lieb behalten habe seit drei vollen Jahren.«

»Das – ja, das ist ein Wunder!« sagte sie leise, und ihr Gesicht war ganz feierlich zu den Sternen emporgerichtet. Ihre ernsten, energischen Züge waren weich geworden. Die in ihr schlummernde, wie vom Frost niedergehaltene Jugend schien in ihren Augen zu erwachen, die sich ihr plötzlich mit großen, glänzenden Thränen füllten, als verließe sie ihre mutige Kraft, nun, da sie den Atem des Glückes fühlte.

Sie standen still vor dem Hotel.

»Ihr seid so rasch gelaufen,« rief Klärchen aus geraumer Entfernung. Dann brach sie verwirrt ab, als sie sah, daß ihr Schwager die Hand des Mädchens hielt und die beiden sich ganz weltvergessen anblickten.

Etwas befangen standen die vier Menschen vor dem Portale, aus dem der Lichtschimmer auf die Straße fiel.

»Muß man also wirklich heute von Ihnen Abschied nehmen?« frug Klärchen dann, Angela die Hand reichend.

»Nein, nein – ich will für das Fräulein antworten – keinen Abschied – kein Lebewohl – das Fräulein bleibt in der Heimat – wir sehen uns wieder,« rief Erich.

Angela konnte gar nicht sprechen. Stumm reichte sie jedem die Hand – Erich mit einem langen Blick – dann eilte sie fort.

Erich aber faßte den Arm seines Bruders. Er schien nun ihren Streit, wie auch alle kleinen und traurigen Dinge in dieser Welt vergessen zu haben, in einem wahren Glückstaumel.

»Es ist mir nach wie vor ein Traum – ich begreife noch gar nichts! Wie, wo hast Du sie denn gefunden – sie, die ich gesucht, ersehnt habe, so lange, die ich für verloren hielt? Aber wozu fragen nach dem Wie! Sie ist da! Nein, ich will sie nicht mehr verlieren! Alles andere hört Ihr morgen! Jetzt kann ich gar nicht mehr sprechen – das Herz ist mir zu voll. Gute Nacht!«

Er lief fort von ihnen. Das Ehepaar war allein. Schweigend schritten sie durch die stillen Straßen. Es war eine so plötzliche Ruhe um sie nach dem stürmischen Tag. Klärchen überdachte die Worte ihres Schwagers: also Angela war die Verlorene, die Unerreichbare für ihn gewesen, nicht sie selbst! Es traf sie im ersten Augenblicke doch wie eine Enttäuschung. Ihr Irrtum hatte etwas so Beschämendes. Sie erschien sich recht albern. Wie schwer war ihr das Herz gewesen, um Erichs willen. Ein Glück, daß kein Mensch ahnte, was sie geglaubt, gefürchtet hatte. Sie sah ihren Mann von der Seite an, ob er nicht über sie lache. Nein, er blickte gerade vor sich hin, ernst, nachdenklich.

Plötzlich atmete Klärchen tief auf. Die schwere Last, die ihr seit Wochen auf dem Herzen gedrückt hatte, sie war mit einemmal fort. Sie besann sich, daß ja an ihrem Leben gar nichts verändert sei, daß sie ja noch alles besitze, was ihr teuer war – ihren Mann und ihr Kind. – Wovor hatte sie sich eigentlich so unsäglich geängstigt? Es war ihr nun plötzlich so leicht, – so federleicht.

»Du, Karl,« sagte sie, sich an ihren Mann fester anschmiegend, der wie aus ernsten Reflexionen erwachend, sich zu ihr herabneigte, »Du, – ich glaube, ich habe doch Gespenster gesehen, als ich Dir gestern Abend erzählte, – daß – daß Dein Bruder mir einen wärmeren Eindruck gemacht hätte, als er sollte. – In jener letzten Nacht in Warnhof, da hatte ich wohl durch den Schrecken eine Fiebertemperatur und auch in der Erinnerung sah ich ein Fieberwahngebilde« –

»Ja, überhaupt hast Du Dich vor Gespenstern gefürchtet, Klärchen, auch wenn Du glaubtest, daß ich etwa ein besonderes Interesse an Fräulein Dörner genommen. Unsinn! Gemeinschaftliche Naturbewunderung – das war die Annäherung zwischen uns, – weiter nichts, –

gar nichts! Wünsche mir nur Glück zu der neuen Schwägerin, – ich bin ja ganz einverstanden ! – Ich sage: Gott sei Dank, wenn Erich endlich verheiratet ist!«

Er sprach so heftig, so erregt, als wolle er mit seinen Worten sich vor sich selber verteidigen und einen Ausweg finden aus einer verworrenen, wunderlich schillernden Gemütsverfassung. Doch als nun Klärchen wieder mit ihrem alten lieben Blick zu ihm aufsah, da fügte er viel wärmer, viel froher hinzu:

»Es hat ja doch nichts in der Welt Bedeutung, als was wir füreinander sind.«

Wie ein Liebespaar schritten sie durch die kühlen, vom Nachttau durchfrischten Straßen, durch die zuweilen eine Droschke mit einem müden Gaul verschlafen dahinrollte und ab und zu verirrte Töne einer Blechmusik aus einem Garten klangen.

Leise, aber mit einem ganz seligen Gefühl der Heimkehr betraten sie ihre stille Wohnung, schlichen noch einmal an das Bettchen des Kleinen, um ihn schlafen zu sehen.

Karl aber legte seiner Frau den Arm um den Nacken.

»Weißt Du, Schatz – ich glaube, was wir für die anderen empfunden haben – Du für Erich, ich für Angela – das war nur Mitleid. Weil wir sie einsam sahen, weil sie kein solches Glück hatten, wie wir. Nun, da sie sich – eigentlich bei uns, durch uns, zusammengefunden haben, nun haben sie beide für uns den rührenden Nimbus verloren. Aber wir gönnen ihnen ihr Glück –«

»O ja, wir haben's ja auch gehabt.«

»Wir haben's noch!« sagte er, die Lippen seiner Frau suchend. Und sie hielten sich, als hätten sie sich jetzt erst wiedergefunden nach der Trennung.

Nachwort Ingvild Richardsen

Denn in dieser Frau war ein wunderbarer Lebenssinn und eine glaubensstarke Liebe zum Leben, die sich klipp und klar, voll Lust und feiner Genußfähigkeit zu dem Grundsatz bekannte: »Carpe diem«!

Carry Brachvogel, in: »Emma Haushofer-Merk zum Andenken«[18]

Die Schriftstellerin und Frauenrechtlerin Emma Haushofer-Merk – »Carpe diem«

Heitere und anregungsreiche Kindheit und Jugend im Malermilieu – Bedeutung von Heimat und Natur

Am 15. Juni 1854 wurde die spätere Schriftstellerin und Frauenrechtlerin Emma Merk, die sich seit 1902 Emma Haushofer-Merk nannte, als Tochter des Kunstmalers Eduard Merk (1816–1888) und seiner Frau Margarethe (geb. Schreiner) in der Münchner Schönfeldstraße 8 geboren. Sie war das siebte von insgesamt acht Kindern der Familie Merk.[19] Emma Merk stammte aus einer alten Münchner Bürger- und Künstlerfamilie, die schon von dem berühmten Maler Johann Georg Edlinger (1741–1819)[20] porträtiert worden ist. Bereits ihr Vater wuchs in einer kunstgewerblichen Umgebung auf, denn der Großvater väterlicherseits, Gottfried Merk, war seinerzeit Hofjuwelier in München.[21]

Zeitgenössische Quellen informieren über den malerischen Wer-

[18] Brachvogel, Carry: Emma Haushofer-Merk zum Andenken. In: Münchner Neueste Nachrichten, Nr. 198 vom 19. Juli 1925 (Privatarchiv Haushofer).

[19] Vgl. Familienbogen Emma Merk, Stadtarchiv München/PMB M200; Familienbogen Eduard Merk, Stadtarchiv München/PMB M200: Das Ehepaar Merk hatte acht Kinder, vier Söhne und vier Töchter. Zwei Söhne waren bereits gestorben, als Emma auf die Welt kam. Von den vier Mädchen war Emma die Jüngste.

[20] Vgl. Schmidt, Wilhelm Adolf: Edlinger, Johann Georg. In: Allgemeine Deutsche Biographie. Band 5. Leipzig 1877, S. 648; Hanfstaengl, Erika: Edlinger, Johann Georg. In: Neue Deutsche Biographie. Band 4. Berlin 1959, S. 316f.

[21] Vgl. Pecht, Friedrich: Geschichte der Münchner Kunst im neunzehnten Jahrhundert. München 1888, S. 484.

degang Eduard Merks.[22] Demnach gehörte er zu den Malern, die die »Schule der Münchner Landschaft« geschaffen haben. Schon früh wandte er sich dem Zeichnen und der Kunst zu und forcierte schließlich auf der Münchner Akademie der Bildenden Künste den Fortschritt seiner künstlerischen Laufbahn. In Friedrich von Boettichers »Malerwerke aus dem 19. Jahrhundert« (1898) wird Merk als Historien- und Genremaler bezeichnet und einige seiner Werke werden angeführt. Schon die Titel sind sprechend: »Botschaft an den hohen Rat«, »Besuch zweier Kunstkenner bei einem Maler«, »Auf der Terrasse eines italienischen Parkes Kinder, die sich beim Kugelspiel belustigen«, »Der Trompeter von Säckingen«, »Zechende Landsknechte«, »Wachtstube mit würfelnden und trinkenden Soldaten. Costüm des 17. Jahrh.«, »Der Besuch« und »Nach der Mahlzeit«.[23]

Nicht nur das Studium der Menschen, Landschaften und Gegenstände für seine Bilder, sondern auch die Freude an der Schönheit seiner bayerischen Heimat führten ihn mit seiner Familie von München aus in den Sommermonaten immer wieder auf das Land, an den Tegernsee, in das Werdenfelser Land, in das Inntal oder die Tiroler Berge, vor allem aber an den Chiemsee. Die Schriftstellerin Eva Gräfin von Baudissin (1869–1943) berichtet 1914: »Der glückliche heitere Kreis, in dem Emma Haushofer aufwuchs und mit vielen Künstlern und bedeutenden Menschen in Berührung kam, umschloß in den Sommermonaten auch die Gäste der damaligen zwei großen Münchner Künstlerkolonien: auf der Fraueninsel und in Brannenburg. Wieviel hübsche und rührende Einzelheiten weiß Frau Haushofer aus jenen bescheidenen und geistig so lebendigen Zeiten zu erzählen! – all die berühmten Verfasser der Zeichnungen und Gedichte der schönen ›Chronik von Frauenwörth‹ ziehen leibhaftig an dem Zuhörer vorüber.«[24] Und so findet sich denn auch der Maler Merk

[22] Vgl. Nagler, Georg Kaspar: Neues Allgemeines Künstlerlexikon. Band 9. München 1840, S. 150; Thieme-Becker: Allgemeines Lexikon der bildenden Künstler von der Antike bis zur Gegenwart. Band XXIV. Leipzig 1898; Boetticher, Friedrich von: Malerwerke des 19. Jahrhunderts. Band II/1. Dresden 1898, S. 25.

[23] Vgl. ebd.

[24] Baudissin, Eva Gräfin von: Emma Haushofer-Merk und Carry Brachvogel. In: Münchner Neueste Nachrichten, Nr. 160 von 1924, S. 27 (Stadtarchiv München/Vereine 2168). Über die Künstlerkolonie Brannenburg hat Emma Merk 1909 selbst in einem Zeitungsartikel berichtet. Vgl. Emma Haushofer-Merk:

selbst im zweiten Band der Künstlerchronik von Frauenchiemsee verewigt: »Der alte Maler Merk sitzt da hoch oben im Turm, nahe bei der Glocke, malt eifrig die Glockenstube und sein loses Töchterlein hat unterdessen unten das Glockenseil genommen und läutet dem Papa die Ohren voll. Der Turm ist gleichsam als Initiale A verwandt, zur Schilderung dessen, was einst ein lustiges Mägdlein da verübt hat.«[25] Über den Einfluss ihres Vaters und ihrer Mutter hielt die spätere Autorin selbst fest: »Unser Vater, der Maler war, hat uns schon früh Verständnis für die Schönheit der heimatlichen Natur gelehrt und uns durch seine vornehme, vorurteilsfreie Lebensauffassung vor Spießbürgertum und Engherzigkeit bewahrt [...] Dem Frohsinn, dem geselligen Naturell unserer Mutter dankten wir eine heitere und anregungsreiche Jugend.«[26] Über ihre schulische Erziehung hat sie selbst berichtet, dass ihr Bildungsgang der im 19. Jahrhundert übliche war. Bis zum Alter von 16 Jahren habe sie das Mädcheninstitut von Fräulein Ascher in München besucht.[27] Eine Musterschülerin sei sie zwar nie gewesen, habe aber immer gern und leicht gelernt und schon als Kind große Freude an Büchern und am Lesen gehabt.[28]

Emma Merk verbrachte also eine glückliche Kindheit und Jugend in München und der Natur ihrer bayerischen Heimat. Sie wuchs in einer künstlerischen Atmosphäre auf und erhielt viele Anregungen durch die Künstler- und Malerkreise, in denen sie sich bewegte. Einen Eindruck von ihrer Jugendzeit, dem damaligen München und seinen Malerkreisen, vermittelt sie in dem späteren Roman »Die Lierbachs-

Damals ging der Zug nach Brannenburg. Blick zurück in die Zeit der ›Jung-Münchner‹ (Privatarchiv Haushofer).

[25] Raupp, Karl/Wolter, Franz (Hg.): Die Künstlerchronik von Frauenchiemsee. München 1918, S. 29. Vgl. auch Haushofer, Heinz: Traditionen. Als Manuskript vervielfältigt. München 1979, S. 159.

[26] Zils, Wilhelm (Hg.): Geistiges und künstlerisches München in Selbstbiographien. München 1913, S. 149.

[27] Über die Möglichkeiten des Schulunterrichts im alten München seit dem 19. Jahrhundert und über das seit 1840 bestehende, beliebte und vielbesuchte Erziehungsinstitut von Fräulein Therese Ascher siehe Wolf, Georg Jacob: Die Münchnerin. München 1924, S. 207f. und Buczkowska, Anna: Therese Ascher und ihr Lebenswerk. In: Pharus 10 (1910), S. 360f.

[28] Vgl. Zils, Wilhelm: Geistiges und künstlerisches München in Selbstbiographien. München 1913, S. 149.

Emma Merk als junge Frau, o.J. Fotografie J. Leeb.

Mädeln«.[29] Der Roman erschien 1917 während des Ersten Weltkriegs. Seine Handlung lässt Emma im Münchner Malermilieu der 1870er-Jahre spielen. In dieser Zeit war sie selbst 20 Jahre alt – also genauso alt wie die Lierbachs-Mädeln ihres Romans. Sie stellte dem Romantext ein handschriftliches Vorwort voran, in dem sie das damalige München folgendermaßen beschrieb: »Mein Roman spielt in den siebziger Jahren des vorigen Jahrhunderts, als München noch seinen Ruf als billige Stadt verdiente, als die allgemeine Lebensführung noch eine viel einfachere und bescheidenere war als jetzt, auch in den Kreisen der Künstler. Die Maler, selbst die berühmten, hatten noch keine glänzenden Ateliers, gaben zumeist noch wenig auf Elegance, aber vergnügt ging es zu und es wurden, sowohl in der Stadt als auch an sommerlichen Studienplätzen, lustige Feste gefeiert, mit wenig Prunk, aber viel Humor. Erst später machte sich neben dem alten München das junge Schwabing breit, beeinflusste auch die Malerkreise und brachte in die Vergnügungen und Veranstaltungen einen neuen, oft allzu freien Ton herein, der eigentlich nicht bodenständig war.«

Ihren späteren Mann, den 14 Jahre älteren Max Haushofer (1840–1907), späteren Professor der Nationalökonomie, Politiker und Dichter, lernte Emma Merk schon in ihrer Kindheit kennen.[30] Max Haushofer war der Sohn des Münchner Landschaftsmalers Max Haushofer (1811–1866) und der Anna Dumbser, die von der Insel Frauenchiemsee stammte. Seit 1845 hatte er eine Professur für Landschaftsmalerei in Prag inne. 1857 kehrte Max jr. nach München zurück und besuchte für ein Jahr das Maximiliansgymnasium in München, das er 1858 nach dem Abitur verließ. In seinen Lebenserinnerungen vermerkt er für das Jahr 1858: »Die Sonntage wurden meistens bei unserer Cousine Mina oder eine Treppe tiefer bei den Töchtern des Malers Merk zugebracht. Da

[29] Vgl. Merk, Emma: Die Lierbachs-Mädeln. Münchner Roman. Berlin/Leipzig [1917].

[30] Siehe zu Max Haushofer: Haushofer, Heinz: Traditionen. Als Manuskript vervielfältigt. München 1979, S. 118–166; Haushofer, Max: Lebensgeschichte. Manuskript, S. 18f. (Privatarchiv Haushofer). Zeitgenössische Darstellungen über Leben und Werk bieten z.B.: Garleb, Ernst: Ein deutscher Dichter an der Wende des Jahrhunderts. Leipzig 1897; Du Moulin-Eckart, Richard Graf von: Max Haushofer. In: Jahresbericht 1907 der Kgl. Technischen Hochschule. München 1908, S. 3–30; Hey, Oskar: Max Haushofer. Stuttgart 1907; Brachvogel, Carry: Max Haushofer. In: Das literarische Echo 9 (1906), H. 1, S. 6–13 mit einem Porträt von Max Haushofer.

Max Haushofer, Ölgemälde von Emil Teschendorf, Privatsammlung Renate Haushofer

war immer grosser Familienkaffee; in einem Zimmer sassen die Alten beim Kartenspiel, im andern die Jungen und trieben Unsinn aller Art; [...]. Jene Familienkaffee's haben sich – von meiner Seite mit langjährigen Unterbrechungen – zwanzig Jahre lang fortgesetzt.«[31] Emma Merk war zu diesem Zeitpunkt erst vier Jahre alt, Max Haushofer bereits 18.

[31] Haushofer, Max: Lebensgeschichte. Manuskript, S. 18f. (Haushofer Privatsammlung).

Nach seinem Abitur studierte er von 1858 bis 1864 Nationalökonomie und Statistik in München. Gleichzeitig betätigte er sich aber auch als Schriftsteller und verfasste einige Werke, die vorerst unveröffentlicht blieben. Aus dieser Zeit stammen die meisten seiner Dichtungen. 1864 promovierte er, 1866 erfolgte seine Habilitation. Im Herbst 1868 wurde er dann Professor für Staatswissenschaften an der neu gegründeten technischen Hochschule München. Im gleichen Jahr heiratete er Adele Fraas, die Tochter des Professors Karl Fraas. Aus der glücklichen Ehe gingen drei Kinder hervor: Karl Haushofer (1869–1946), Marie Haushofer (1871–1940) und Alfred Haushofer (1872–1943). Bereits 1872, bei der Geburt des dritten Kindes, starb Adele Haushofer. Max Haushofer war zu diesem Zeitpunkt 32 Jahre alt und stand nach diesem Schicksalsschlag nun alleine mit drei kleinen Kindern da. Seine Mutter und seine Schwiegereltern unterstützten ihn fortan. Emma Merk war zu diesem Zeitpunkt gerade erst 18 Jahre alt. In den folgenden Jahren stürzte sich Max Haushofer in die Arbeit und war auch mit Vortragsreisen viel beschäftigt. Von 1875 bis 1881 vertrat er für die Vereinigte Liberale den Wahlkreis München in der bayerischen Abgeordnetenkammer. 1880 wurde er Professor an der Technischen Hochschule München und Mitglied in mehreren Münchner literarischen Zirkeln.[32]

Frühe Lorbeeren als Novellenschreiberin

Führt man sich Emma Merks Herkunft vor Augen, ist es nicht verwunderlich, dass sich auch bei ihr schon früh eine künstlerische Begabung zeigte, allerdings auf dichterischem Gebiet.

Als sie anlässlich ihres 70. Geburtstags 1924 von den »Münchner Neusten Nachrichten« gebeten wurde, sich darüber zu äußern, wie sie zur Schriftstellerei gekommen ist, gab sie Folgendes zur Antwort: »Geschrieben hab ich schon in frühen Jahren, ohne den Mut zu finden, etwas wegzuschicken. Durch Vermittlung einer jungen Bekannten erschien dann in einer Provinzzeitung meine erste Novelle, aber leider verkrachte der Verlag – hoffentlich war nicht meine Arbeit schuld! – ehe ich ein Honorar erhalten konnte. Mit einund-

[32] Vgl. Haushofer, Heinz: Traditionen. Als Manuskript vervielfältigt. München 1979, S. 118–166.

zwanzig Jahren freut man sich ja schon, überhaupt gedruckt zu werden. Es war aber das erste und letzte Mal, daß ich ›umsonst‹ schrieb. Geraume Zeit blieben meine Versuche in der Schublade liegen, bis eines Tages meine intime Freundin, die sich auch schriftstellerisch betätigte, mir voll Stolz mitteilte, sie habe eine Novelle verkauft an die Bibliothek der Unterhaltung und des Wissens (jetzt ›Union‹, damals H. Schönlein). Das stachelte natürlich meinen Ehrgeiz, erweckte den glühenden Wunsch nach gleichem Erfolg. Es glückte mir auch bald und seitdem war ich eine eifrige Mitarbeiterin der Zeitschrift. Die Redaktion legte das Hauptgewicht auf spannende, rasch fortschreitende Handlung. Weitschweifigkeit durfte man sich nicht gestatten. Aber die Novellen wurden recht gut bezahlt und man bekam pünktlich nach vierzehn Tagen Bescheid. Ja, das gab es einmal. Das waren schöne, leider vergangene Gepflogenheiten! Wie hat man damals auf das Rollen des gelben Postwagens gelauscht, sich gefreut, wenn er vorüber fuhr und nicht das Manuskript wieder kam, sondern ein freundlicher Aufnahmebrief. Kühner geworden durch den Erfolg schickte ich dann an verschiedene andere Zeitschriften, an die Gartenlaube, die Romanbibliothek, an Ueber Land und Meer, Vom Fels zum Meer, Schorers Familienblatt u.s.w. Es gab ja eine Menge hübscher Blätter und es war für Anfänger auch noch leichter, anzukommen, als jetzt bei den großen Verlagen von Scherl und Ullstein, die nur Romane von bekannten und bewährten Autoren veröffentlichen. So bin ich eigentlich recht bequem in die Schriftstellerei hineingerutscht. Jetzt als alte Frau denke ich wohl zuweilen: ›Allzu bequem! Etwas mühevolleres Ringen hätte wohl nicht geschadet.‹«[33]

Demzufolge veröffentlichte Emma Merk also 1875, im Alter von 21 Jahren, ihre erste Novelle in einer Provinzzeitung und schickte bald darauf weitere an damals gängige Zeitschriften. In ihren frühen Novellen thematisiert sie häufig die Rolle der Frau in der Gesellschaft und die Beziehung zwischen Mann und Frau. Mit ihren novellistischen Erstlingsarbeiten erregte sie bald Aufsehen, Romane und kürzere Feuilletons folgten und machten den Namen der Verfasserin schnell in weiten Kreisen bekannt. Noch 1924 hieß es über Emmas

[33] Merk, Emma: Wie ich zur Literatur kam. In: Münchner Neueste Nachrichten, Nr. 160 von 1924. S. 27 (Stadtarchiv München/Vereine 2168).

frühen Erfolg: »Frau Emma Haushofer-Merk gehört zu jenen Lieblingen des Schicksals, denen schon in der Jugend frühe Lorbeeren zuteil geworden sind. Ihr flüssiges Erzähltalent, die leichte Faßlichkeit ihrer Probleme eröffneten ihr ein rasches und reiches Absatzgebiet.«[34] Festzuhalten bleibt, dass Emma Merk die Bühne 1875 zunächst als Schriftstellerin betritt, wobei der Schwerpunkt anfangs auf dem Genre der Novelle liegt.

Seit 1885 hatte Emma Merk fortan engen Kontakt zu Max Haushofer. Sie war nun 31 Jahre alt, Max Haushofer bereits 45. 1880 war er Professor für Nationalökonomie und Statistik am Polytechnikum München geworden. Schon immer bestanden viele Analogien und Berührungspunkte zwischen den beiden. Heinz Haushofer, ein Enkel Max Haushofers, brachte die Gemeinsamkeiten treffend auf den Punkt: »Emma Merk und Max Haushofer hatten dem gleichen geistigen Münchner Kreis angehört: gemeinsame malerische Familientradition und selbstständige schriftstellerische Arbeit hatten schon der Jugendfreundschaft einen ernsteren Hintergrund gegeben.«[35]

In seinen Lebenserinnerungen berichtet Max Haushofer unter dem Jahr 1885 über seine damalige Beziehung zu Emma Merk und ihre weitere Bedeutung für sein Leben und seine Schriftstellerei: »Seit dem Spätherbste dieses Jahres wurde mir Emma Merk eine liebe Freundin und Kameradin, nachdem wir uns schon früher ab und zu genähert und wieder entfremdet hatten. Stets mitteilsam und anregend hat sie seither den innigsten Antheil an meinem Leben und meinen Arbeiten genommen, mich getröstet, wenn etwas schief ging, mich angefeuert, wenn ich zum melancholischen Träumer werden wollte und immer, fast immer mich gelobt. Auf meine literarische Thätigkeit hat kein Mensch einen so reichen und anmutigen Einfluss gehabt, als Emma.«[36] Aus diesen Worten geht nicht nur hervor, dass die Schriftstellerei ein entscheidendes Band dieser Beziehung war und eine unerlässliche Basis für das gegenseitige Verständnis bildete, sondern dass Emma

[34] Graf-Lomtano, Josephine: Ein dreifaches Jubiläum im Münchner Schriftstellerinnenverein. In: Süddeutsche Frauenzeitung 5 (1924), Nr. 24 (Stadtarchiv München/Vereine 2168).

[35] Haushofer, Heinz: Traditionen. Als Manuskript vervielfältigt. München 1979, S. 163.

[36] Haushofer, Max: Lebensgeschichte. Manuskript, S. 109 (Privatarchiv Haushofer).

Merk seit 1885 auch seine wichtigste Ratgeberin sowie Muse war. Es ist auffällig, dass von da an die Werke Haushofers in rascher Folge erschienen, die von Zeitgenossen als große Kunstwerke hochgeschätzt wurden: 1886 – es ist das Jahr, in dem König Ludwig der II. stirbt, den auch Haushofer zutiefst verehrte – kam das dramatische Gedicht »Der ewige Jude«[37] heraus, 1888 dann die »Geschichten zwischen Diesseits und Jenseits«[38] und 1890 »Die Verbannten«.[39] Auffällig ist auch, dass Max Haushofer aus der Schwabinger Landstraße, wo er von 1872 bis 1886 im gleichen Haus mit seinen Schwiegereltern und den Kindern gelebt hat, nun in die Königinstraße zog in die Nähe von Emma, die zu diesem Zeitpunkt in der Von-der-Tann-Straße wohnte.[40]

Emma Merk hingegen veröffentlichte 1886 mit 32 Jahren ihren ersten Roman »Ein Liebestraum« in der »Deutschen Romanbibliothek«.[41] Es ist ein psychologisch spannend gestalteter und flüssig zu lesender Roman, der nach dem Liebesirren zweier Schwestern mit einem Bildhauer und einem Arzt mit dem Diktum endet: »O tausendmal mächtiger als jede Leidenschaft, tiefer und unzerreißbarer als jede andere Liebe ist das große heilige Band der Ehe.«

1888 starb Emma Merks Vater, 1889 ihre Mutter.[42] Als literarisches Werk aus den folgenden Jahren ist die Novelle »Was ein Jahr bringt« hervorzuheben, die 1891 ebenfalls in der »Deutschen Romanbibliothek« erschien und in der es um verschiedenartige Beziehungen zwischen Männern und Frauen geht, vor allem auch um das Erkennen wahrer Liebe.[43] Kulturhistorisch ist die Novelle deswegen besonders interes-

[37] Vgl. Haushofer, Max: Der ewige Jude. Ein dramatisches Gedicht in drei Teilen. Leipzig 1886.

[38] Vgl. Haushofer, Max: Geschichten zwischen Diesseits und Jenseits. Leipzig 1888.

[39] Vgl. Haushofer, Max: Die Verbannten. Ein erzählendes Gedicht. Leipzig 1990.

[40] Vgl. Familienbogen Max Haushofer, Stadtarchiv München/PMB H 1012; Familienbogen Emma Merk, Stadtarchiv München/PMB M200)

[41] Vgl. Merk, Emma: Ein Liebestraum. Deutsche Roman-Bibliothek über Land und Meer. 14. Jahrgang, Band 2. Stuttgart/Leipzig 1886. Siehe hierzu folgende Nummern: Nr. 49, 1153–1162; Nr. 50, S. 1177–1182; Nr. 51, S. 1201–1205; Nr. 52, S. 1225.

[42] Vgl. Familienbogen Eduard Merk, Stadtarchiv München/PMB M200 .

[43] Vgl. Merk, Emma: Novelle. In: Deutsche Romanbibliothek. Über Land und Meer. 19. Jahrgang Stuttgart/Leipzig 1891. Siehe hierzu folgende Nummern: Nr. 49, S. 2305ff.; Nr. 50, S. 2353ff.; Nr. 51, S. 2401ff.; auf S. 2304 findet sich ein Fotoporträt von Emma Merk.

sant, weil man viel erfährt über Gepflogenheiten, Sitten und Gebräuche im München vor der Jahrhundertwende, etwa über die damalige Salonkultur oder das Aufkommen sozialdemokratischer Ideen.

Skizze von Marie Haushofer, der Stieftochter von Emma Haushofer-Merk

Emma.

Seht – sie sitzt mit schwanger Seele
Brütend über der Novelle
Schlecht geht's ihnen fürchterlich
Doch zum Schlusse – krieg'n sie sich
Und es kommen allesamt
Gott sei Dank, auf's Standesamt!

Vor der Jahrhundertwende: Evas Töchter, Novellenbände und Teesalons

1893 kam ein kunstvoller Bildband mit dem Titel »Evas Töchter« auf den Markt.[44] Der Text stammt von Emma Merk, die Illustrationen sind von dem Grafiker und Maler Emanuel Spitzer (1844–1919).[45] Im Vorwort schreibt Emma Merk zu dieser Auftragsarbeit und auch zu den ihr zuerst vorliegenden Illustrationen: »Vor mir liegt ein ganzes Buch mit buntwechselnden, lustigen Bildern, die der Begleitworte harren ›Eva's Töchter‹! So hat man das Buch genannt? Was steckt hinter dem Titel? Soll den Töchtern Eva's ein Sündenregister vorgehalten werden, ein Spiegel der ihre Gesichter verzerrt? Soll ihnen eine Bußpredigt vorgetragen werden, in Bildersprache? Oder soll es eine Verherrlichung sein für sie? Mit lebhaft erregten weiblichen Corpsgeist, mit einer kampfbereiten Lust, unser viel verlästertes Geschlecht zu verteidigen, fange ich an zu blättern. Aber mich versöhnt bald die Liebenswürdigkeit, der Humor, die heitere Grazie, welche das Werk durchweht. Wer sich so eingehend mit den Damen beschäftigt, der meint es nicht böse mit ihnen. Er neckt nur ein wenig. Die schöne Leserin aber braucht sich überhaupt niemals betroffen zu fühlen, auch wenn der Stift etwas boshafter wurde. Sie ist nicht gemeint; immer eine andere, die sie nicht leiden kann. Es soll ein Buch werden von der Frau für die Frau. Von der Frau in der zartesten Jugendblüte und in sonnigster Reise; von der Frau, wie sie lacht und weint, wie sie spricht und schweigt, wie sie Sonnenstrahlen versendet und Thränen entlockt, wie sie auf hochgehenden Wogen des Glückes hinsegelt oder wie sie in stillen Winkeln hinschmachtet, sich sehnt und träumt. Es soll eine Naturgeschichte der Frau werden, aber nicht in

[44] Vgl. Merk, Emma/Spitzer, Emanuel: Evas Töchter. Text von Emma Merk. Illustrationen von Emanuel Spitzer München [1893].

[45] Er wurde in Ungarn geboren, nach seiner Schulausbildung in Wien lebte er ab Mitte der 1860er-Jahre in Paris. Hier belieferte er die Zeitschrift »L'art pour tous« mit vielen Illustrationen. Ab 1869 studierte er an der Münchner Akademie der Bildenden Künste. Von 1875 bis 1880 war er Mitarbeiter der Münchner Zeitschrift »Fliegende Blätter«. Begehrt waren seine Genrebilder, die in Zeitschriften (»Münchner Bilderbogen«, »Über Land und Meer«), Jugendbüchern und Alben reproduziert wurden; vgl. ÖBL 1815–1950, Band 13 (Lfg. 59, 2007), S. 38f.

schwerem philosophischen Gewande, sondern in bunt hinflätternden Worten, in flüchtigen Umrissen. So tausendfältig die Schicksale der Frau sind, ob sie sich in Einsamkeit abspinnen oder in der Sorge und Mühe eines großen Familienkreises, eines ist doch immer das Herrschende in ihnen: das Herz des Weibes mit seinen dunklen und hellen Empfindungen, mit seiner unerschöpflichen Liebe. Und das soll in unserem Buche zum Ausdrucke kommen. Vielleicht wird jede etwas in ihm finden, das sie mit ihren schönen, edlen Gedanken ausbauen und auf sich selbst beziehen kann. Und so möge es den ›Eva's Töchtern‹ denn gehen, wie ihren Originalen, die sich mit all ihren Schärfen und Tücken und Bosheiten dennoch die Herzen erobern.«

Emma Merk und Emanuel Spitzer präsentierten in ihrem prachtvollen Bildband humorvoll das damalige Leben bürgerlicher Frauen. Sie führten vor, wie sich das Denken der Frauen hauptsächlich darum dreht, eine gute Partie zu ergattern. »Das geträumte Ideal und der genommene Mann« oder »Der Himalaya aller Mädchenwünsche« illustrieren dieses Thema auf amüsante Art und Weise. Idealerweise, so ist zu sehen und zu lesen, mündet das Leben einer bürgerlichen Frau in eine Heirat und wird gekrönt von der Geburt eines Kindes. Doch auch aus der Art schlagende Schicksale treten ins Blickfeld, wie das der Witwe, der geschiedenen und der alternden Frau. Ebenso werden die Ziele der Männer unter die Lupe genommen, humorvoll in Text und Bild präsentiert und entlarvt, so zum Beispiel in »Der Himalaya aller !!! Männer-Wünsche !!!!«.

Der luxuriös gestaltete Bildband stellt ein wichtiges kulturhistorisches Zeugnis dar, denn er zeigt sehr anschaulich, welche Rollenvorstellungen das Denken der Männer und Frauen im damaligen Bürgertum prägten und beherrschten und führt vor, wie ein bürgerliches Frauenleben im Fin de Siècle aussah. Gerade die Schicht der bürgerlichen Frauen war im 19. Jahrhundert vom öffentlichen Leben ausgegrenzt, das nach wie vor dem Mann vorbehalten war. Bürgerlichen Frauen waren wohltätiges Engagement, zweckfreie künstlerische Betätigung in Form von Musizieren, Malen, Sticken oder Lektüre von schöngeistiger Literatur und Unterhaltungsillustrierten wie der »Gartenlaube« oder »Von Fels zum Meer« erlaubt. Und so behandeln die Fortsetzungsromane der Illustrierten, zugleich Privileg und Statussymbol ihrer Klasse, vornehmlich Liebes- und Eheleid. Nach außen wurde der zelebrierte Müßiggang der Frau zum Ideal erhoben. Dieses Leitbild der Frau war ein Charakteristikum des Bürgertums. Attribute, die der Frau in diesem Geschlechterverhältnis zukamen und die über Generationen weitergegeben wurden, waren Ergebenheit, Bescheidenheit, und Abhängigkeit.[46] Kennzeichnend war eine stark auf häusliche Arbeit ausgerichtete, höchstens zehnjährige Schulausbildung mit Schwerpunkt auf Handarbeits- und Hauswirtschaftsunterricht. Nach der Schule richtete sich dann alles Streben darauf, den perfekten Ehemann zu finden, wobei das Heiratsalter bei circa 25 Jahren lag. Eine Selbstverwirklichung durch Arbeit und Erwerbstätigkeit kam in diesem Geschlechterverhältnis nicht infrage.

Das Lebenskonzept Emma Merks stand allerdings im Kontrast zu dem üblichen ihrer Zeitgenossinnen. Sie war Junggesellin, hatte keine Kinder, aber einen Freund. Letztlich verkörperte sie schon damals den Typ der selbstständigen und emanzipierten Frau. So verwundert es nicht, dass sie seit 1894 auch als Frauenrechtlerin in Erscheinung trat und damit ein neuer Lebensabschnitt für sie begann. Allerdings änderte dies nichts daran, dass sie auch als Schriftstellerin weiter durchstartete. Anfang des 20. Jahrhunderts war sie bereits eine erfolgreiche und bekannte Autorin.

Vor der Jahrhundertwende veröffentlichte Emma Merk zahlreiche Novellenbände: 1897 kamen zunächst die »Chiemsee-Novellen« heraus.[47] Der Chiemsee war über Jahre hinweg der Lieblingsaufenthalt Emma Merks und Max Haushofers. Beide waren schon in ihrer Kindheit mit ihren Familien und ihren Malervätern immer wieder dort gewesen. Max Haushofers Vater, der Landschaftsmaler Max Haushofer (1811–1866), war es, der Anfang der 1830er-Jahre die Insel Frauenchiemsee für die Maler »entdeckt« hat: »Durch Max Haushofer wurde die Insel Künstlerkolonie; er legte auch die berühmte ›Chronik‹ an, deren erste drei Bände jetzt im Künstlerverein verwahrt werden, und die fast jeden Namen unter Zeichnung, Bild oder Gedicht enthält, die ja künstlerische Bedeutung erhalten

[46] Siehe zur Kultivierung des Weibes als einer Drohne und zur Pflege und Antrainierung weiblicher Eigenschaften im Bürgertum auch: Bruns, Brigitte: Das dritte Geschlecht von Ernst von Wolzogen. In: Herz, Rudolf/Bruns, Brigitte (Hg.): Hof-Atelier Elvira 1887–1928. München 1985, S. 171–190, S. 183.

[47] Vgl. Merk, Emma: Chiemsee-Novellen. Leipzig [1897].

hat.«[48] Zwei Jahrzehnte später, zu Emmas 70. Geburtstag, wird über die Chiemsee-Novellen folgendes Urteil gefällt: »Unter den literarischen Arbeiten ihrer Frühzeit gebührt der Preis unstreitig den ›Chiemsee-Novellen‹, die den gleichnamigen Geschichten von Jensen kaum viel nachstehen.«[49]

1897 erschien ein weiterer Novellenband von Emma Merk, der zwei längere Novellen beinhaltete, betitelt »In enger Gasse. Die Trennung«.[50] Letztere findet sich auch im vorliegenden Band »Alt-Münchner Erzählungen«. 1898 wurde dann ein Novellenband mit dem Titel »Mädchen von heute«[51] veröffentlicht, 1899 wurden zwei weitere, »Irrwege der Liebe«[52] und »Das Klosterkind« publiziert.[53] Doch auch in Zeitschriften und der »Bibliothek der Unterhaltung und des Wissens« erschienen immer wieder einzelne Novellen oder Novelletten.[54]

Nicht unerwähnt bleiben soll, dass Emma Merk und Max Haushofer auch schon vor der Jahrhundertwende, wohl seit 1895, in engem Kontakt zu der Schriftstellerin Carry Brachvogel (1864–1942) standen, die 1895 mit ihrem Debütroman »Alltagsmenschen« deutschlandweit bekannt geworden war. In seiner Autobiografie »Wie ich mich ums Leben brachte« (1922) berichtet Ernst von Wolzogen über die Geschehnisse im München vor der Jahrhundertwende. Hier schildert er nicht nur Carry Brachvogel als eine überaus charismatische Persönlichkeit, sondern beschreibt auch ihren literarischen Salon, den sie um 1894/95 am Siegestor eröffnet hatte, als bedeuten-

[48] Baudissin, Eva Gräfin von: Die Insel der Toten. Zeitungsartikel 1925 ohne Angabe der Zeitung (Privatarchiv Haushofer).

[49] Dreyer, Dr. A.: Emma Haushofer-Merk. Ein Gedenkblatt zu ihrem 70. Geburtsfest (15. Juni) (Stadtarchiv München/ZA-P 188-15).

[50] Vgl. Merk, Emma: In enger Gasse. Die Trennung. Zwei Novellen von Emma Merk. Leipzig [1897], S. 1–76 sowie 79–158.

[51] Vgl. Merk, Emma: Mädchen von heute. Novellen von Emma Merk. Schleuditz-Leipzig 1898.

[52] Vgl. Merk, Emma: Irrwege der Liebe: Novellen von Emma Merk. Berlin [1899].

[53] Vgl. Merk, Emma: Das Klosterkind: Novellen von Emma Merk. Berlin [1899].

[54] So z. B. 1900 die Novellette »Die ersehnte Stunde« (In: Bibliothek der Unterhaltung und des Wissens, Jahrgang 1900, Band 1) oder 1902 die Novellette »Allein«. (In: Bibliothek der Unterhaltung und des Wissens. Mit Originalbeiträgen der hervorragenden Schriftsteller und Gelehrten. Jahrgang 1902, Band 4).

den Treffpunkt literarischen Lebens. Er nennt auch die Namen der bei ihr anwesenden Persönlichkeiten, darunter an erster Stelle Max Haushofer: »Ständige Gäste bei Carry Brachvogel waren Professor Max Haushofer, der Geologe und feine Dichter, und seine hochbegabte Tochter Emma«.[55]

Auch wenn Wolzogen hier etwas verwechselte und wir deshalb nicht genau wissen, mit wem Max Haushofer Dauergast bei Carry Brachvogel war, mit seiner Tochter – die allerdings Marie hieß und zu dem Zeitpunkt circa 24 Jahre alt war – oder mit seiner Freundin Emma, so spricht doch einiges dafür, dass seine Begleiterin eher Emma Merk war.

Doch auch Emma Merk selbst führte zu dieser Zeit jahrzehntelang einen Salon bis zu ihrem Tod, einen sogenannten Teetisch, der bei Schriftstellern, Künstlern und Gelehrten gleichfalls sehr beliebt war. In Nachrufen wurde er stets erwähnt und ob seiner Beliebtheit gerühmt. Max Haushofer war auch hier ständiger Gast, wie die Schriftstellerin und Malerin Helene Raff (1865–1942) überliefert hat, die zudem Emma Merks Salon als ihr großes Vorbild deklariert: »Wir, Lotte und ich, planten damals für unsere späteren Tage einen Junggesellinnen-Haushalt mit Geselligkeit à la Merk. Bei der Schriftstellerin Emma Merk nämlich pflegte eine Auswahl der ›bewegten Frauen‹ am Sonntag nachmittag zusammenzukommen, Tee zu trinken und köstliche Brötchen zu verzehren, auf deren Mannigfaltigkeit die Bereiterin selbst trotz ihrer blauen Strümpfchen stolz war. ›Heut hab‹ ich wieder zwei Stunden mit meinen Brötchen gespielt', sagte sie lachend. Stammgast ihres Teetisches war ihr Freund und nachmaliger Gatte Max Haushofer, Professor der Nationalökonomie am Polytechnikum, zugleich aber romantischer Poet, Verfasser der Versepen ›Die Verbannten‹, ›Der ewige Jude‹ und eines feinen Bandes Lyrik«. Da in diesen Gedichten das Problem, der Präexistenz eine große Rolle spielte, fragte ihn Emma Merk gelegentlich, ob er wirklich an ein Fortleben bzw. Wiederkehren nach dem Tode glaubte. Er gab zur Antwort: »Als Dichter, ja: als Wissenschaftler, nein.«[56]

[55] Wolzogen, Ernst von: Wie ich mich ums Leben brachte. Erinnerungen und Erfahrungen. Braunschweig 1922, S. 181–184, hier S. 183.

[56] Raff, Helene: Blätter vom Lebensbaum. München 1938, S. 213–217.

Engagement in der bürgerlichen Frauenbewegung und im »Verein für Fraueninteressen«

Während Emma Merk vor der Jahrhundertwende zahlreiche Novellenbände veröffentlichte, trat sie seit 1894 im Alter von 40 Jahren nun auch als Frauenrechtlerin in Erscheinung und engagierte sich fortan in der bürgerlichen Frauenbewegung.[57]

1865 hat die organisierte Form der Frauenbewegung mit der Gründung des »Allgemeinen Deutschen Frauenvereins« (ADF) durch Louise Otto Peters und Auguste Schmidt in Leipzig ihren Anfang genommen. Ihre Trägerinnen, die vor allem bürgerlicher Herkunft waren, griffen die traditionellen Rollenvorstellungen im Bürgertum an und traten für mehr Rechte für Frauen ein, für das Recht auf Bildung und Erwerbstätigkeit für bürgerliche Mädchen und Frauen sowie für gleiche und gerechte Entlohnung. Das Mädchen-Schulwesen wurde dabei zu einem der elementarsten Felder der Frauenbewegung.[58]

Für die bürgerliche Frauenbewegung war es nicht leicht, Ende des 19. Jahrhunderts in Bayern Fuß zu fassen. Unter dem unverfänglichen Namen »Gesellschaft zur Förderung geistiger Interessen der Frau« wurde 1894 in München der spätere »Verein für Fraueninteressen« von Anita Augspurg (1857–1943) gegründet,[59] der sich dem 1894 gegründeten »Bund deutscher Frauenvereine« anschließt. Auch die ursprüngliche Anregung ist der bisherigen Forschung zufolge wohl von Anita Augspurg und Sophia Goudstikker (1865–1924)

[57] Vgl. Verein für Fraueninteressen, 3. Jahresbericht 1897, S. 16; Familienbogen Emma Merk (Stadtarchiv München/PMB M200).

[58] Eine Darstellung der gesamten Frauenbewegung liefert Ute Frevert. In: Frauen-Geschichte. Zwischen bürgerlicher Verbesserung und neuer Weiblichkeit. Frankfurt am Main 1986. Zur Frauenbewegung in Bayern und München vgl. Lindemann, Renate: 100 Jahre Verein für Fraueninteressen. In: Verein für Fraueninteressen e.V. (Hg.): 100 Jahre Verein für Fraueninteressen. München 1994, S. 1–102.

[59] Vgl. Kinnebrock, Susanne: Anita Augspurg (1857–1943): Feministin und Pazifistin zwischen Journalismus und Politik. Eine kommunikationshistorische Biographie. Herbolzheim 2005, S. 121ff. Demzufolge war Anita Augspurg von 1894 bis 1896 Gründungspräsidentin. Seit 1891 hatte sie die Vereinsgründung vorbereitet, wie ihr Briefwechsel mit Hedwig Kettler beweist.

ausgegangen. Seit 1887 betrieben sie gemeinsam das legendäre Fotostudio »Elvira« in der Von-der-Tann-Straße 15 und verkörperten als unverheiratete Geschäftsfrauen den Typus der emanzipierten Frau.[60] Erste Vorsitzende des Vereins wurde Ika Freudenberg (1858–1912).[61] Auch Emma Merk wurde Mitglied. In den ersten Jahresberichten des Vereins seit 1896 wurde sie sogar als Mitglied des Vorstands geführt und hatte das Amt der Schriftführerin inne.[62] Wahrscheinlich war sie nicht nur seit der Vereinsgründung 1894 Mitglied[63], sondern hat möglicherweise selbst mit Anteil an der Gründung gehabt. Auch sie repräsentierte ja als unverheiratete Frau und als selbstständige Schriftstellerin den Typus der emanzipierten Frau. Spätere Würdigungen und Nachrufe jedenfalls legen nahe, dass sie ebenso maßgeblich an der Vereinsgründung mitbeteiligt war: »Hat sie doch selbst in erster Reihe für ihre Mitschwestern gefochten und seinerzeit mit Ika Freudenberg die ›Gesellschaft zur Förderung der geistigen Interessen der Frau‹ gegründet, die später ihren Namen in den bekannten ›Verein für Fraueninteressen und Frauenarbeit‹ umwandelte«[64]. An anderer Stelle heißt es: »In gleicher Weise leistete sie Hervorragendes als Mitbegründerin und langjährige Vorsitzende des hiesigen Vereins für Fraueninteressen und Frauenarbeit.«[65] Ob und in wie weit sie tatsächlich an der Vereinsgründung beteiligt war, bedarf jedoch noch der Erforschung.

Im Verein fanden sich Frauen aller Konfessionen des gebildeten Münchner Bürgertums zusammen, die sich allesamt zur modernen Frauenbewegung bekannten.[66] Nicht nur Emma Merk trat ein, son-

[60] Zur Gründergeneration und ihrer Verknüpfung mit den Literaten und Künstlern der Moderne: Elferich, Christa: Aus dem Vereinsarchiv. In: Verein für Fraueninteressen e.V. (Hg.): Jahresbericht 2007. München, S. 21–23.

[61] Vgl. ebd., S. 3f.

[62] Vgl. Verein für Fraueninteressen e.V. (Hg.): 2. Jahresbericht 1896, S. 6; 3. Jahresbericht 1897, S. 5.

[63] Die erste Mitgliederliste wird erst 1897 veröffentlicht.

[64] Baudissin, Eva Gräfin von: Emma Haushofer Merk und Carry Brachvogel. In: Münchner Neueste Nachrichten, Nr. 160 von 1924, S. 27 (Stadtarchiv München/Vereine 2168).

[65] Emma Haushofer-Merk 1925. In: München-Augsburger Abendzeitung, Nr. 197 vom 19. Juli 1925 (Stadtarchiv München/ZA-P 188-15).

[66] Christa Elferich (Verein für Fraueninteressen) verweist darauf, dass Frauen jüdischen Glaubens oder jüdischer Herkunft die ersten 40 Jahre des Vereins

dern auch die weiblichen Mitglieder der eng mit ihr verbundenen Haushofer-Familie. In der ersten Mitgliederliste von 1897 findet sich auch der Name von Max Haushofers Tochter, der Malerin Marie Haushofer, ebenso der Name seiner Schwiegertochter Martha Haushofer (1877–1946).[67] Seit 1896 ist sie die Ehefrau seines ältesten Sohnes, Karl Haushofers, geworden, seinerzeit Generalleutnant.[68] Ab 1899 war Martha Haushofer dann wie Emma Merk nicht nur Vorstandsmitglied, sondern auch erste Schriftführerin.[69] Mit ihr und ihrer Mutter Christine Mayer-Doss (1854–1930) war Emma Merk eng befreundet. Doch auch Max Haushofer selbst trat dem Verein bei. Um von ihren Netzwerken profitieren zu können, nahm der Verein auch ganz gezielt Männer auf. Und so findet sich in der ersten Mitgliederliste von 1897 nicht nur Max Haushofer, sondern es stehen auch Rainer Maria Rilke, Herman Obrist, August Endell, Ernst von Wolzogen und viele weitere männliche bekannte Persönlichkeiten darauf.[70] Der Verein wählte für seine öffentlichen Veranstaltungen stets repräsentative Orte, wie das Hotel »Vier Jahreszeiten«, den »Bayerischen Hof«, am häufigsten aber das »Café Luitpold« in der Brienner Staße. Von allen Künstlern und Literaten des Vereins wurde erwartet, dass sie dessen emanzipatorische Ideen in ihren Werken verbreiteten.[71] Der Münchner Verein wurde in Bayern zum Fürsprecher erwerbstätiger Frauen, er vertrat den Anspruch der Mädchen auf gleiche Bildungschancen und verlangte die gleichberechtigte Teilnahme von Frauen an den Institutionen des öffentlichen Lebens. Bei allem Engagement vermied der Verein aber ein radikales Vor-

und der Frauenbewegung entscheidend mitgestaltet haben. Vgl. Elferich, Christa: Aus dem Vereinsarchiv. In: Verein für Fraueninteressen e.V. (Hg.): Jahresbericht 2006. München 2006, S. 23f.

[67] Vgl. Verein für Fraueninteressen e.V. München: Mitgliederverzeichnis 1897 (im Archiv des Vereins).

[68] Vgl. ebd. Martha Haushofer hieß ursprünglich Martha Mayer-Doss. 1896 heiratete sie Max Haushofers Sohn, Generalleutnant Karl Haushofer.

[69] Vgl. Verein für Fraueninteressen e.V. München: Mitgliederverzeichnis 1899 (im Archiv des Vereins).

[70] Vgl. Verein für Fraueninteressen e.V. München: Mitgliederverzeichnis 1897 (im Archiv des Vereins).

[71] Vgl. Lindemann, Renate: 100 Jahre Verein für Fraueninteressen e.V. In: Verein für Fraueninteressen e.V. (Hg.): 100 Jahre Verein für Fraueninteressen. München 1994, S. 9–18.

gehen. Martha Haushofer zufolge wäre »ein ›zielbewußteres‹, d.h. radikales und rücksichtsloses Vorgehen [...] in unseren bayerischen Verhältnissen der sichere Weg zum Mißerfolg gewesen«.[72] Insgesamt durfte die Vereinstätigkeit der bürgerlichen Frauen nicht zu politisch erscheinen, da Frauen die Beteiligung an politischen Vereinen und Versammlungen damals verboten war, ja sogar bestraft wurde; dies erklärt auch, warum sich die bürgerliche Frauenbewegung stark karitativ und sozialfürsorglich für Belange der Frauen aus der Unterschicht einsetzte. Tatsächlich hatte der Münchner »Verein für Fraueninteressen« aber einen großen Anteil daran, dass die moderne bürgerliche Frauenbewegung in Bayern Fuß fasste und sich hier verbreiten konnte.[73] 1899 wurde in München der erste »Bayerische Frauentag« abgehalten.[74] Organisiert hatte ihn der »Verein für Fraueninteressen«. Aus ganz Bayern trafen hier erstmals Frauen zu einem Kongress zusammen, um ihre gesellschaftliche Rolle in Vergangenheit und Gegenwart zu erörtern. Eine Novelle des bayerischen Vereinsgesetzes hatte diesen ersten »Bayerischen Frauentag« möglich gemacht. 1898 war der frauenfeindliche Artikel 15 entschärft worden, der weiblichen Personen die Mitgliedschaft in politischen Vereinen und die Teilnahme an politischen Veranstaltungen untersagte. Diese Liberalisierung nutzten die Veranstalterinnen des Frauentags sofort für ihre Interessen. Zahlreiche Vorträge und Veranstaltungen fanden statt. Als Mitglied des Vereins hielt auch Max Haushofer am 19. Oktober 1899 im Alten Rathaus einen öffentlichen Vortrag über »Die Frau im Erwerbsleben«.[75] Schon zuvor hatte er im Verein wiederholt Vorträge gehalten und 1897 sogar einen Kurs »Grundzüge der Volkswirtschaft« geleitet.[76] 1899 veröffentlichte er auch seinen utopischen Roman »Planetenfeuer«[77], der München im Jahr 2000 schildert, in einer Situation, in der sich die Erde vor ihrem bevor-

[72] Haushofer, Martha: Ika Freudenberg. In: Centralblatt des Bundes Deutscher Frauenvereine 13 (1912), Nr. 21, S. 163.

[73] Vgl. auch Raff, Helene: Blätter vom Lebensbaum. München 1938, S. 213–217.

[74] Vgl. Lindemann, Renate: 100 Jahre Verein für Fraueninteressen. In: Verein für Fraueninteressen e.V. (Hg.): 100 Jahre Verein für Fraueninteressen. München 1994, S. 20–22.

[75] Vgl. Verein für Fraueninteressen e.V. (Hg.): 6. Jahresbericht 1900, S. 5.

[76] Vgl. Verein für Fraueninteressen e.V. (Hg.): 3. Jahresbericht 1897, S. 4; 4. Jahresbericht 1898, S. 11, Anm. 5. Jahresbericht 1899, S. 6, 28.

[77] Vgl. Haushofer, Max: Planetenfeuer. Stuttgart 1899.

stehenden Untergang befindet, da die Trümmer zweier kollidierter Planeten auf die Erde zurasen. Haushofer widmete ein ganzes Kapitel dem Frauenkongress.[78]

Seine Tochter Marie Haushofer hingegen, Emma Merks spätere Stieftochter, schrieb eigens für den ersten »bayerischen Frauentag« ein Festspiel: »Zwölf Culturbilder aus dem Leben der Frau«,[79] welches in verschiedenen sprechenden Gruppen und lebenden Bildern den Einfluss der Frau auf die Kulturentwicklung darstellte.[80] Regie führte Sophia Goudstikker. Die Aufführung am 21. Oktober 1899 in München rief große Begeisterung hervor.[81] 1900 wurde es auch in Nürnberg[82] und 1902 in der Oper in Bayreuth präsentiert. Hier war es einmal mehr ein triumphaler Erfolg: »Der künstlerische und pekuniäre Erfolg in Bayreuth war ein großer [...]. Aller Orte, erlauben es die Bühnenverhältnisse, dürfte dies Festspiel zur Aufführung empfohlen werden, überall wird seine edle, gedankenvolle Sprache einen Widerhall finden.«[83] Auch wenn der erste »Bayerische Frauen-

78 Heute wird der Roman meist nur als Vertreter der frühen Science-Fiction gesehen, tatsächlich aber ist er eine Studie zu damals aktuellen politischen und gesellschaftlichen Fragen. Vgl. Otter, Martin (Hg.): Max Haushofer: Planetenfeuer. Neu hg. und mit einer Einleitung versehen. München 2011. Der BR brachte Planetenfeuer 2010 in der Bearbeitung von Martin Otter als Hörspiel. Gesendet wurde des Weiteren ein Porträt von Martin Otter über Max Haushofer.

79 Haushofer, Marie: Zum bayrischen Frauentag 21. Oktober 1899. Festspiel. München 1899 (Staatsbibliothek München). Überliefert sind auch 14 Szenefotos, die vom »Atelier Elvira« aufgenommen wurden.

80 Vgl. Verein für Fraueninteressen e.V.: Im Vereinsarchiv unter der Rubrik »Marie Haushofer«.

81 Aufgeführt wurde es im Katholischen Casino am 21. Oktober 1899 (vgl. Verein für Fraueninteressen e.V. (Hg.): 6. Jahresbericht 1900, S. 6); vgl. »Festabend im Katholischen Kasino«. In: Münchener Neueste Nachrichten, Nr. 491 vom 24. Oktober 1899. Hier wird über den Ablauf des Festabends und die Aufführung des Festspiels berichtet, ebenso in: Münchener Zeitung. Generalanzeiger der kgl. Haupt- und Residenzstadt München vom 24. Oktober 1899 (Privatarchiv Haushofer).

82 Vgl. Verein für Fraueninteressen e.V.: im Vereinsarchiv unter der Rubrik »Marie Haushofer«.

83 Mitteilungen aus der bayrischen Frauenbewegung I., Jahrgang, Nr. 4. vom 15. Dezember 1902, S. 4; vgl. Verein für Fraueninteressen e.V.: Archiv Personen: Marie Haushofer; Münchener Neueste Nachrichten, 52. Jahrgang, Nr. 491 vom 24. Oktober 1899; Bericht über den Frauenkongress vom 26. Okt.

tag« zwar vorerst nicht viel an der Lebenssituation des weiblichen Geschlechts veränderte, so fand er in der Folge nun doch alle zwei Jahre statt und war ein wichtiger Anstoß für eine Gleichberechtigungsbewegung in Bayern, selbst wenn es bis ins 20. Jahrhundert dauerte, bis die Hauptziele erreicht wurden. So die Errichtung von Mädchengymnasien und der offizielle Zugang zu Universitäten.[84] Zu Beginn des neuen Jahrhunderts am 18. Januar 1901 hielt Ika Freudenberg auf der Generalversammlung des Vereins einen Vortrag, in dem sie die Ziele zu Beginn des Jahrhunderts programmatisch umriss. An vorderster Stelle stand dabei die Förderung der Selbstständigkeit der Frauen und ihrer finanziellen Unabhängigkeit: »Eines müssen wir bei jeder Art von gemeinnütziger Thätigkeit, die wir in unseren Vereinen ausüben, fest im Auge behalten: diese Thätigkeit muss von einem wahrhaft und im guten Sinne m o d e r n e n Geiste erfüllt und getragen sein; sie muss geeignet sein, ›die Frauen zum Verständnis volkswirtschaftlicher Interessen und zur Mitwirkung an der allgemeinen bürgerlichen Wohlfahrtspflege zu erziehen‹ [..]. Wir müssen ferner die Tendenz, die unserer ganzen Frauenbewegung die Richtung gibt, auch auf diejenigen ausdehnen, für welche wir arbeiten; wir müssen auch bei den Mädchen und Frauen, die unsere Kurse und Schulen besuchen, denen unsere Heime, Asyle und Rechtsschutzstellen zu gute kommen, in erster Linie die g e i s t i g e S e l b s t s t ä n d i g k e i t zu wecken und zu stärken suchen. Auf eigenen Füssen stehen können, wenn es sein muss; aus eigener Tüchtigkeit sich eine menschenwürdige Existenz schaffen können; dann aber auch verlangen, als reifer, selbstverantwortlicher Mensch geachtet und für voll angesehen zu werden – das ist's, was die Frauen aller Stände lernen müssen, und was uns als oberster Grundsatz bei allen unseren Erziehungs- und Fortbildungsbestrebungen umschweben sollte.«[85] Auch Emma Merk wurde im neuen

1899. In: Münchner Salonblatt, S. 7; Münchener Zeitung. Generalanzeiger der kgl. Haupt- und Residenzstadt München vom 24. Oktober 1899 (Privatarchiv Haushofer).

[84] Bis 1912 gab es in München nur eine öffentliche höhere Mädchenschule, die Luisenschule. Das Immatrikulationsrecht wurde zwischen 1900 und 1909 in den Ländern durchgesetzt. In Bayern wurden Frauen 1903 zu bayerischen Universitäten zugelassen.

[85] Verein für Fraueninteressen e.V. (Hg.): Jahresbericht vom Januar 1901 über das zurückliegende Vereinsjahr, 7. Jahresbericht, S. 5f. Den Hinweis darauf verdanke ich Christa Elferich (Verein für Fraueninteressen e.V.).

Jahrhundert zu einem wichtigen Sprachrohr des Vereins. Sie lebte dessen Programmatik nicht nur selbst immer schon, sondern vertrat diese auch immer wieder öffentlich: Eine Dame der älteren Generation schickte am 23. Januar 1904 einen Brief an die »Allgemeine Zeitung«, in dem sie Befremden und »Unmut« äußerte über das, was sie alles auf Vorträgen in einem Münchner Frauenverein gehört hatte. Sie stellte fest, sie selbst blicke auf ein »schönes, voll ausgefülltes Dasein als Frau und Mutter zurück«, die sich »niemals ihrer Unselbstständigkeit und Abhängigkeit« bewusst geworden sei[86]. Sie fragte, ob »die jungen fanatischen Predigerinnen des neuen Frauenevangeliums denn wirklich glaubten, daß nur die äußeren Verhältnisse, die ökonomische und gesetzliche Abhängigkeit der Frau vom Mann der inneren Selbstständigkeit der Frau bisher im Wege standen.« Es war Emma Haushofer-Merk, die ihr im Auftrag des Vereins antwortete: »Ja, verehrte gnädige Frau! Die ökonomische Unabhängigkeit der Frau wäre allerdings ein Riesenschritt zu deren Befreiung! Und nicht blos der Frau aus dem Volke! Wenn erst jede Frau und jedes Mädchen in der Lage wäre, für die eigene Existenz zu sorgen, wie viel schwerlastender Druck müsste dann fortfallen.«[87]

Emma Merk hatte seit ihren literarischen Anfängen nicht nur immer wieder in ihren schriftstellerischen Werken die Beziehung zwischen Mann und Frau thematisiert, sondern auch die Rolle der Frau in der Gesellschaft: »[I]n den meisten ihrer Novellen und Romane spielt ›das Recht der Frau‹ eine hintergründige Rolle: auf persönliche Freiheit, auf gleichgewertete Berufsarbeit, auf kameradschaftliche Anerkennung in der Ehe.«[88] Sie selbst verfocht dieses Recht sowohl persönlich als auch indirekt in ihren Werken. Ihr langjähriger Freund Max Haushofer unterstützte sie darin in jeder Hinsicht.

[86] Emma Haushofer-Merk: Antwort auf einen »Frauenbrief«. In: Mitteilungen aus der bayrischen Frauenbewegung, 2. Jahrgang, Nr. 8 vom 15. Februar 1904 und Nr. 9 vom 1. März 1904. Im Vereinsarchiv des unter der Rubrik »Emma Haushofer-Merk«.

[87] Ebd.

[88] Haushofer, Heinz: Traditionen. Als Manuskript vervielfältigt. München 1979, S. 164.

Die Ehe zwischen Emma Haushofer-Merk und Max Haushofer 1902 von 1907

1902 heirateten die Schriftstellerin und Frauenrechtlerin Emma Merk und der Dichter und Professor Max Haushofer. Emma war mittlerweile 48, Max war bereits 62 Jahre alt. Für das Jahr 1902 vermerkte Max Haushofer in seinen Lebenserinnerungen: »Sommer: meine Mutter stirbt u. wird in Frauenchiemsee begraben. Am 7. Oktober heirate ich Emma.«[89] Die Schriftstellerin Emma Merk wurde nun zu Frau Professor Emma Haushofer-Merk und zieht aus der Schönfeldstraße zu Max Haushofer und seiner Tochter Marie Haushofer in die angrenzende Königinstraße 10.[90] Doch nur wenige Jahre Ehezeit waren beiden vergönnt. Emma war in diesen Jahren schriftstellerisch weiterhin sehr produktiv und veröffentlichte gleich mehrere Romane, Novellen und Erzählungen. 1902 erschien der umfangreiche zweibändige Münchener Roman »Drei Frauen«.[91] Ein ganzes Jahrhundert München wird in diesem Roman präsentiert und Frauen dreier Generationen werden vorgeführt. Die Handlung beginnt 1847 im München Ludwigs I. und führt anhand des Schicksals dreier Frauen bis in das München der Zeit vor dem Ersten Weltkrieg. 1903 wurden gleich drei kürzere Romane veröffentlicht: »Das Rätsel der Bergnacht«[92], »Am Hochzeitstage«[93], und »Die junge Generation«.[94] 1905 erschienen dann die Novelle »Freundinnen«[95] und die Erzählung »Sepps Geist: eine Erzählung aus den bayrischen

[89] Haushofer, Max: Lebensgeschichte. Manuskript, S. 129 (Privatarchiv Haushofer).

[90] Vgl. Familienbogen Emma Merk, Stadtarchiv München/PMB M200; Familienbogen Max Haushofer, Stadtarchiv München/PMB H 1012.

[91] Vgl. Merk, Emma: Drei Frauen. Münchener Roman von Emma Merk. Dresden/Leipzig 1902.

[92] Vgl. Merk, Emma: Das Rätsel der Bergnacht. Roman von E[mma] Merk. Berlin 1903.

[93] Vgl. Merk, Emma: Am Hochzeitstage. Roman von Emma Merk. Berlin 1903.

[94] Vgl. Merk, Emma: Die junge Generation. Roman von Emma Merk. Berlin/Eisenach/Leipzig [1903].

[95] Vgl. Merk, Emma: Freundinnen. Novelle von Emma Merk. Berlin 1905.

Bergen«[96], 1906 folgte ein illustrierter Erzählband mit dem Titel »Frauengestalten«.[97]

Auch im »Verein für Fraueninteressen« war Emma in diesen Jahren nicht nur im Vorstand höchst aktiv (als Schriftführerin und Beisitzerin). Seit 1901 zeigte sie sich auch als Mitarbeiterin der Rechtsschutzstelle engagiert.[98] 1904 übernahm sie zudem die Berichterstattung über Vereinsveranstaltungen an die Presse.[99] Immer wieder hielt sie auch Referate auf Mitgliederabenden, so beispielsweise über »Wirtschaft und Mode« von Werner Sombart[100] oder »Über die den Frauen bis jetzt erschlossenen Berufsarten«.[101] 1905 schied Emma vorübergehend aus dem Vorstand des Vereins aus.[102] Max Haushofer war schwer erkrankt und sie war dadurch sehr in Anspruch genommen. Aufopferungsvoll pflegte sie ihn bis zu seinem Tod 1907 in Gries bei Bozen, wohin beide ein Jahr zuvor übergesiedelt waren.[103] Beerdigt wurde Max Haushofer allerdings auf der Insel Frauenchiemsee, in der Familiengrabstätte. In seinem letzten Willen verfügte er u. a., dass Emma seinen literarischen Nachlass verwalten sollte: »Ihr soll es zustehen, die noch ungedruckten Manuscripte zu verwerten, allenfällige Neuauflagen zu besorgen.«[104] Anlässlich seines Todes erscheinen zahlreiche Nachrufe, die sein wissenschaftliches und literarisches Schaffen würdigen.[105] Sein Tod war ein schwerer Schicksalsschlag für Emma. 1908 schildert O. F. Damm in seinem Vorwort zu Emmas Novellenband »Seine Frage und andere

96 Vgl. Merk, Emma: Sepps Geist: eine Erzählung aus den bayrischen Bergen von Emma Merk. Berlin [1905].

97 Vgl. Merk, Emma: Frauengestalten. Erzählungen von Emma Haushofer-Merk. Mit Ill. von W. Roegge. Berlin/Leipzig [1906].

98 Vgl. Verein für Fraueninteressen e.V.: im Vereinsarchiv unter der Rubrik »Emma Haushofer-Merk«.

99 Vgl. Verein für Fraueninteressen e. V. (Hg.): 11. Jahresbericht, S. 3.

100 Verein für Fraueninteressen e. V. (Hg.): 9. Jahresbericht, S. 13.

101 Verein für Fraueninteressen e. V. (Hg.): 12./13. Jahresbericht, S. 19f.

102 Verein für Fraueninteressen e. V. (Hg.): 11. Jahresbericht, S. 12.

103 Vgl. Familienbogen Max Haushofer, Stadtarchiv München/PMB H 1012.

104 Haushofer, Max: Mein letzter Wille. Beglaubigte Abschrift vom 17. April 1907 (Privatarchiv Haushofer).

105 Vgl. z. B. Brachvogel, Carry: Max Haushofer. In: Das literarische Echo 9 (1906), H. 1, S. 6f., S. 6–13 mit einem Porträt von Max Haushofer; Moulin-Eckart, Richard Graf von: Max Haushofer. In: Jahresbericht 1907 der Kgl. Technischen Hochschule, München 1908, S. 3–30; Hey, Oskar: Max Haushofer. Stuttgart 1907.

Emma und ihr Ehemann Max Haushofer, Gardasee, o.J.

Novellen« die späte Verbindung Emma Merks mit dem Witwer Max Haushofer aus seiner Perspektive. Er äußert sich auch zu seinem Tod und dazu, wie Emma es anscheinend geschafft hat, diesen zu bewältigen: »[S]ie durfte das Glück der Verbindung mit einem inniggeliebten Manne geniessen, ein spät abgeschlossenes und – nur zu kurzes Glück! In reiferen Jahren vermählte sich Emma Merk mit dem Jugendfreunde Max Haushofer, dem nachmaligen Professor an der Technischen Hochschule der Isarstadt, dem bekannten Volkswirtschaftler und schöngeistigen Schriftsteller. Nach langer, schwerer Krankheit starb Haushofer im Jahr 1907, aufs treueste gepflegt von seiner Gattin, die bis zu seinem letzten Augenblicke zugleich die verständnisvolle Freundin seines wissenschaftlichen und literarischen Schaffens war.

Ein harmonisches, in sich abgeklärtes Verhältnis zweier idealgesinnter Personen vernichtete hier grausam des Todes Hand. Emma Haushofer-Merk – so nannte sie sich seit ihrer Verheiratung – fand indes in gesteigerter poetischer Tätigkeit das Mittel zur Überwindung des schweren Schicksalsschlages. Und wenn auch seitdem etwas wie leiser Wehmut über ihren Fabulierungen liegt, wenn ein Ton der Sehnsucht nach verlorenem Glück aus ihren Schriften an das Ohr des aufmerksamen Lesers klingt, so erhöhte dieser Umstand nur die Wirkung ihrer poetischen Leistungen. Vielseitig, unermüdlich tätig, im Reiche des Schönen und Idealen schaffend, so hat sich diese Frauengestalt durch herbes Leid hindurchgerungen zu beneidenswerter Sicherheit und Ruhe.«[106] 1914, anlässlich Emma Haushofer-Merks 60. Geburtstag, bewertete auch die Schriftstellerin Eva Gräfin von Baudissin die Bedeutung Max Haushofers für Emma und die Besonderheit der Beziehung: »An der Seite ihres Gatten, des Professors der Nationalökonomie und Statistik Max Haushofer, dem deutschen Volke aber besser bekannt als hervorragender Dichter und Verfasser des Epos ›Die Verbannten‹, des dramatischen Gedichts ›Der Ewige Jude‹ und der klassisch schönen philosophischen Prosaschriften ›Von des Daseins Grenzen‹ und ›Zwischen Diesseits und Jenseits‹ – fand Emma Haushofer das höchste Glück, das es auf Erden für zwei Menschen geben kann: ein völlig geistiges Verstehen und gegenseitige Förderung.«[107] Heinz Haushofer, ein Enkel Max Haushofers, hat sicher sehr treffend festgehalten, dass das, was »die Frau Emma Haushofer-Merk ihm – über das quellenmäßig Darstellbare hinaus – bedeutete«, möglicherweise durch den Hinweis auf die Reihe von Gedichten erahnt werden kann, die er ihr gewidmet hat, nämlich die nach seinem Tod 1907 erschienene Reihe »Späte Liebe« in der Sammlung »Der Gast der Einsamkeit«. Diese Gedichte tragen Überschriften wie »Ein Tag in der Zeit der Lindenblüte«, »Wohl lachst Du in der kargen Stunde«, »Nun sind wir schon seit Jahren«, »Schon steht die Herbstzeit im Kalender«, »Eisfahrt auf dem Chiemsee« und »Gruß von Frauenchiemsee«.[108]

106 Haushofer-Merk, Emma: Seine Frage und andere Novellen von Emma Haushofer-Merk. Mit einem Vorwort. [von Dr. O.F. Damm] (Oskar Friedrich). Leipzig [1909], S. 3f.

107 Baudissin, Eva Gräfin von: Emma Haushofer-Merk und Carry Brachvogel. In: Münchner Neueste Nachrichten, Nr. 160 von 1924, S. 27 (Stadtarchiv München/Vereine 2168).

108 Vgl. Haushofer, Heinz: Traditionen. Als Manuskript vervielfältigt. München 1979, S. 165ff.

1908–1913: Ungebrochene Aktivität und Kreativität

Emma Haushofer-Merk scheint den Tod ihres Mannes in der Tat mit Arbeit und kreativem Schaffen bewältigt zu haben. 1908 nahm sie ihre Tätigkeit im Vorstand des »Vereins für Fraueninteressen« wieder auf. Auch ihre Arbeit in der Rechtsschutzstelle und der Pressekommission setzte sie weiter fort.[109] In diesem Jahr trat sie außerdem in den »Nationalliberalen Verein« ein und wurde sofort in den Parteivorstand gewählt.[110] In den folgenden Jahren hielt sie im »Verein für Fraueninteressen« etliche Referate, etwa über »Leben und Wirken Frieda von Bülows«[111] und den »Anteil der Frauenbewegung an der modernen Literatur«.[112] Auch vor der Jugendgruppe referierte sie, so über den »Respekt vor der Arbeit« oder »Die Anfänge der Frauenbewegung und ihre Führerinnen«.[113] 1910 brachte sie auf der Generalversammlung am 24. Januar 1910 für München eine Resolution ein, »die dringend die endliche Errichtung der längst in Aussicht genommenen und als unbedingt notwendig anerkannten zweiten städtischen Töchterschule fordert«.[114] Auch schriftstellerisch war sie ungebrochen produktiv und veröffentlichte weiterhin zahlreiche Novellen und Romane: 1908 erschien die Novelle »Unter der Asche«[115], die sich auch im vorliegenden Band findet. 1909 kam sogar ein Novellenband in »Reclams Universalbibliothek« heraus: »Seine Frage und andere Novellen«[116] mit dem schon erwähnten Vorwort von O. F. Damm. Dieses vermittelt dem Leser einen Eindruck von ihrer damaligen Anerkennung als Schriftstellerin und Frauenrechtlerin: »In Emma Haushofer-Merk lernen die Leser der ›Universal-Bi-

109 Vgl. Verein für Fraueninteressen e. V. (Hg.): 14. Jahresbericht, S. 15, 21f.

110 Vgl. Verein für Fraueninteressen e. V. (Hg.): Im Vereinsarchiv unter der Rubrik »Emma Haushofer-Merk«.

111 Vgl. Verein für Fraueninteressen e. V. (Hg.): 17. Jahresbericht, S. 6.

112 Vgl. Verein für Fraueninteressen e. V. (Hg.): 18./19. Jahresbericht, S. 9.

113 Vgl. ebd., S. 34.

114 Verein für Fraueninteressen e. V. (Hg.): 16. Jahresbericht, S. 19.

115 Vgl. Haushofer-Merk, Emma: Unter der Asche. Novelle von Emma Haushofer-Merk. Berlin 1908.

116 Vgl. Haushofer-Merk, Emma: Seine Frage und andere Novellen von Emma Haushofer-Merk. Mit einem Vorwort [von Dr. O. F. Damm] (Oskar Friedrich). Leipzig [1909].

Ausgabe von »Seine Frage und andere Novellen« von Emma Haushofer-Merk in der Reclam-Universal-Bibliothek, 1909

bliothek‹ eine Autorin von gemütvoller, anmutiger Darstellungsgabe kennen, eine Kraft, die namentlich auf dem Gebiete der psychologischen Novelle seit einigen Jahren schöne Erfolge erzielt hat. Auch ein liebenswürdiger neckischer Humor, der sich oft genug unwillkürlich aus den Charakteren der von ihr nach dem Leben gezeichneten Figuren ergibt, steht dieser talentvollen Schriftstellerin zu Gebote und erhöht den Reiz ihrer feinsinnig durchgeführten Schilderungen und Seelenanalysen besonders aus dem ländlichen und dem kleinstädtischen Milieu. [...] Früh schon betätigte sich die Autorin schriftstellerisch, ihre ersten Novellen erschienen schon in den achtziger Jahren in verschiedenen Zeitschriften.[117] Allmählich, auch durch manche ernste und heitere Novellette in Tagesblättern, wurde ihr Name bekannter. Eine Sammlung ›Chiemsee-Novellen‹ (1897) fand freundliche Aufnahme. Und nun reihte sich Novelle an Novelle: ›In enger Gasse‹, ›Das Rätsel der Bergnacht‹, ›Am Hochzeitsmorgen‹ usw., und das Publikum, das auf das frische und gehaltvolle Talent aufmerksam geworden, schenkte auch den größeren Arbeiten: ›Die junge Generation‹, ›Freundinnen‹, namentlich aber dem Münchner Roman ›Drei Frauen‹, mit echtem Lokalkolorit, die ihnen gebührende Beachtung. Vielfach nimmt die Verfasserin in ihren Novellen und Erzählungen, unbeschadet der künstlerischen Wirkung derselben, Gelegenheit, für die Ideen der Frauenbewegung einzutreten, doch vermeidet sie dabei alles Extreme. Seit Gründung des »Vereins für Frauen-Interessen« in München spielt Emma Haushofer-Merk überhaupt eine führende Rolle auf diesem Gebete, soweit speziell Süddeutschland in Frage kommt. [...]. Die drei in diesem Bändchen vereinigten Erzählungen von Emma Haushofer-Merk: ›Seine Frage‹, ›Floribella‹ und ›Der stille Garten‹ gehören zu dem Besten, was sie hervorgebracht, und werden sicher die freundlichste Aufnahme beim großen Leserkreise der ›Universal-Bibliothek‹ finden.«[118] Emma blieb ungeheuer kreativ. Ein Roman folgte auf den anderen:

[117] Nach der schon erwähnten Aussage von Emma Haushofer Merk 1924 erschienen bereits in den 1870er-Jahren Novellen von ihr.

[118] Haushofer-Merk, Emma: Seine Frage und andere Novellen von Emma Haushofer-Merk. Mit einem Vorwort [von Dr. O.F. Damm] (Oskar Friedrich). Leipzig [1909], S. 3f.

1911 »Neue Frauen, alte Liebe«[119], 1912 »Urteile Du«[120] und 1913 »Der Pakt mit dem Himmel«.[121] Hier setzte sie sich mit dem Nonnendasein auseinander und führte die Zuwendung einer weltfernen Nonne zur Lebensfreude vor. Die »Neue Freie Presse Wien« lobt: »Ein Klosterroman, in dem uns die Verfasserin mit aller psychologischen Feinheit, und mit anerkennenswerter Begabung ein Lebensbild entwirft, ein junges Mädchen schildert, das gegen die weltverneinenden Klosterideen, die von frühester Jugend an in ihr Herz gesenkt wurden, [...] gegen eine Freude und Glück verleugnende Weltanschauung kämpft und schließlich über sie und sich selbst den Sieg davonträgt [...]. Die Verfasserin ist der schwierigen Aufgabe, die sie sich in dem vorliegenden Roman gestellt hat, in anerkennenswerter Weise gerecht geworden. Es ist kein Roman, der uns von vielen und abwechslungsreichen äußerlichen Ereignissen erzählt, sondern sein Hauptinhalt gipfelt in der Darlegung psychologischer Momente, in der Schilderung seelischer Effekte, die dem Widerstreite zwischen Glücksverlangen und Pflicht, dem Kampf zwischen Liebe und Entsagen entspringen. Die Verfasserin hat diese Materie in ihrem Werke in einwandfreier Weise behandelt und uns das Gefühlsleben ihrer Heldin lebenswahr und mit aller psychologischen Feinheit geschildert.«[122]

Nach dem Tod Ika Freudenbergs am 9. Januar 1912 wurde Emma Haushofer-Merk die Vorsitzende des »Vereins für Fraueninteressen«. Auf einer außerordentlichen Generalversammlung am 5. Februar 1912 wurde sie zur ersten Vorsitzenden gewählt: »Auf Bitten des Vereins erklärte Frau Emma Haushofer-Merk dieses Amt, das sie aus beruflichen Gründen nicht dauernd behalten könne, wenigstens bis zur ordentlichen Generalversammlung im Herbst übernehmen zu wollen.«[123] 1912 nahm sie in Gotha an der Generalversammlung des »Bundes deutscher Frauenvereine« und an der Gesamtvorstandssitzung des Hauptver-

119 Vgl. Haushofer-Merk, Emma: Neue Frauen, alte Liebe. Roman von Emma Haushofer-Merk. Berlin 1911.

120 Vgl. Haushofer-Merk, Emma: Urteile Du. Berlin [1912].

121 Vgl. Haushofer-Merk, Emma: Der Pakt mit dem Himmel. Roman von Emma Haushofer-Merk. Leipzig 1913.

122 Haushofer-Merk, Emma: Es wetterleuchtete. Münchener Roman aus der Mitte des vorigen Jahrhunderts. Leipzig 1922. Siehe Werbung auf der letzten Seite des Buches.

123 Verein für Fraueninteressen e.V. (Hg.): 18./19. Jahresbericht, S. 18.

MÜNCHENER
SCHRIFTSTELLERINNEN-VEREIN
MITGLIEDSKARTE
FÜR
GÜLTIG FÜR DAS JAHR 19 31

Mitgliedsausweis für den »Münchener Schrifstellerinnen-Verein«, 1931

bands Bayerischer Frauenvereine in München teil.[124] Sie blieb erste Vorsitzende bis zur Generalversammlung im Januar 1913.[125] Dann legte sie, wie zuvor angekündigt, das Amt aus Berufsgründen nieder[126] und ließ sich zur zweiten Vorsitzenden wählen.[127]

Zusammen mit ihrer langjährigen Freundin und Mitstreiterin im »Verein für Fraueninteressen«, der erfolgreichen Schriftstellerin Carry

124 Vgl. ebd., S. 10; S. 12.
125 Vgl. ebd., S. 12.
126 Vgl. ebd., S. 21. Ihre Tätigkeit als erste Vorsitzende wird sehr gewürdigt: »die in schwerster Zeit die Führung in ihre starke feste Hand nahm, und […] den Verein so vortrefflich leitete, dass keinerlei Stillstand eingetreten ist und trotz unserer unvergesslichen Ika Freudenberg ihren ungestörten Fortgang nehmen konnte«.
127 Vgl. ebd., S. 19 und 20.

Brachvogel, gründete sie im Herbst 1913 unter Mithilfe des »Vereins für Fraueninteressen« nun einen eigenen Verein.[128] Emma Haushofer-Merk wurde erste Vorsitzende des »Vereins der Münchener Schriftstellerinnen«, Carry Brachvogel zweite Vorsitzende. Zweck des Vereins war der »Zusammenschluss der in München lebenden Schriftstellerinnen und Journalistinnen zur Besprechung beruflicher Fragen und zur Vertretung künstlerischer und wissenschaftlicher Interessen«.[129] Diese Vereinigung war die erste ihrer Art. Bekannte Persönlichkeiten traten ihr bei: Ricarda Huch, Annette Kolb, Helene Böhlau, Elsa Bernstein, Isolde Kurz und viele andere.[130] Die erste Sitzung war sehr gut besucht und fand im Vereinslokal des »Vereins für Fraueninteressen« in der Brienner Straße 39 statt. Als Ort für die weiteren Zusammenkünfte bestimmte man die vegetarische Gaststätte »Ethos« in der Ottostraße 1. In jeder Sitzung sollten Vorträge abgehalten werden und es sollte über einschlägige Fragen diskutiert werden. Auch literarische Veranstaltungen waren geplant.[131] Im Mittelpunkt der Satzungen des Schriftstellerinnen-Vereins stand die Forderung nach Gleichberechtigung bei der Entlohnung: Von allen Mitgliedern wurde erwartet, dass sie »im geschäftlichen Verkehr Interessen und Ansehen des Standes in jeder Weise wahren, insbesondere Arbeiten nicht zu Schleuderpreisen oder umsonst abgeben, damit mit dem bei vielen Redaktionen herrschenden Vorurteil gebrochen werden kann, dass Frauenarbeit billiger entlohnt werden dürfe als Männerarbeit«.[132]

Werk und Wirken während des Ersten Weltkriegs

Am 15. Juni feierte Emma Haushofer-Merk ihren 60. Geburtstag. Kaum sechs Wochen später, am 31. Juli 1914, wurde in München der Kriegszustand verkündet. Bereits am nächsten Abend, am 1. August, verkün-

128 Vgl. Verein für Fraueninteressen e.V. (Hg.): 20. Jahresbericht, S. 9.

129 Satzungen des Münchner Schriftstellerinnen-Vereins. Satzung 2 (Stadtarchiv München/Vereine 2168).

130 Vgl. Münchner Schriftstellerinnen-Verein. Mitgliederliste von 1913 (Stadtarchiv München/Vereine 264).

131 Martha von Lütgendorff gibt einen Überblick über die Geschichte und die Veranstaltungen des Schriftstellerinnen-Vereins: Der Münchner Schriftstellerinnen-Verein. 1913–1933, S. 1–7 (Stadtarchiv München/Vereine 264).

132 Satzungen des Münchner Schriftstellerinnen-Vereins. Satzung 5 (Stadtarchiv München/Vereine 2168).

dete König Ludwig III. einer dicht gedrängten Menschenmenge vor der Feldherrnhalle am Odeonsplatz die Mobilmachung.[133] Auch große Teile der bürgerlichen Frauenbewegung wurden vom Kriegsrausch erfasst und das »Vaterland« wurde als einziges heiliges Ziel propagiert.

Am 1. Oktober 1914 richtete Emma Haushofer-Merk im »Vereinsanzeiger« des Stadtbundes einen Aufruf »An die Frauen Münchens!«.[134] Er zeugt davon, dass der Krieg als große schicksalsschwere Zeit wahrgenommen wird, der notgedrungen große Veränderungen und auch völlig neue Aufgaben für den Verein bedeute.[135] Angesichts der Kriegsbegeisterung und Opferbereitschaft der Männer fordert sie hier die Frauen dazu auf, sich mitverantwortlich zu fühlen für das Schicksal der Nation und sich unter das bestimmende Wort der Zeit zu stellen, das »Vaterland«.[136]

Auch aus den Jahresberichten des »Vereins für Fraueninteressen« über die Kriegsjahre 1914/15 geht hervor, dass man der Auffassung war, eine schwere und schicksalhafte Zeit zu erleben, die den Frauen große und neue Herausforderungen stellt. Und so wird denn hier auch bald von der »Mobilmachung des Frauenheeres« zum »Heimatdienst« berichtet.[137] Die laufende Vereinsarbeit wurde nun unterbrochen und die bestehenden Kommissionen aufgelöst. Der Verein, dessen Mitgliederzahlen während des Ersten Weltkriegs sprunghaft gestiegen ist,[138] übernahm jetzt zahlreiche neue Aufgaben, um Kriegshilfe zu leisten. Die Jahresberichte über die Kriegsjahre 1914/15 nennen zum Beispiel: Herausgabe eine »Merkblattes für Kriegshilfe«, Werbung und Vermittlung von »Armen- und Waisenpflegerinnen« sowie »Vormünderinnen«,

133 Siehe zum Kriegsausbruch in München: Wilhelm, Hermann: München im Ersten Weltkrieg. München 2013, S. 10–15.

134 Vgl. Haushofer-Merk, Emma: An die Frauen Münchens. In: Vereins-Anzeiger des Stadtbundes Münchener Frauen-Vereine, 1. Jahrgang, Nr. 8 vom 1. Oktober 1914, S. 1.

135 Vgl. Vereins-Anzeiger des Stadtbundes Münchener Frauen-Vereine, 1. Jahrgang, Nr. 8, 1. Oktober 1914, S. 1.

136 Vgl. ebd.

137 Vgl. Verein für Fraueninteressen München e.V. (Hg.): 21. und 22. Jahresbericht und Bericht über die Kriegstagung süddeutscher Frauen als Anhang. München 1916, S. 1–73, hier S. 7.

138 Vgl. Lindemann, Renate: 100 Jahre Verein für Fraueninteressen. In: Verein für Fraueninteressen e.V. (Hg.): 100 Jahre Verein für Fraueninteressen. München 1994, S. 11.

»Abhaltung von Pflegekursen«, »Errichtung einer Obstverwertungsstelle« und einer »Nähstube und Lehrwerkstätte« etc. Die Vereinsmitglieder arbeiteten nun aber auch in Institutionen, die öffentlich oder privat für spezielle Aufgaben geschaffen worden waren. Vor allem aber wirkte der Verein in der Münchner städtischen Kriegsfürsorge mit. Der Ausbruch des Ersten Weltkriegs war laut Christa Elferich vom heutigen Münchner »Verein für Fraueninteressen« insgesamt sehr einschneidend für die bürgerliche Frauenbewegung und die Folgen zeigen sich bis in die Weimarer Zeit und so stelle sich die Frage, ob diese sich jemals wieder davon erholt habe.[139] Nach über einem Jahr Kriegserfahrung fand am 1. und 2. Oktober 1915 im Festsaal des Münchner Künstlerhauses am Lenbachplatz die »Kriegstagung süddeutscher Frauen« statt. Hier trafen sich Vertreterinnen der Frauenverbände aus Baden-Württemberg, Hessen und Bayern zum Erfahrungsaustausch. Durchgeführt wurde die Veranstaltung vom »Verein für Fraueninteressen«. In den Vorträgen wurden sozialpolitische Probleme erörtert, die durch den Krieg entstanden waren, etwa die Notwendigkeit der Hinterbliebenenfürsorge und einer Berufsberatung für die zunehmende Zahl erwerbstätiger Frauen. Die Frauen nutzten diese Tagung aber auch dazu, die Unentbehrlichkeit ihrer Leistungen zu demonstrieren.[140]

Allerdings existierten innerhalb der Frauenwelt durchaus auch andere Einstellungen zum Krieg.[141] So tagte in Den Haag vom 28. April bis zum 1. Mai 1915 der »Internationale Frauenkongress«, an dem über 1100 Delegierte aus zwölf Ländern teilnahmen, auch aus Ländern, die Krieg gegeneinander führten. Aus Deutschland waren Frauen des »radikalen Flügels« der Frauenbewegung vertreten, unter ihnen auch Anita Augspurg, die in München einst, 1894, den »Verein für Fraueninteressen« gegründet hatte. Der Kongress protestierte gegen den Krieg als einen »Wahnsinn«, der »nur durch eine ›Massenpsychose‹

139 Vgl. Christa Elferich, Verein für Fraueninteressen München e.V.

140 Vgl. Lindemann, Renate: 100 Jahre Verein für Fraueninteressen. In: Verein für Fraueninteressen e.V. (Hg.): 100 Jahre Verein für Fraueninteressen. München 1994, S. 49f.; Verein für Fraueninteressen München e.V. (Hg.): 21. und 22. Jahresbericht und Bericht über die Kriegstagung süddeutscher Frauen als Anhang. München 1916, S. 1–73. Der Bericht findet sich auf S. 44–54.

141 Vgl. Lindemann, Renate: 100 Jahre Verein für Fraueninteressen. In: Verein für Fraueninteressen e.V. (Hg.): 100 Jahre Verein für Fraueninteressen. München 1994, S. 50.

möglich gewesen sei«. Er forderte die Regierungen zu Friedensverhandlungen auf, stellte Friedensgrundsätze auf und verlangte eine politische Gleichberechtigung der Frauen.[142] Der Münchner »Verein für Fraueninteressen«, Mitglied des Bundes deutscher Frauenvereine, und auch der Stadtbund haben sich von diesem Kongress allerdings distanziert.[143] Drei Jahre später, in einem Brief an ihre Freundin Christine Mayer-Doss vom 18. Oktober 1917, äußerte sich Emma Haushofer-Merk dann aber über den Krieg und dessen Verlauf völlig desillusioniert. Er war für sie nun nur noch Ausdruck und Ergebnis einer »Männerkultur« und eines »Männerstaates«, die beide völlig versagt hatten: »Wenn man es vorher gewusst hätte, dass er vier Geburtstage im Feld zubringen müsste, man hätte gemeint; das übersteht man nicht. Aber weil es so allmählich kam, weil man sich von einem Jahr zum anderen so mit der Erwartung auf Schluss weiterschleppte, ist die Zeit doch vorübergegangen und man lebt noch! Zuweilen denkt man freilich: Ob dieser Völkerwahnsinn denn nicht endlich geheilt wird! Zuweilen des Nachts, denke ich mir eine Ansprache an die Frauen der ganzen Welt aus: Sie sollten sich doch empören gegen diese Gewalt, die ihnen ihre Söhne nimmt, sie sollten einmal erklären: wir wollen nicht mehr! Wir geben die Kinder, die wir mit Schmerzen geboren, mit tausend Mühen aufgezogen haben nicht mehr her, dass man sie uns in ein Massengrab wirft oder zum Krüppel schiesst. Eigentlich hat die Männerkultur sich ja blamiert, der Männerstaat hat ein Fiasko gemacht, weil der grässliche Krieg möglich war. Natürlich bei Tag sagt man sich, dass auch der Schrei aus Millionen Frauenherzen nichts helfen würde, dass man ja nicht herankäme an die draussen im Feindesland, dass die Censur die Empörung der Frauen unterdrücken würde, selbst wenn in jedem Lande ein Echo sich fände. Aber man braucht nur durch die Sonnenstrasse zu gehen und die vielen halb Verstümmelten zu sehen,

142 Vgl. den Bericht und die Stellungnahme Gertrud Bäumers in: Vereins-Anzeiger des Stadtbundes Münchener Frauen-Vereine, 2. Jahrgang, Nr. 10 vom 19. Mai 1915, S. 1f.; Zum Internationalen Frauenkongress 1915 in Den Haag siehe Addams, Jane; Balch, Emily G.; Hamilton, Alice: Women at The Hague: the International Congress of Women and its result. Illinois 2003.

143 Vgl. Lindemann, Renate: 100 Jahre Verein für Fraueninteressen. In: Verein für Fraueninteressen e.V. (Hg.): 100 Jahre Verein für Fraueninteressen. München 1994, S. 50; Verein für Fraueninteressen München e.V. (Hg.): 21. und 22. Jahresbericht und Bericht über die Kriegstagung süddeutscher Frauen als Anhang. München 1916, S. 1–73, hier S. 9f.

die aus den Kliniken kommen und man schüttelt den Kopf und fragt sich: muss und kann das denn so weiter gehen? [...] Sollten nicht eigentlich die Zeitgenossen, die das Stückchen Leben miteinander teilen und dann wieder verschwinden, sich freundlich bei der Hand nehmen, alle sich als Wandergenossen fühlen, da sie doch alle nicht wissen woher, wohin. Stattdessen sind sie feindselig gegeneinander und hassen sich und machen sich diese knappe Zeit auch noch sauer.«[144]

Während des Kriegs und obwohl sie in dieser Zeit sehr in die Aktivitäten des »Vereins für Fraueninteressen« eingespannt war, gelang es Emma trotzdem, weiterhin Romane und Novellen zu schreiben. 1914 kam sogar ein zweiter Novellenband in »Reclams Universalbibliothek« heraus: »Luxuspflänzchen und andere Novellen«.[145] 1917, ein Jahr vor Kriegsende, erschien dann der schon erwähnte Münchner Roman »Die Lierbachs-Mädeln«, dessen Handlung im Malermilieu Münchens um 1870 spielt.[146] Im Vorwort dazu beschreibt sie die damalige Zeit und stellt bedauernd fest: »Jetzt hat der Krieg die Maskenscherze, die ›Bauernkirchweih‹ fortgefegt; die Feste sind vorüber, das Lachen ist verstummt. Aber vielleicht mag man im Ernst von heute ganz gern wieder einmal zurückblicken auf das schlichte, harmlos-lustige München von früher.« 1918 veröffentlichte sie die Novelle »Weiße Lilie«[147] und nach Kriegsende 1919 den Roman »Lore«.[148] 1919, mit 64 Jahren, legte Emma Haushofer-Merk das Amt der zweiten Vorsitzenden des »Vereins für Fraueninteressen« nieder[149], verblieb aber bis 1921 noch im Beirat.[150]

144 Brief an Christine Mayer-Doss vom 18. Oktober 1918 (Privatarchiv Haushofer).

145 Vgl. Haushofer-Merk, Emma: Luxuspflänzchen und andere Novellen. Leipzig [1914].

146 Vgl. Haushofer-Merk, Emma: Die Lierbachs-Mädeln. Münchner Roman. Berlin/Leipzig [1917].

147 Vgl. Haushofer-Merk, Emma: Weiße Lilie. Novelle von Emma Haushofer-Merk. Heilbronn [1918].

148 Vgl. Haushofer-Merk, Emma: Lore. Dresden [1919].

149 Vgl. Verein für Fraueninteressen e.V. (Hg.): Jahresbericht 1918/1919, S. 4.

150 In den Jahresberichten des Vereins für Fraueninteressen 1921/1922 und 1922/1923 werden Vorstand und Beirat genannt. Im Jahresbericht 1923/1924 ist Emma Haushofer-Merk weder Mitglied im Vorstand noch im Beirat.

1920–1925: Die letzten Lebensjahre – Meisterwerke entstehen

Anfang der 1920er-Jahre – es waren die letzten fünf Jahre ihre Lebens – war Emma Haushofer-Merk bis zu ihrem Tod ungebremst schriftstellerisch aktiv. Von ihren Werken, die in diesen Jahren erschienen, wurden einige von ihren Zeitgenossen als »Meisterwerke« gefeiert. 1920 kam der Roman »Auf einsamen Weg« heraus,[151] 1921 ein weiterer mit dem Titel »Spieglein, Spieglein an der Wand!«.[152] Letzterer hat bis heute nichts von seiner thematischen Aktualität verloren. Die Handlung, die im Schwabing der Jahrhundertwende und der Münchner Salonkultur angesiedelt ist, kreist um eine schöne Frau der gehobenen Münchner Gesellschaft. Sie ist Ehefrau und Mutter und ihr einziges Interesse besteht darin, ihre Schönheit sowie ihre gesellschaftliche Wirkung aufrechtzuerhalten. Sogar die eigene Tochter empfindet sie als Konkurrentin. Mit ihrer Egozentrik und ihrem Narzissmus zerstört sie beinahe die Beziehung zu ihrem Mann und ihrer Tochter.

1921 veröffentlichte sie zwei Erzählungen aus dem »alten München«. Beide finden sich auch im vorliegenden Buch »Alt-Münchner Erzählungen«. Es sind »Die Gewissensbisse des Ignatius Stupfer« und »Das Lieserl«.[153] Sie lassen Sitten und Gebräuche des »alten München« und seiner Bewohner wieder aufleben und entlarven diese humorvoll. Insbesondere »Ignatius Stupfer« wurde von Zeitgenossen immer wieder als »Meisterwerk« gerühmt.[154] Ebenso der 1922 publizierte Münchner Roman »Es wetterleuchtete«: »Ihre große Darstellungskunst gibt in ›Es wetterleuchtete‹ ein köstliches, humorvolles Bild von der Münchner Revolution 1848, die sich in der Hauptsache gegen die Geliebte König Ludwigs, des Ersten, die schöne Tänzerin Lola Montez, rich-

151 Vgl. Haushofer-Merk, Emma: Auf einsamen Weg. Roman von Emma Haushofer-Merk. Dresden 1920.

152 Vgl. Haushofer-Merk, Emma: Spieglein, Spieglein an der Wand!. Stuttgart 1921.

153 Vgl. Haushofer-Merk, Emma: Die Gewissensbisse des Ignatius Stupfer. Das Lieserl. Zwei Erzählungen aus dem alten München von Emma Haushofer-Merk. Leipzig [1921].

154 Baudissin, Eva Gräfin von: Die Insel der Toten. Zeitungsartikel 1925 (Privatarchiv Haushofer); Brachvogel, Carry: Emma Haushofer-Merk zum Andenken. In: Münchner Neueste Nachrichten, Nr. 198 vom 19. Juli 1925.

tete, die dann auch des Landes verwiesen wurde.«[155] Immer wieder erhielt der Roman großes Lob von den Zeitgenossen: »ein fesselndes Altmünchener Kulturbild, dem der Lola-Montez Spuk den Grundton der Zeitstimmung gibt«[156] oder »ein prachtvoller Haushofer-Merk, mit humorvollen Einzelschilderungen echten Münchnertums und packenden Schilderungen der Lola-Montez-Zeit«.[157]

Mehrere Erzählungen schlossen sich noch an, 1922 »Die einzige Tochter«[158], 1922 »Treulos«[159] und 1923 »Aus Mitleid«.[160] Letztere wurde im vorliegenden Band neu veröffentlicht. 1924 folgten schlussendlich noch die Erzählung »Zwei Mädchen«[161] und 1925 die Novelle »Ihr Vater«.[162]

Am 15. Juni 1924 wurde Emma Haushofer-Merk 70 Jahre alt. Ihre Freundin Carry Brachvogel feierte einen Tag später ihren 60. Geburtstag und die mit beiden befreundete Schriftstellerin Frieda Port erreichte am 14. Juni das Alter von 70 Jahren. Für die drei Geburtstagskinder veranstaltete der Schriftstellerinnen-Verein am 14. Juni eine große Feier.[163] Von jeder Schriftstellerin wurde repräsentativ für ihr schriftstellerisches Schaffen ein Werk vorgelesen. Zudem wurde jede in individuellen Ansprachen und Reden gewürdigt.[164] Der Münchner Stadtrat, der

155 Baudissin, Eva Gräfin von: Die Insel der Toten. Zeitungsartikel 1925 (Privatarchiv Haushofer).

156 Emma Haushofer-Merk †. In: Bayerische Staatszeitung, Nr. 158 vom 13. Juli 1925 (Stadtarchiv München/ZA-P 188-15)

157 Gedächtnisfeier für Emma Haushofer-Merk im Schriftstellerinnenverein 1925. Zeitungsartikel ohne Angabe (Stadtarchiv München/Vereine 264).

158 Vgl. Haushofer-Merk, Emma: Die einzige Tochter. Erzählung von Emma Haushofer-Merk. Leipzig/Bern [1922].

159 Vgl. Haushofer-Merk, Emma: Treulos. Erzählung von E. Haushofer-Merk. Leipzig/Bern [1922].

160 Vgl. Haushofer-Merk, Emma: Aus Mitleid. Erzählung von Emma Haushofer-Merk. Leipzig/Bern [1923].

161 Vgl. Haushofer-Merk, Emma: Zwei Mädchen. Erzählung von E. Haushofer-Merk. Leipzig/Bern 1924 (erschien zuerst in Fortsetzungen in »Die Gartenlaube«).

162 Vgl. Haushofer-Merk, Emma: Ihr Vater. Novelle. Leipzig [1925].

163 Vgl. Baudissin, Eva Gräfin von: Emma Haushofer-Merk und Carry Brachvogel. In: Münchner Neueste Nachrichten, Nr. 160 von 1924, S. 27; Graf-Lomtano, Josephine: Ein dreifaches Jubiläum im Münchner Schriftstellerinnenverein. In: Süddeutsche Frauenzeitung, 5. Jahrgang, Nr. 24 vom 22. Juni 1924 (Stadtarchiv München/Vereine 2168).

164 Vgl. Archiv Münchner Schriftstellerinnenverein (Stadtarchiv München/Vereine 2168).

»Deutsche Schriftstellerinnenbund Berlin« und der »Verein für Fraueninteressen« gratulierten: »Zu Ehren der drei Geburtstagskinder: Emma Haushofer-Merk und Frieda Port (70 Jahre) und Carry Brachvogel (60 Jahre) fand am Samstag Abend im Künstlerinnenheim an der Barerstraße eine Feier statt, die ebenso eindrucksvoll als gemütlich verlief. Die Jubilarinnen haben das auch empfunden, denn ihre liebenswürdigen, humoristischen Dankesworte brachten zum Ausdruck, daß sie gleich noch einmal 70 res. 60 werden möchten, um in solch echter Herzlichkeit gefeiert zu werden. Der kollegiale Geist und Zusammenhalt zeigte sich schon in den emsig betriebenen Vorbereitungen und der Zusammenstellung eines Programms, welches die Münchner Schriftstellerinnen in ihren charakteristischen Verschiedenheiten zu Wort kommen ließ. Der einleitende Prolog, gedichtet von Prof. Oskar Hey wurde gesprochen von Frl. Haushofer im griechischen Gewande. Dann folgten Vorlesungen aus Werken der Gefeierten in szenischem Rahmen, und zwar las Prof. Hey Gedichte von Frieda Port, Frl. Räuber eine Novelle von Carry Brachvogel aus der Rokokozeit und Frau Maria Idele die ›Gewissensbisse des Ignatius Stupfer‹ von Emma Haushofer-Merk, wozu Freunde der Jubilarinnen und Schülerinnen von Frl. Elise Brünner im Kostüm der Zeit die wirksame Staffage bildeten. Frau D. Brüloph-Volbehr sprach die von Frau Lu Volbehr gedichteten umrahmenden Worte im Gewand der ›Bavaria‹, welche eigens an diesem Abend ihren hohen Standpunkt verlassen, und den verdreifachten ›Kranz‹ für die Münchener Geburtstagskinder mitgebracht hatte. Die Ibsenübersetzerin Emma Klingenfeld brachte in launigen Versen neben der Würdigung der Jubilarinnen Anspielungen auf persönliche Eigenschaften und Liebhabereien; dann rollte das ›Münchner Kindl‹ einen Wagen voll ›Neueste‹ herein, und Frl. Helene Raff überreichte die jüngste, den Geburtstagskindern gewidmete Nummer der Frauenzeitung der ›Neuesten‹, bebändert und blumengeschmückt, mit herzlichen Glückwünschen für die langjährigen, treuen Mitarbeiterinnen der Zeitung. Auch an sämtliche Gäste, die in erfreulich großer Zahl erschienen waren, wurden Zeitungen zum Andenken an das Fest ausgeteilt. Frau Lu Volbehr verlas Glückwunschtelegramme vom Stadtrat München, welcher mit prächtigen Blumenspenden gratuliert hatte, vom Deutschen Schriftstellerinnenbund Berlin, und vom Verein für Fraueninteressen und Frauenarbeit, München. Zum geselligen Beisammensein im oberen Saal machte Frau Käthe Oelshausen mit ihrem genialem Zeichenstift ›Enthüllungen‹ aus dem früheren Leben der Gefeierten, die große Heiterkeit hervorriefen. Frau Blum-Erhard würdigte in einem selbstverfassten Trinkspruch die Verdienste der beiden Gründerinnen und Vorsitzenden des Münchner Schriftstellerinnenvereins, Emma Haushofer-Merk und Carry Brachvogel, seit seinem 11-jährigen Bestehen, worauf letztere in humoristischer Weise antwortete und zugestand, daß der ›Vater‹ dieses Kindes ›Apoll‹ gewesen. Klingende Namen aus der Schriftsteller- und Künstlerwelt waren unter den Gästen zu bemerken, im Auftrag der Stadt waren Kommerzienrat Jodelbauer und Frau Stadtrat Loibl gekommen.«[165] Doch auch in Zeitungsartikeln wurden Werk und Wirken Emma Haushofer-Merks gewürdigt. Sie wurde als »Liebling des Schicksals« bezeichnet, der »frühe Lorbeeren« zuteil wurden. Gerühmt wurden ihr »flüssiges Erzähltalent« und »glückliches Gestaltungstalent«, ihre »gute Beobachtungsgabe« und »unerschöpfliche Phantasie«, die »plastische Zeichnung ihrer Charaktere« und ihr »ergötzlicher Humor«. Bewundert wurde allseits, wie perfekt sie das Lokalkolorit bayerischer Städte traf, insbesondere das »alte München« vor Augen führen konnte und dem »Münchner Lokalgeist« in jeder Hinsicht Rechnung trug.[166]

Emma Haushofer-Merks Tod – Würdigungen

Der Ruhm und die Anerkennung ihres Mannes Max Haushofer als Dichter gingen Emma Haushofer-Merk über alles. Wenige Monate vor ihrem Tod erschien ein Bericht über ein mit ihr geführtes Interview anlässlich einer Reportage über München als »Stadt der Dich-

165 Verein Münchner Schriftstellerinnen. In: Vereinsnachrichten. Zeitungsartikel ohne Angabe. Siehe Archiv Münchner Schriftstellerinnenverein (Stadtarchiv München/Vereine 2168).

166 Graf-Lomtano, Josephine: Ein dreifaches Jubiläum im Münchner Schriftstellerinnenverein. In: Süddeutsche Frauenzeitung, 5. Jahrgang, Nr. 24 vom 22. Juni 1924 (Stadtarchiv München/Vereine 2168); Baudissin, Eva Gräfin von: Emma Haushofer-Merk und Carry Brachvogel. In: Münchner Neueste Nachrichten, Nr. 160 von 1924, S. 27; Dreyer, Dr. A.: Emma Haushofer-Merk. Ein Gedenkblatt zu ihrem 70ten Geburtsfest (15. Juni). In: München-Augsburger Abendzeitung, Nr. 160 vom 14. Juni 1924 (Stadtarchiv München/ZA-P 188-15); Bayerische Staatzeitung, Nr. 135 vom 12. Juni 1924. (Stadtarchiv München/ZA-P 188-15).

terinnen«: »Eine Dame mit herbem, ernstem Gesicht empfing mich liebenswürdig und abwartend. Trotz aller Zurückhaltung lag eine Bescheidenheit über dem ganzen Wesen dieser Frau, die achtungsgebietend war. Mit klaren, grauen Augen, die einen unverwandt ansahen, sprach sie von ihrem Schaffen. Ich konnte mir denken (abgesehen davon, daß ich E. Haushofer-Merks Roman ›Es wetterleuchtete‹ und einige Novellen aus den Büchern der Unterhaltung und des Wissens gelesen hatte), daß in diesem nach außen stark abgegrenzten Menschen ein reiches Innenleben pulst. Ein warmes Leuchten kam aus diesen grauen Augen. Frau Haushofer-Merk sprach von ihrem Gatten, dem Professor der Nationalökonomie an der hiesigen Technischen Hochschule. ›Ich lege Wert darauf‹, spricht sie, ›wenn Sie über mich schreiben, betonen Sie, daß mein Mann ein Dichter war. Sein ›Ahasver‹ und ›Die Verbannten‹ sind hohe Schöpfungen‹. Die grauen Augen sehen mich strahlend und fest an, ich glaube, darin in einer Minute Novellen, Gedichte, Romane zu lesen.«[167]

Am 11. Juli 1925 endete das Leben einer einzigartigen Münchner Persönlichkeit. Emma Haushofer-Merk starb an den Folgen einer Operation.[168] Zuvor war sie an Kehlkopfkrebs erkrankt, was sie in den letzten Wochen ihres Lebens verstummen ließ.[169] Eine Operation war ihr angeraten worden und ihre letzte Hoffnung. Doch ihr Herz überlebte die Strapazen der Operation nicht. In einem Brief an Emmas Freundin Christine Mayer-Doss beschreibt Marie Haushofer die letzten Stunden und den Tod ihrer Stiefmutter.[170] Über die Einäscherung Emma Haushofer-Merks im Ostfriedhof, über anwesende Personen und den Ablauf der Trauerfeier wurde in einem Zeitungsartikel berichtet: »Im Ostfriedhof wurde Frau Emma Haushofer-Merk, Professorswitwe, in den Flammen bestattet. Eine

167 Dziadek, Lilly: Die Stadt der Dichterinnen. Aus dem Leben von sechs in München wohnenden Schriftstellerinnen. In: Allgemeine Zeitung, Nr. 171 vom 13. Februar 1925 (Stadtarchiv München/ZA Pers. Brachvogel, Carry).

168 Vgl. Todesanzeige des Schriftstellerinnenvereins. In: Protokollbuch des Münchner Schriftstellerinnenvereins. (Stadtarchiv München/Vereine 2168); Brief von Marie Haushofer über Emma Haushofer-Merks Tod vom 14./15. Juli an Christine Mayer-Doss (Privatarchiv Haushofer).

169 Vgl. Brachvogel, Carry: Emma Haushofer-Merk zum Andenken. In: Münchner Neueste Nachrichten, Nr. 198 vom 19. Juli 1925 (Stadtarchiv München/ZA-P 188-15).

170 Vgl. Brief von Marie Haushofer über Emma Haushofer-Merks Tod vom 14./15. Juli an Christine Mayer-Doss (Privatarchiv Haushofer).

ansehnliche Trauerversammlung fand sich in der Aussegnungshalle ein, darunter General a. D. Professor Haushofer, General Matzinger, General v. Hemmer, Geheimrat Dr. v. Müller, Geheimrat v. Stieler, zahlreiche Schriftstellerinnen und andere Leidtragende. Nach dem Sologesang der Schriftstellerin Frau Geheimrat Zimmermann widmete das Vorstandsmitglied Fräul. Bederer im Namen des Vereins für Faueninteressen und Frauenarbeit der verehrten Führerin und Freundin einen Kranz, ebenso Frl. Helene Raff im Namen des Verlags und der Redaktion der Münchner Neuesten Nachrichten, sowie Frau Carry Brachvogel für den Münchner Schriftstellerinnenverein. Herr Kuhnhardt sprach tröstende Worte im Namen des Feuerbestattungsvereins. General a. D. Haushofer rief als Stiefsohn der guten, starken treuen Seele, der guten Mutter, der Vorkämpferin der Rechte der einsamen Frau warme Abschiedsworte nach. Prof. Oskar Hey gab den Gefühlen der Trauer und Dankbarkeit der Gästerunde, die sich seit Jahren an Sonntagen um Emma Haushofer-Merk versammelt hatten, Ausdruck. Sie liebte das Leben und hatte es noch nicht abgeschlossen, als die tückische Krankheit eintrat. Unter Harmoniumklängen verschwand der reich mit Blumen und Kränzen geschmückte Sarg aus der Halle. Die Asche wird später nach Frauenchiemsee übergeführt.«[171] Eva Gräfin von Baudissin[172] schilderte wenige Tage später in einem Zeitungsartikel, wie ein kleiner Kreis von Freunden und Verwandten die Urne auf dem Kirchhof der Insel beigesetzt hat.[173] Demnach rezitierte Marie Haushofer, selbst als Malerin und Dichterin bekannt, am Grab ihrer Stiefmutter innige Verse Max Haushofers, die an seine Frau Emma gerichtet waren. Carry Brachvogel hingegen rief ihrer treuen Freundin Worte des Dichters Wilhelm Jensen ins Grab nach. Doch Baudissin flocht in ihren Bericht auch allerlei Wissenswertes über die Bedeutung der Insel Frauenwörth als Künstler- und Malerkolonie und über ihren Stellenwert für Emma Haushofer-Merk und Max Haushofer ein. Vor allem aber stellte sie ihre Bedeutung für die Stadt München heraus – als eine der

171 Emma Haushofer-Merk †. Artikel ohne Angabe der Zeitung (Privatarchiv Haushofer).

172 Auch Baudissin war Schriftstellerin und langjähriges Mitglied im Münchner Schriftstellerinnenverein. Artikel ohne Angabe der Zeitung. Vermutlich Münchner Neueste Nachrichten (Privatarchiv Haushofer).

173 Vgl. Baudissin, Eva Gräfin von: Die Insel der Toten. Zeitungsartikel 1925; ohne Angabe (Privatarchiv Haushofer).

besten Kennerinnen seiner Stadtgeschichte, Gebräuche und Sitten. Die Würdigung Baudissins findet sich am Ende des vorliegenden Buches abgedruckt.

Anlässlich ihres Todes erschienen zahlreiche Zeitungsartikel, die Emma Haushofer-Merks Leistungen als Schriftstellerin und Frauenrechtlerin würdigten. Doch auffällig ist, dass dabei auch immer wieder ihre Persönlichkeit ins Blickfeld gerückt wurde, ihr Lebensfrohsinn, ihr sonniges Gemüt und ihre Lebenszugewandtheit, aber auch ihre Bescheidenheit und Neidlosigkeit.[174]

In der »München-Augsburger Abendzeitung« wurde sie als eine »geistige Führerin« gerühmt, als eine weit über Münchens Grenzen hinaus bekannte Schriftstellerin, die die besondere Fähigkeit besaß, München lebendig vor Augen zu führen: »Und wieder ist eine der besten unter den Münchener Schriftstellerinnen durch den Tod von uns gegangen. Wie bereits in unserem Hauptblatte mit Würdigung ihres Lebens und geistigen Schaffens gemeldet worden ist, starb am 11. Juli Frau Emma Haushofer-Merk, eine geistige Führerin, die durch ihre Romane, Erzählungen usw. weit über München hinaus bekannt geworden ist. [...] Als geborene Münchnerin war Emma Haushofer-Merk namentlich in dem Milieu ihrer Vaterstadt gut zuhause, und hatte die besondere Gabe, dieses mit leuchtenden Farben zu schildern, aus ihm heraus zu erzählen. Das war wohl das Hauptverdienst ihrer geistigen, in sich harmonisch abgeschlossenen Persönlichkeit. Sie tat das mit großer Liebe, Eigenart und Herzenswärme. Eine sonnige Frohnatur, die dem Leben immer wieder neue Farben abzugewinnen suchte, die nicht trübe leben wollte, mit starkem Herzen die Schattenseiten des Lebens zu überwinden verstand, warf sie Sonne über ihre Dichtungen und über das Leben anderer. Als echter Münchner Typ besaß Emma Haushofer-Merk eine gewisse Urkraft; nichts lag ihr ferner als Schmeicheleien; was sie zu sagen hatte, geschah mit verblüffender Wahrheit und Offenheit, oft überraschend, selten verletzend, da meistens mit einem herzerfreulichen Humor untermischt. Wer sich ihr anvertraute, für den hatte sie stets ein fühlendes Herz und half, wo sie helfen konnte.«[175]

Schon 1924 zu ihrem 70. Geburtstag war sie als Vorkämpferin für die Rechte der Frauen gerühmt worden: »Ihre Feder und noch mehr

174 Vgl. Schaefer, Anny: Emma Haushofer-Merk. In: München-Augsburger Abendzeitung, Nr. 197 vom 19. Juli 1925 (Stadtarchiv München/ZA-P 188-15).

175 Ebd.

den Einfluß ihrer kraftvollen Persönlichkeit hat Emma Haushofer-Merk auch seit Jahrzehnten in den Dienst der Frauenwelt und weiblicher Interessen gestellt. Ohne daß man jemals das viel mißbrauchte Wort ›emanzipiert‹ auf sie hätte anwenden können, war sie stets eine unerschrockene Vorkämpferin für die Rechte unseres Geschlechts. Ihre kernige, furchtlose Art, die alles gesellschaftliche Geschmeidige und verlogen Verbindliche verschmäht, macht sie zur energischen Vertretung vielumstrittener Frauenfragen besonderes geeignet, und obwohl es vielleicht paradox klingen mag, so liegt doch gerade in dieser unbedingten Wahrheitsliebe und Offenheit der originelle Reiz dieser Frau.«[176]

Auch die Nachrufe von 1925 bezeichneten sie als »Vorkämpferin« der Frauenbewegung[177] und würdigten ihre hervorragenden Leistungen als »Mitbegründerin und langjährige Vorsitzende des Frauenvereins«.[178] In der »Bayerischen Staatszeitung« wurde dem Leser die Bedeutung Emma Haushofer-Merks als Münchner Persönlichkeit präsentiert und Schlaglichter auf Herkunft, Werdegang, anerkannte Werke, schriftstellerische Schwerpunkte, ihre Rolle in der Frauenbewegung und die Wertschätzung ihrer Person geworfen: »In München ist am Samstag die Dichterin und Schriftstellerin Emma Haushofer-Merk im 71. Lebensjahre gestorben. Sie war eine Tochter des Malers Eduard Merk, entstammte also einer alten Münchener Künstlerfamilie. Die ihr angestammte künstlerische Begabung bestätigte sich bei ihr frühzeitig auf dichterischem Gebiete. Mit ihren novellistischen Erstlingsarbeiten erregte sie bald Aufsehen, Romane und kürzere Feuilletons folgten und machten den Namen der Verfasserin in weiten Kreisen bekannt. Mit Vorliebe entnahm sie ihre Stoffe dem Altmünchener Leben, das sie kannte und mit Liebe schilderte. Die bekanntesten Arbeiten von Emma Haushofer-Merk sind ihre Chiemsee-Novellen: ›In enger Gasse‹, ›Drei Frauen‹, ›Die junge Generation‹, ›Unter der Asche‹,

[176] Graf-Lomtano, Josephine: Ein dreifaches Jubiläum im Münchner Schriftstellerinnenverein. In: Süddeutsche Frauenzeitung, 5. Jahrgang, Nr. 24 vom 22. Juni 1924 (Stadtarchiv München/Vereine 2168).

[177] Emma Haushofer-Merk †. In: Bayerische Staatszeitung, Nr. 158 vom 13. Juli 1925 (Stadtarchiv München/ZA-P 188-15).

[178] Ebd.; Schaefer, Anny: Emma Haushofer-Merk. In: München-Augsburger Abendzeitung, Nr. 197 vom 19. Juli 1925 (Stadtarchiv München/ZA-P 188-15); Emma Haushofer-Merk †. In: Bayerische Staatszeitung, Nr. 158 vom 13. Juli 1925 (Stadtarchiv München/ZA-P 188-15).

›Die Gewissensbisse des Ignatius Stupfer‹, ›Das Haus mit den drei Englein‹. Die Verstorbene war auch eine geschätzte Mitarbeiterin der ›Bayerischen Staatszeitung‹. Die Feuilletonromane ›Es wetterleuchtete‹, ein fesselndes Altmünchener Kulturbild, dem der Lola-Montez Spuk den Grundton der Zeitstimmung gibt, ›Die Verlockung‹ u. ›Das große Glück‹ werden bei unseren Lesern in bester Erinnerung sein. Kürzere Beiträge von Emma Haushofer-Merk sind häufig in der Beilage ›Der Heimgarten‹ erschienen. Die Frauenbewegung hat in der Verstorbenen eine Vorkämpferin gehabt, die wiederholt für Fraueninteressen eingetreten ist. Auch als Mensch erfreute sich Emma Haushofer-Merk hoher Wertschätzung, und viele, die sie persönlich gekannt haben, werden ihrer über das Grab hinaus als einer Freundin und guten Kameradin treu gedenken.«[179]

»Mein treuer Kamerad« – Der Nachruf von Carry Brachvogel

Es verwundert nicht, dass ausgerechnet Carry Brachvogel von den »Münchner Neuesten Nachrichten« gebeten wurde, einen Nachruf auf Emma Haushofer-Merk zu verfassen. Dieser erschien am 19. Juli 1925[180] und ist auf den letzten Seiten des vorliegenden Buches abgedruckt. Er bildet ein wichtiges Zeugnis für die Beziehung der beiden Frauen zueinander. Sie waren nicht nur Freundinnen, sondern teilten auch viele Gemeinsamkeiten: Beide waren gebürtige Münchnerinnen, die vor der Jahrhundertwende zu bekannten Schriftstellerinnen wurden. Beide waren Anhängerinnen der bürgerlichen Frauenbewegung und an vorderster Front im Münchner »Verein für Fraueninteressen« tätig. Nicht nur hier arbeiteten sie über Jahrzehnte eng zusammen, sondern auch im gemeinsam begründeten ersten Schriftstellerinnenverein Münchens, den sie jahrelang zu zweit leiteten. Auch teilten sie ihre Liebe zu München und ihrer bayerischen Heimat und galten als ihre besten Kennerinnen. Über Jahrzehnte leiteten sie beliebte literarische Salons, in denen sie sich in wöchentlichem Wechsel besuchten. Doch es gab auch

179 Emma Haushofer-Merk †. In: Bayerische Staatszeitung, Nr. 158 vom 13. Juli 1925 (Stadtarchiv München/ZA-P 188-15).

180 Vgl. Brachvogel, Carry: Emma Haushofer-Merk zum Andenken. In: Münchner Neueste Nachrichten, Nr. 198 vom 19. Juli 1925 (Stadtarchiv München/ZA-P 188-15).

Unterschiede: Während Carry Brachvogel zwei Kinder hatte und nach dem frühen Tod ihres Mannes unverheiratet und alleinerziehend blieb, war Emma kinderlos und heiratete erst spät ihren langjährigen Jugendfreund, den auch Carry Brachvogel gut kannte. Wie erwähnt war Max Haushofer seit 1895 ständiger Gast in Brachvogels literarischem Salon. Auch Ähnlichkeiten hinsichtlich bestimmter literarischer Themen und Ideen sind augenscheinlich. Unter dem Titel »Die Wiedererstandenen« veröffentlichte Carry Brachvogel 1900 fantastische historische Legenden: Hier versetzte sie berühmte historische Gestalten und mythische Figuren als Wiedergänger in einen neuen zeitlichen und räumlichen Zusammenhang, ließ sie in späteren Epochen und einem anderen historischen Kontext auftreten.[181] Der Gedanke, dass der Mensch in unterschiedlichen Gestalten auf Erden wandelt, ist auch eine Idee, die in Max Haushofers Werken eine wichtige Rolle spielt.

Ihrem Nachruf für Emma stellt Carry Brachvogel folgendes Diktum voran: »Ich hatt' einen Kameraden, Einen bessern findst Du nit …«. Auch sie würdigt ihre Freundin als Schriftstellerin, die »zwei Meisterwerke« geschrieben hat, den Roman »Wetterleuchten« und die »köstliche Geschichte ›Die Gewissensbisse des Ignatius Stupfer‹«, und hebt ihre große Bedeutung als »Kennerin und Versteherin Alt-Münchens« hervor. Doch berichtet sie auch über viele charakterliche Eigentümlichkeiten. Ihre »unerhörte, ans Märchenhafte grenzende Bescheidenheit« und Selbstunterschätzung, ihr »kerniges Wesen«, ihren »wunderbaren Lebenssinn«, der sich »voll Lust und Genußfähigkeit« zum Grundsatz »Carpe diem« bekannt habe. Sie schwärmt von ihrem Teetisch in der Königinstraße 10, der immer Sonntagnachmittag stattfand, sich durch »erlesene Kultur« und eine »geistig angeregte Geselligkeit« auszeichnete und an dem Schriftsteller, Künstler, gelehrte Damen und Herren aber auch Großindustrielle Gäste partizipierten. Doch vor allem berichtet Carry Brachvogel von der spezifischen »Kameradschaft« zueinander: »Wie Unrecht aber täte ich diesem gütigen, wertvollen Menschen, spräche ich nicht von ihr als Kollegin, nicht von der wundervollen, treuen Kameradschaft, die sie vor allen Andern mir bewiesen hat. Eine so neidlo-

181 Siehe zu »Die Wiedererstandenen« auch Meyer, Anne-Rose: Brachvogel. Carry: Götter a.D. (1900). In: Loster-Schneider, Gudrun/Pailer, Gaby (Hg.): Lexikon deutschsprachiger Epik und Dramatik von Autorinnen (1730–1900). Tübingen/Basel 2006, S. 60ff.

se, selbstlose Kollegin wie Emma Haushofer wird niemand von uns wiederfinden, nie wieder werden wir eine begabte und erfolgreiche Frau finden (und auch keinen Mann!), so bereit, fremde Begabung, fremden Erfolg anzuerkennen, zu loben und sich selbst in den Schatten zu stellen. [...] Mein guter, treuer Kamerad, schier zwanzig Jahre lang sind wir in gleichem Schritt und Tritt durch Leben und Arbeit gegangen, haben uns nie geduzt, nie gestritten, nie Zärtlichkeiten getauscht, nie einander geheimste Dinge verraten, und hatten doch das Gefühl, daß wir zusammengebunden waren auf Gedeih und Verderb! Mehr denn tausendmal sind wir an deinem oder meinem Teetisch beisammengesessen, haben gefachsimpelt, (eine unserer Lieblingsbeschäftigungen!) über allerlei Torheiten und Toren beiderlei Geschlechts gelacht, über ernsthafte Angelegenheiten geredet, und jedesmal hast Du mich beim Abschied gefragt: ›Wann sehe ich Sie wieder?‹ Nun bist du zum erstenmal treulos gewesen, hast mir zum Abschied nicht die Hand gereicht, hast die Frage nicht getan, bist stumm den dunklen Weg gegangen, den du in gesunden Tagen so sehr gefürchtet hattest, und dessen leidensvolle Stationen du dann mit einer Tapferkeit überwunden hast, die Niemand dir zugetraut hätte! Da ist's mir, als wäre in die lachende Sommerwelt, die Du so sehr liebtest, ein Riß gekommen, so daß eine hässliche schwarze Lücke klafft, die sich nie mehr schließen wird. Und alle lichten Erinnerungen, die mich mit Dir verbinden, werden zu Trauerkränzen um einen Grabstein, auf dem geschrieben steht: ›Hier schläft mein guter Kamerad‹.«

Im Herbst 1925 richtete der Schriftstellerinnenverein unter dem Vorsitz von Carry Brachvogel eine Gedächtnisfeier aus. Die Berichterstattung darüber soll dieses Nachwort über Emma Haushofer-Merks Leben und Werk beschließen: »Eine Erinnerungsfeier, wie sie kaum wärmer und herzlicher erlebt worden ist, veranstaltete der Verein Münchner Schriftstellerinnen seiner im Juli verstorbenen 1. Vorsitzenden Emma Haushofer-Merk am 29. Okt. im kleinen Saal des Künstlerinnenvereins. In ihren begrüßenden Worten betonte Frau Carry Brachvogel ausdrücklich, daß man sich absichtlich nur im engsten Freundes- und Kolleginnenkreis zusammengefunden habe, nicht zu einer Toten-, sondern zu einer Gedächtnisfeier, daß man auch von jeglicher düsteren Dekoration abgesehen habe, ganz im Sinne der lebensfrohen Natur der Verstorbenen. Es waren von Herzen kommende, zu Herzen gehende, der lieben Freundin gedenkende Worte, die für die Anwesenden nicht tot, sondern nur in ein fernes Land gereist sei, heute aber in diesen Räumen, wo sie so oft humorvoll den Vorsitz des Vereins geführt, lebendig werden solle durch ihre eigenen Werke und Gedichte, die Prof. Haushofer, als er noch nicht ihr Gatte gewesen, an die junge, liebe Freundin gerichtet. Emma Haushofers Bild grüßte aus immergrünen Lorbeerbäumen, in das Erika und Chrysanthemen farbiges Leben brachten. Man mußte sie immer wieder ansehen, als Maria Haushofer einige Kapitel des bekannten Romans: ›Wetterleuchten‹ sehr wirkungsvoll vorlas, ein prachtvoller Haushofer-Merk, mit humorvollen Einzelschilderungen echten Münchnertums und packenden Schilderungen der Lola-Montez Zeit. Man mußte sie immer wieder ansehen, mußte in den Zügen der reifen Frau jene des lieblichen, kapriziösen Geschöpfes suchen, das ein Dichter wie Max Haushofer, geliebt, auf das er gewartet hat ›so manches Jahr‹ und das ihn zu einigen seiner schönsten Gedichte begeistert hat. Wundervoll einfach sind diese Verse und doch von einer so echten Gefühlswärme durchdrungen, daß man es begreift, wie Emma Haushofer-Merk den Tod dieses Mannes lange nicht verwinden und noch in den letzten Jahren auf den treuen Lebensgefährten selbst Gedichte machen konnte, welche die ganze Treue und fast demütige Frauenverehrung an den Tag legen, die sie immer für den Heimgegangenen bewahrt hat. Die Verse wurden sowohl von Prof. Oskar Hey als von Maria Haushofer in ansprechender, schlichter Weise vorgetragen. Nach Frau Carry Brachvogels Begrüßungsworten gedachte die älteste Kollegin und Freundin, die fast achtzigjährige Emma Klingenfeld, der Verstorbenen in einem selbstverfassten, die Gemütsart, der Verstorbenen liebevoll charakterisierenden Gedicht. Frau Lu Volbehr verlebendigte die Verewigte ebenfalls zu Versen von Frieda Port, sowie mit einem Stimmungsbild, in welchem Frau Anna Blum-Erhard in poetischer Weise von der Fraueninsel im Chiemsee sprach, dem langjährigen Lieblingsaufenthalt Emma Haushofer-Merks und ihres Gatten, und des Grabes, das sie jetzt beide umschließt.«[182]

182 Gedächtnisfeier Emma Haushofer. Zeitungsartikel ohne Angabe (Stadtarchiv München/Vereine 264).

Aktualität heute?

Emma Haushofer-Merk, dies geht aus den vielen Nachrufen hervor, war eine einzigartige Persönlichkeit und eine herausragende Frauengestalt Bayerns, modern und emanzipiert. Sie war eine bekannte Münchner Schriftstellerin und Frauenrechtlerin, und dies über die Grenzen Bayerns hinaus. Emma Haushofer-Merk ist nicht nur literatur-, sondern auch kulturgeschichtlich von Bedeutung. Doch – wie so viele Schriftstellerinnen ihrer Zeit – ist auch sie heute vergessen. Ihrer Freundin Carry Brachvogel ist es nicht anders ergangen. Dass Emma Haushofer-Merk und viele andere Schriftstellerinnen ihrer Zeit vergessen wurden, hängt sicher auch damit zusammen, dass all das, was die bürgerliche Frauenbewegung und Emma mit ihr propagiert hat, ein neues Selbstverständnis der Frau, ein neues Frauen- und Geschlechterbild, seit 1933 nicht mehr angesagt war. Tatsächlich ist erst seit ein, zwei Generationen all das wieder aktuell, wofür die damalige bürgerliche Frauenbewegung, wofür Emma Haushofer-Merk, Carry Brachvogel und all ihre Mitstreiterinnen gekämpft haben.

Mit ihrem Lebensstil, ihren Ideen und ihrem politischen Engagement für die Rechte und die Gleichberechtigung der Frauen erscheint sie nicht nur aus heutiger Perspektive als eine damals sehr moderne und emanzipierte Frau ihrer Zeit, sondern sie stellt auch noch heute ein Vorbild dar. Ihre damaligen Ansichten sind hochaktuell: Die Bedeutung von Arbeit und Beruf, Selbstverwirklichung und Selbstbestimmtheit, der Kampf für gleiche und gerechte Entlohnung. Vielleicht gibt es erst heute günstige Rezeptionsbedingungen für die Person Emma Haushofer-Merk und all ihre Mitstreiterinnen und deren literarisches Schaffen? Emma Merk hat zu Lebzeiten zahlreiche Werke veröffentlicht. Ihr literarisches Œuvre beinhaltet neben Werken von hoher literarischer Qualität auch Unterhaltungsliteratur. Wurden sie und andere deswegen vergessen oder vielleicht auch deshalb, weil man ihnen unter Umständen den Vorwurf der Brotschreiberei machen konnte? An dieser Stelle tritt das große Problem der »literarischen Wertung« auf. Tatsache ist, dass es gegenwärtig nicht nur in Deutschland ein genau umgrenztes Korpus von mehr oder weniger hoch kanonisierten literarischen Autoren und Texten gibt und dass die Zahl der Autorinnen, die dazu gehören, nicht sehr groß ist und zur Vergangenheit hin immer stärker abnimmt. Eine alte, tradierte Vorstellung ist, dass ein Kanon über alle Zeiten hinweg und für alle Zeit gilt, oft mit der Begründung, in den dazugehörigen Werken spiegelten sich überzeitliche Werte, die in anthropologischen Konstanten begründet und in den Werken repräsentiert seien. Diese Auffassung ist in jüngster Zeit von verschiedenen Seiten zurückgewiesen worden: Der Blick auf die Geschichte des Literatur-Kanons zeigt: Er ist durch und durch geschichtlich und veränderlich. Die Frage, nach welchen Mechanismen oder Kriterien sich die Kanonbildung vollzieht, ist in der Kanontheorie umstritten. Widerlegt ist die Auffassung, dass sich in einem Literaturkanon Texte ausschließlich wegen ihrer zeitlosen literarischen Qualitäten durchsetzen. Dagegen sprechen schon die Verläufe der De- und Rekanonisierung. Kanons werden heute als historisch und kulturell variable Ergebnisse komplexer Selektions- und Deutungsprozesse betrachtet, die Kanonisierungsinstanzen (Schule, Universität, Literaturvemittler) zuzuschreiben sind und in denen inner- und außerliterarische Faktoren – nicht zuletzt politische Machtverhältnisse –, ebenso Geschlechterdifferenz und tradierte Geschlechterbilder zusammenwirken. Ob diese Prozesse beabsichtigt sind und zum Beispiel als Durchsetzung von Machtinteressen verstanden werden müssen oder eher im Sinne eines invisible hand-Phänomens, ist ebenfalls umstritten. Seit einigen Jahrzehnten ist der Literaturkanon in allen Philologien das Thema einer Kontroverse. Gefordert wird seither immer wieder, dass auch bisher vernachlässigte Bereiche der literarischen Produktion zu ihrem Recht kommen sollen, darunter auch die Dichtung von Frauen. Und so wurde der Literaturkanon insbesondere im Kontext feministischer Forschung seit den 1980er-Jahren auch aus Sicht postkolonialer Literaturforschung infrage gestellt. So haben sich die Literaturwissenschaftlerinnen Simone Winko und Renate von Heydebrand seit 1995 in vielen Publikationen damit auseinandergesetzt, wie in der Vergangenheit und auch noch heute die Benachteiligung von Autorinnen in dem Kanon zustande gekommen ist und wie man den Prozess künftig beeinflussen kann. Einen Schwerpunkt legten sie bei ihren Forschungen auf die Frage, welche Rolle dabei die Geschlechterdifferenz und männliche und weibliche Geschlechterbilder seit dem 18. Jahrhundert gespielt haben. Ihnen zufolge entsteht ein Kanon auf der Grundlage expliziter oder impliziter Wertungshandlungen von Individuen im Umgang mit Literatur. Er resultiert aus zahlreichen einzelnen Handlungen. Bis weit ins 20. Jahrhundert seien dies überwiegend Handlungen männlicher Funktionsträger gewesen.[183] Als Ergebnis ihres Forschungsberichtes zum Thema »Weibliche Autorschaft und Literaturgeschichte« formulierten die Literaturwissenschaftlerinnen Annette Keck und Manuela Günther dann 2001 das Desiderat: »Die Aufgabe bleibt bestehen, die Geschichte weiblicher Autorschaft in die Historiographie der Literatur einzuschreiben«.[184] Dieser Position schließe ich mich an und ziehe nach meinen Forschungen über Carry Brachvogel, Emma Haushofer-Merk und andere Autorinnen das Fazit: Aus Genderperspektive muss der Literaturkanon für das Ende des 19. Jahrhunderts und das erste Drittel des 20. Jahrhunderts um viele weibliche Autorinnen erweitert werden. Emma Haushofer-Merk und Carry Brachvogel sind nur die Spitze eines Eisberges.

183 Vgl. Winko, Simone/Heydebrand, Renate von: Gender und der Kanon der Literatur. Ein problematisches Verhältnis im Überblick. In: Bußmann, Hadumod/Hof, Renate (Hg.): Genus. Gender studies in den Kultur- und Sozialwissenschaften (Neuausgabe). Stuttgart 2005 (Neufassung des ursprünglichen Aufsatzes von 1995), S. 192–203.

184 Keck, Annette/Günter, Manuela: Weibliche Autorschaft und Literaturgeschichte: Ein Forschungsbericht. In: Internationales Archiv für Sozialgeschichte der deutschen Literatur 26 (2001), H. 2, S. 201–233.

Anhang

Die Insel der Toten (1925)

von Eva Gräfin Baudissin

»Es dringt hierher kein trüber,
Kein lauter Ton der Welt;
Es ruht nur hoch darüber
Das blaue Friedenszelt.
Wo weithin totumkränzend
Die Alpenrose liegt,
Darauf der Falter glänzend
Die goldenen Flügel wiegt«

Diesen Vers hat einst Wilhelm Jensen den Liebesgedichten »Marie«, an seine Frau vorangestellt. Sie fielen mir ein, als ich gestern vor seinem Grabe, das ihn und die Liebe seines Lebens umschließt, auf dem kleinen, verträumten Kirchhof der Insel Frauenwörth im Chiemsee stand. Eine schönere Ruhestatt für einen Dichter läßt sich nicht ausdenken; ihm zur Seite liegt sein Freund der Maler Lugo, dessen feine Landschaften im letzten Jahr durch eine Sonderausstellung im Kunstverein wieder ins Gedächtnis und die Anerkennung der Welt zurückgerufen worden sind. Und andere liegen dort, die besonders künstlerische Beziehungen zu der Insel hatten, wie die ganze Malerfamilie [unleserlich] in verschiedenen Generationen – und Max Haushofer, der große Dichter-Philosoph. Die Asche seiner zweiten Frau, der bekannten Schriftstellerin Emma Haushofer-Merk, der Münchner Künstlerfamilie Merk entstammend, betteten wir, ein kleiner Kreis ihrer Verwandten und Freunde, die seit langen Jahren ihr berühmter Sonntag-Nachmittagstee zusammenhielt, unter blühenden Rosen zu ihm. Mit ihr haben nicht nur ihre Freunde und Freundinnen den treuesten, neidlosesten, immer gleich liebenswürdigen Kameraden verloren – mit ihr verliert die Stadt München eine ihrer stärksten Persönlichkeiten, ein urechtes Münchener Kind, mit unwandelbarer Liebe zu ihrer Vaterstadt, eine der besten Kennerinnen alter Gebräuche und Sitten wie der Stadtgeschichte, eine wandelnde Chronik des alten, fast vergessenen Münchens, in dem ihre Familie von jeher eingesessen war und ihr Tradition und Erinnerungen überliefert hatte. Niemand kann Alt-München besser beschreiben, als es ihr in ihren zahlreichen Romanen, vor allem in »Es wetterleuchtete« und in dem geradezu klassischen »Die Gewissensbisse des Ignatius Stupfer« gelungen ist. Ihre große Darstellungskunst gibt in »Es wetterleuchtete« ein köstliches, humorvolles Bild von der Münchner Revolution 1848, die sich in der Hauptsache gegen die Geliebte König Ludwigs, des Ersten, die schöne Tänzerin Lola Montez, richtete, die dann auch des Landes verwiesen wurde.

Noch über ihre Werke muß man Emma Haushofer als Mensch schätzen. Was sie ihrem großen Gatten war, hat er in den letzten Versen seiner »Verbannten«, die direkt an sie gerichtet sind, niedergelegt – ein Bekenntnis, das jeder Frau als vollster Lebensinhalt genügen müsste. Marie Haushofer, selbst als Malerin und Dichterin geschätzt, sprach die herrlichen Verse am offenen Grab:

»Wenn du die letzten Gedanken denkst,
Sollst Du darein mich schließen:
Wohin du dann die Seele lenkst,
Will ich dich wieder grüßen.

Und schläfst Du ein Jahrtausend lang,
Tief unter Staub und Steine:
Mein süßes Lieb, sei mir nicht bang,
Du schlummerst nicht alleine.

Und wanderst Du auf Erden fort
In wechselnden Gestalten –
Allüberall soll dich mein Wort,
Und Blick umfangen halten!

Und fliegst du durch die Sterne weit
Auf leichtbeschwingten Füßen,
Ich komme, um in seliger Zeit
Dich immer wieder zu grüßen.
Ich laß dich nicht und vergeß dich nicht,

Mein bist du in Engen und Weiten,
Dein Auge glänzt mir noch im Licht
Der fernsten Ewigkeiten!«

Max Haushofers Vater, der Landschaftsmaler Max Haushofer, war es, der zu Anfang der dreißiger Jahre die Insel Frauenwörth für die Maler »entdeckt« hat.

Ach, wie muß diese Insel, die noch heute wie ein Stück Märchenland wirkt, zauberhaft gewesen sein, als sie noch gänzlich unberührt von der Zivilisation und Fremdenindustrie war; als sich um das herrlich alte Benedikterinnen-Kloster in ihrer Mitte nur die bescheidenen Fischerhütten drängten und statt des stattlichen, übrigens im Stil dem Klosterbau angepaßten Wirtshaus im Schatten der mächtigen, uralten Linden nur das kleine, jetzt fast unter seiner Efeudecke verschwindende Häuschen stand!

Durch Max Haushofer wurde die Insel Künstlerkolonie; er legte auch die berühmte »Chronik« an, deren erste drei Bände jetzt im Künstlerverein verwahrt werden, und die fast jeden Namen unter Zeichnung, Bild oder Gedicht enthält, die ja künstlerische Bedeutung erhalten hat. Sein Sohn und dessen Tochter Marie setzten die Tradition fort – der vierte, im alten Saal aufliegende Band, nennt Maler und Dichter der jüngsten Vergangenheit. Auch Wilhelm Jensens Worte, seinem Freund Professor Max Haushofer gewidmet, stehen darin – Carry Brachvogel rief sie ihrer treuen Freundin Emma Haushofer am Grabe nach:

»So stiegst auch du nun zu den Schatten nieder,
Der dieses Buch voll reicher Phantasie
Ein Halbjahrhundert lang Gestalt verlieh.
Es war dein Werk; die Bilder und die Lieder
Durchwoben es, sowie der Flieder
In jedem Jahr des Frühlings Poesie
Zurück hier bringt. Zur Blüte neu gedieh
Er jetzt, du aber siehst ich nicht mehr wieder.
Als Letzter nun aus jener fernen Zeit,
Da unser Lebensfrühling hier begonnen
Gedenk' ich deiner heut' und im Geleit
Der Jugend Sonnentage, die verronnen.
Stumm auf den alten Wegen geht zur Seit'
Dein Schatten mir, sich noch mit mir zu sonnen.«

Der Maler Max Haushofer, der Entdecker der Insel, nahm sich übrigens eine der vier bildschönen Töchter des Gastwirtes und Bürgermeisters Dumbler zur Frau – und der alte Kirchhofe birgt unter efeuüberwachten Steinen eine lange Ahnenreihe der noch lebenden Haushofers. – Welche Kraft Insel und Chiemsee mit ihren wunderbaren landschaftlichen Motiven wie ihren prachtvollen Menschen noch immer auf die Künstler ausübt, das beweist die kleine, erlesene Ausstellung, die zurzeit im alten Saal – wahrlich ein stimmungsvoller Raum mit seiner reich ornamentierten Decke! – stattfindet. Namen wie Prof. Wopfner, Alfred Haushofer, Müller-Wischin, Hermann Groeber, der von der Insel stammt, Gerhardinger, Primzession Klara von Bayern und andere, der besonders am See heimisch sind, bieten Kabinettstücke, die in Ton, Farbe und Stimmung zur Einheit geworden sind.

Und an solch einem Tag, der die umkränzenden Berge in silberblauen Dunst hüllt, dem See die Bläue des Mittelmeeres gibt und auf leichtem Wind die Düfte der von Blüten goldenen Kronen der tausendjährigen Linden, der Rosenpracht aus den kleinen Fischergärten herbeiträgt, begreift man voll, wie es Künstler und Dichter zum letzten Schlummer hierher lockt, in den Schatten der alten Klosterkirche, in die einst die sagenhafte, schöne Frau Irmingard ihrer Jugend nachweinte.

Das stolze Schloß auf der benachbarten Herreninsel, der Versailler Traum eines deutschen Fürsten, läßt das Herz kühl. Die kleine Insel der Toten in ihrem Farbenreichtum schenkt Wärme und Sehnsucht …

Emma Haushofer-Merk zum Andenken

von Carry Brachvogel

»Ich hatt' einen Kameraden. Einen bessern findst Du nit ...«

Da ich diesen Nachruf für Emma Haushofer-Merk schreiben soll, ist's mir als sehe ich ihre klugen grau-schimmernden Augen, ihr sonniges Lächeln und hörte ihre, ach schon lang vor dem Tod verstummte Stimme sagen: »Gehn's Frau Carry, was wollen's denn über mich schreiben? An mir war doch garnichts Besonderes!« Würde ich darauf sagen: »Doch, Frau Emma, an Ihnen war ganz viel Besonderes, denn Sie waren einfach und großzügig wie die Natur selbst. Sie gaben soviel Wärme, dass jedem wohl wurde, der in Ihr Zimmer trat. Sie waren noch mit ihren siebzig und mehr Jahren so anregend und belebend, daß Sie nicht nur keinem Menschen zur Last fielen, sondern selbst der jungen, rücksichtslosen Generation von heute wie eine Junge erschienen, und nicht zuletzt haben Sie, die Kennerin und Versteherin Alt-Münchens, zwei kleine Meisterwerke geschrieben, den Roman »Wetterleuchten« und die köstliche Geschichte »Die Gewissensbisse des Ignatius Stupfer« – würd' ich ihnen all dies sagen (o könnt ich es doch noch!), so käme gewiß jene leise Befangenheit über sie, die sie jedesmal befiel, wenn man sie rühmen wollte und die so reizvoll von ihren kernigen Wesen abstach. Und so, abwehrend würde sie entgegnen: »Nun ja, ich bin halt ein Münchner Kind und kenne so Vieles was heute keiner mehr weiß!«

Ein Münchner Kind, ja, das war sie! Ein Münchner Kind mit all den Vorzügen der bayrischen Rasse, mit einer großen Liebe zum engeren Vaterland, ohne deshalb je partikularistisch zu fühlen. Ihr Herz flaggte zwar weiß-blau, aber gleich daneben schwarz-weiß-rot, und sie, die als junges Ding die Einigung Deutschlands erlebte, sie war dem Zusammenbruch nahe, als das Reich zusammenbrach. War ihm nahe und überwand ihn dennoch, denn in dieser Frau war ein wunderbarer Lebensmut und eine glaubensstarke Liebe zum Leben, die sich klipp und klar, voll Lust und feiner Genußfähigkeit zu dem Grundsatz bekannte: »Carpe diem!«

Am Sarge Emma Haushofers hat einer ihrer Stiefsöhne sie als die beste Stiefmutter gepriesen, Freundschaft, die über sechzig Jahre gewährt, weinte über die Tote, und eine treue Seele, die ihr mehr denn zwei Jahrzehnte hingebend gedient hat, stand so versteint vor Gram, als wäre ihr nicht eine Herrin, sondern die Mutter gestorben.

Wie Unrecht aber täte ich diesem gütigen, wertvollen Menschen, spräche ich nicht von ihr als Kollegin, nicht von der wundervollen, treuen Kameradschaft, die sie vor allen Andern mir bewiesen hat. Eine so neidlose, selbstlose Kollegin wie Emma Haushofer, wird niemand von uns wiederfinden, nie wieder werden wir eine begabte und erfolgreiche Frau finden (und auch keinen Mann sehen!), so bereit, fremde Begabung, fremden Erfolg anzuerkennen, zu loben, und sich selbst in den Schatten zu stellen. Diese unerhörte, ans Märchenhafte grenzende Bescheidenheit Emma Haushofers zeitigte zuweilen drollige Episoden, von denen sie die eine gerne selbst erzählte »so dumm war ich!« und die ich getreulich wiedergebe. Also: eines Tages, da Professor Haushofer noch lebte, ließ sich der Herausgeber einer ungemein vornehmen Zeitschrift melden, um mit dem Professor über eine Monographie zu verhandeln. Der Herausgeber kannte natürlich Emma Haushofers Schriftstellernamen und fragt verbindlich nach ihrem Schaffen. Jede andere hätte die günstige Gelegenheit beim Schopf gepackt, den Herausgeber mehr oder minder sanft angeprahlt und ohne Schwierigkeit etliche Arbeiten zu hohem Preis an ihn verkauft. Anders aber das Münchner Kind mit seiner wunderlichen Bescheidenheit und Selbstunterschätzung. Errötend und ablenkend sprach sie: »Ich? O, ich schreibe nur für untergeordnete Blätter!« Ich hätte etwas darum gegeben, wenn ich das Gesicht des großen Herausgebers hätte sehen können, der von Berlin kam und an Berliner Selbstbewusstsein gewöhnt war! »Gehn's Frau Carry, an mir war doch gar nichts Besonderes!« Doch, liebe Frau Emma, es war noch etwas Besonderes an Ihnen und durch Sie. Ihre Sonntagnachmittage. Die wird keiner von uns je vergessen, der daran teilnehmen durfte, und wenn wir in kommenden dämmrigen Winternachmittagen an dem Haus Königinstraße 10 vorübergehen, dann werden wir voll schmerzlicher Sehnsucht nach den Fenstern des zweiten Stockwerks spähen und einen Augenblick lang meinen, wir dürften, wie einst, hinaufgehen, und Ihren reizenden, lächelnden Willkomm hören: »Das ist schön, dass Sie kommen!« Und wenn es ein bevorzugter Stammgast war, dann hieß es wohl: »Ich bin so froh, daß Sie wieder da sind. Ich hab' rechte Sehnsucht nach Ihnen gehabt!«

Ach, die Sonntagnachmittage bei Emma Haushofer, wie waren sie schön und gemütlich und immer anregend, ohne daß geistig am Trapez geturnt oder hohe Schule modernster Kultur geritten wurde! Wer noch nicht wußte, oder gewußt hätte, wes Geistes Kind und welch künstlerischer Herkunft Emma Haushofer war, der hätte es hier gemerkt, in diesem altväterlichen Zimmer mit dem schönen Familienbild von Edlinger über dem Sofa mit dem großen, ovalen Teetisch, auf dem auch im tiefen Winter stets ein paar blühende Blumen standen. Eine bunte Gesellschaft sammelte sich um diesen gastlichen Tisch: Schriftsteller, Künstler, gelehrte Herren und Damen, dazwischen wohl auch ein paar großindustrielle Elemente, doch der feine Takt, die erlesene Kultur der Hausfrau, verstand alle in Harmonie zu vereinen. Man wurde mit sogenannten »geistigen Genüssen« verschont, es wurde nichts »geboten«, weder dilettantische Deklamation, noch Vorlesung von Pfuschwerken befreundeter Kollegen, noch musikalische Exekutionen. (Emma Haushofer war so unmusikalisch, daß ihr Gatte scherzweise sagte: »Wenn Emma Musik hören muß, macht sie ein Gesicht wie ein vivizseziertes Kaninchen!). Man las wohl zuweilen irgend etwas besonders Hübsches vor, was der eine oder andere mitgebracht hatte, aber im allgemeinen, musste man sich schon persönlich bemühen, zur Unterhaltung beizutragen. Am Teetisch Emma Haushofers ging das wunderbar leicht, denn sie verstand nicht nur ausgezeichnet zuzuhören sondern auch Gespräche herauszulocken und sie unvermerkt auf ein Niveau zu heben, wenn einmal Familien-, Dienstboten- oder Stadtklatsch sich breit machen oder ein aufdringlicher Ich-Mensch nur von sich und seinen eigenen Angelegenheiten reden wollte. Es gab für Emma Haushofer nichts Lieberes als geistig angeregte Geselligkeit, und eben darum verstand sie es meisterhaft, Menschen, die irgendwas zu geben hatten, um sich zu sammeln und aus ihnen einen innerlich verbundenen Kreis zu gestalten ... –

Nun ist das alles zu Ende. Vergebens werden wir zu den Fenstern in der Königinstraße emporschauen und hoffen, daß uns ein Willkomm entgegentönt. Die leise Harmonie jenes altväterlichen Zimmers ist verstummt, seine Bewohnerin fortgezogen. Bald werden Fremde dort wohnen, die von ihr und uns nichts wissen ... –

Mein guter, treuer Kamerad, schier zwanzig Jahre lang sind wir in gleichem Schritt und Tritt durch Leben und Arbeit gegangen, haben uns nie geduzt, nie gestritten, nie Zärtlichkeiten getauscht, nie einander geheimste Dinge verraten, und hatten doch das Gefühl, daß wir zusammengebunden waren auf Gedeih und Verderb! Mehr denn tausendmal sind wir an deinem oder meinem Teetisch beisammengesessen, haben gefachsimpelt, (eine unserer Lieblingsbeschäftigungen!) über allerlei Torheiten und Toren beiderlei Geschlechts gelacht, über ernsthafte Angelegenheiten geredet., und jedesmal bei Abschied hast Du mich beim Abschied gefragt: »Wann sehe ich Sie wieder?«

Nun bist du zu erstenmal treulos gewesen, hast mir zum Abschied nicht die Hand gereicht, hast die Frage nicht getan, bist stumm den dunklen Weg gegangen, den du in gesunden Tagen so sehr gefürchtet hattest und dessen leidensvolle Stationen du dann mit einer Tapferkeit überwunden hast, die Niemand dir zugetraut hätte! Da ist's mir, als wäre in die lachende Sommerwelt, die Du so sehr liebtest, ein Riß gekommen, so daß eine hässliche schwarze Lücke klafft, die sich nie mehr schließen wird. Und alle lichten Erinnerngen, die mich mit Dir verbinden, werden zu Trauerkränzen um einen Grabstein auf dem geschrieben steht:

»Hier schläft mein guter Kamerad«

München, 19. Juli 1925

Bücher von Carry Brachvogel in der edition monacensia:

Carry Brachvogel
Im Weiß-Blauen Land
Bayerische Bilder

Carry Brachvogel bereist Bayern, spürt historischen Begebenheiten und Anekdoten nach und beschreibt mit Witz und einer scharfen Beobachtungsgabe Eigenheiten von Städten, Landschaften und Menschen – auf dem Weg nach Altötting oder auf einer Floßfahrt, beim Almtanz oder im Englischen Garten, zu Besuch in Regensburg oder in Münchner Wirtschaften. Ein starkes literarisches Kleinod, das ganz ohne süßliche Heimatverehrung und falsches Pathos auskommt.

152 S., Klappenbr., ISBN 978-3-86906-468-0, € 12.90

Carry Brachvogel
Alltagsmenschen
Roman

Leere und Langeweile prägen das bürgerliche Leben, das Elisabeth nach der Hochzeit mit einem gut situierten Mann in München führt. Auch die Geburt eines Kindes kann den Drang der jungen Frau nach Aufbruch und Abenteuer nicht schmälern und so stürzt sie sich in eine verhängnisvolle Affäre mit einem Legationsrat.

176 S., Klappenbr., ISBN 978-3-86906-538-0, € 12.90

Carry Brachvogel

Schwertzauber

Roman

1. August 1914: Deutschland erliegt dem Zauber des Schwerts. Soldaten ziehen ins Feld – voller Begeisterung und bereit, fürs Vaterland zu sterben. »Schwertzauber« nennt Carry Brachvogel auch ihren 1917 verfassten Roman, in dem sie als eine der wenigen der schreibenden Zunft überhaupt und noch dazu als Frau – mitten im Ersten Weltkrieg – schonungslos aufzeigt, wie sich Kriegslust in Tod und Verzweiflung verkehrt.

168 S., Paperback, ISBN 978-3-86906-624-0, € 12.90

Carry Brachvogel

Der Kampf um den Mann

Roman

München um 1900: Olga, Tilde und Franzi, drei Töchter aus bürgerlichem Haus, setzen alles daran, eine gute »Partie« zu machen und bald scheinen die perfekten zukünftigen Ehemänner gefunden zu sein. Aber das Glück ist nur von kurzer Dauer …

Ein humoristisch-satirischer Roman um das Verhältnis der Geschlechter zueinander.

280 S., Paperback, ISBN 978-3-86906-663-9, € 16.90

Es handelt sich jeweils um die Texte der Erstausgaben. Alle Titel sind herausgegeben und mit einem Nachwort versehen von Ingvild Richardsen.